나의
투자술

《Waga Toushijutsu》

© Tatsuro Kiyohara 2024

All rights reserved.

Original Japanese edition published by KODANSHA LTD.

Korean translation rights arranged with KODANSHA LTD.

through Shinwon Agency, Co., Ltd.

Korean edition copyright© 2025 by Iremedia Co., Ltd.

이 책의 한국어판 저작권은 ㈜신원에이전시를 통한 저작권사와의 계약에 따라 ㈜이레미디어에 있습니다.
저작권법에 의해 보호를 받는 저작물이므로 무단 전제와 복제를 금합니다.

들어가는 글

 2005년 일본 부자 순위(고액 납세자 명단)에 내 이름이 1위에 올랐다. 그 당시 나의 직함은 '타워투자자문 운용부장'으로, 쉽게 말하면 투자 자문 회사에서 헤지펀드를 운용하는 일개 회사원이었다. 그리고 그 부자 순위는 그해를 마지막으로 폐지됐다. 회사원이 부자 순위 1위에 올랐다는 소식에 수많은 취재 의뢰가 들어왔다. 그때를 생각하면 조금 그립기도 하다.
 그로부터 18년, K1 펀드(타워투자자문의 주력 펀드로, 일본 주식의 롱·숏 운용을 한다)를 시작한 지 25년이 흐른 지금, 나는 펀드를 폐쇄하고 은퇴를 결정했다. 그 이유는 딱 하나, 누군가의 자금을 책임지고 운용하기에는 이제 나이를 너무 많이 먹었기 때문이다. 젊은 시절에는 《회사 사계보》(도요게이자이신보사가 연간 4회 발행하는 기업 정보지. 일본 상장 기업들의 실적과 배당 예상, 재무·대주주 정보, 자본 이동, 주가 추이 같은 정보가 실려 있다-옮긴이)가 나오면 사흘 안에 전부 읽었는데, 지금은 다 읽기도 전에 다음 사계보가 발매되는 지경이 됐다.
 헤지펀드는 고객이 맡긴 자산을 대신 운용해 이익을 내는 투자 회사다. 우리가 폐쇄를 결정했을 때의 운용 자산 규모는 1,500억 엔 정도였다. 헤지펀드를 운용하려면 엄청난 에너지와 탐욕스러움이 필요하다. 그러나 지금의 나는 그 둘을 모두 잃어버렸다. 최근에도 두 차례 커다란 숏(공매도) 기회를 알았는데, 그냥 넘겨버렸다. 일본 M&A 센터와 레이저텍이 바로 그 주인공이었다. 두 종목 모두 300억 엔을 숏했다면 100억 엔은 벌어들였을 것이다. 물론 주가가 최고점을 기록했을 때 본능적으로 숏을 하기는 했다. 소량의 포지션을 구축해 이익을 냈다. 하지만 대단한 리턴은 아니었다(각각 10억 엔도 안 되는 수준).

나는 6년 전에 인두암 수술을 받아 목소리를 잃었다. 인두암 4기로 전이까지 된 상태였기에 더 이상 운용을 하지 못할 거라 생각했는데, 두 동료의 도움으로 지금까지 운용을 해나갈 수 있었다. 운 좋게도(큰 어려움을 겪은 분들도 많기에 굉장히 무례한 표현이지만) 코로나19 팬데믹의 영향으로 주가가 폭락했고, 그때 대량의 주식을 사들이는 도박을 해 성공을 거뒀다.

지금은 롱으로 큰 승부에 나설 생각은 조금 남아 있지만, 롱보다 리스크가 큰 숏으로 탐욕스럽게 이익을 내겠다는 열정은 잃어버린 지 오래다. 현시점에서 내가 고객을 위해 할 수 있는 일은 '은퇴'밖에 없다.

뒤에서 자세히 이야기하겠지만, 우리는 소형주에 집중적으로 투자한다. 그것을 전부 팔아 고객에게 자금을 반환하는 것은 일반적으로 고통을 동반한다. 대량으로 보유한 소형주를 매각하면 그 영향으로 주가가 크게 하락하고, 그 결과 펀드의 기준 가격(NAV, 펀드 1좌당 순자산 가치)도 하락해 고객의 자산이 상대적으로 감소한다. 그러나 코로나19 팬데믹으로 대형주가 매우 저평가되어 펀드의 포트폴리오가 소형주에서 대형주 중심으로 바뀌었고, 게다가 저 PBR(주가순자산비율) 종목의 주가 상승으로 소형주도 예상보다 높은 가격에 매각할 수 있었다(우리가 투자했던 소형주는 대부분 저 PBR 종목이었다). 펀드를 종료하기에 적합한 타이밍이 찾아온 것이다. 고객에 대한 자금 반환을 마친 시점에 K1 펀드의 실적은 93배가 되어 있었다. 주요 고객에게 펀드 종료의 뜻을 전하기 위해 마지막 인사를 하고 온 참이었다.

고객들은 놀라움을 감추지 못했다. 입 밖으로 꺼내진 않았지만 하나같이 '자네, 내 허락도 없이 멋대로 그만두면 어떡하나!'라는 표정을 지었다. 스위스의 프라이빗 뱅크는 온라인 미팅을 했을 때 "그만두고 싶으면 당신들보다 우수한 헤지펀드를 찾아오세요!"라고 요구하기까지 했다. "당신들도 프로이지 않습니까? 알아서 찾으세요"라고 말했지만, "직접 찾아오세요. 그건 당신들의 의무입니다"라는 대답이 돌아왔다.

사실은 이렇게 될 것을 예상해 이미 몇몇 일본제 헤지펀드(일본인이 운용하는 헤지펀드)와 접촉을 했었다. 그러나 엔화로 운용하는 헤지펀드들은 전부 허들레이트 Hurdle rate 가 제로였다. 허들레이트란, '성공 보수를 받으려면 최소 이 정도 이익을 내야 한다'라는 기준이다. 우리 펀드의 허들레이트는 3퍼센트였다. 여기에 운용 수수료가 1퍼센트이므로 4퍼센트 이상 이익을 내야 성공 보수를 받을 수 있다. 하이워터마크(손실을 만회하기 전까지는 성공 보수를 받지 못한다)도 있어 1년 차와 2년 차의 리턴이 제로(1퍼센트는 이익을 낸 것이 되지만)라면, 3년 차에 1.03의 세제곱인 9.3퍼센트 이상 이익을 내야 성공 보수를 받을 수 있다. 그러나 허들레이트가 제로일 경우, 1년 차와 2년 차의 리턴이 제로였더라도 3년 차에 약간이나마 이익을 냈다면 성공 보수를 받을 수 있다.

허들레이트는 일반적으로 단기 금리와 비슷하게 설정된다. 일본은 단기 금리가 제로이니 허들레이트 또한 제로라는 논리도 이해하지 못하는 바는 아니다. 그러나 일본 주식을 운용할 경우 세후 기준으로 배당 수익률이 2~3퍼센트인 포트폴리오를 구축하는 것은 굉장히 쉬운 일이기에 허들레이트 제로는 '터무니없는 부당 이익'이다. 아무런 노력을 하지 않아도 성공 보수를 받을 수 있게 하는 것은 헤지펀드로서 올바른 모습이 아니라고 생각한다. 그래서 나는 결국 다른 일본제 헤지펀드를 고객에게 추천하지 않기로 했다.

꽤 괜찮은 실적을 낸 덕분에 끝까지 남아준 고객들에게는 감사 인사를 받았다. 그중에는 감사의 마음이 지나쳤던 분도 있었다. 나는 인두암 수술을 받은 뒤로 가래가 많이 생겨 티슈를 달고 산다. 하루는 회사 창고에서 티슈 상자를 하나 꺼내 들었는데, 이상하게 무거웠다. 상자를 열어본 나는 깜짝 놀랐다. 그 안에 빳빳한 새 지폐로 500만 엔이 들어 있는 것이 아닌가. 고객에게 받은 티슈 선물에 섞여 있었던 듯했다. 나는 곧바로 '범인'을 찾아내 그 돈을 돌려줬다. (이 자리를 빌려 죄송하다는 말씀을 드립니다. 선의였던 것은 잘 알지만, 그 마음만으로도 충분합니다.)

어쨌든 끝까지 함께해준 고객들에게 감사할 따름이다. 뒤에서도 이야기하겠지만, 리먼브라더스 사태 당시 해약하지 않고 자리를 지켜준 고객들 덕분에 지금의 내가 있을 수 있었다. 도중에 실적이 부진할 때는 호되게 질책도 하셨지만 반대로 격려도 해주셨으며, 펀드를 종료할 무렵에는 마음을 터놓고 이야기를 나눌 수 있는 사이가 됐다.

열정과 에너지를 잃어버린 내가 굳이 책을 쓰겠다고 결심한 이유는 내게 후계자가 없기 때문이다. '내가 축적해온 헤지펀드 운용 노하우를 후계자에게 계승할 수 없다면 세상에 전부 까발리자'라는 생각이 들었다. 헤지펀드를 운용해보고자 하는 분들에게, 개인투자자로서 본격적으로 일본 주식시장에 뛰어들기로 결심한 분들에게 참고가 될 만한 책을 쓰고 싶었다.

나는 25년 동안 헤지펀드를 운용하면서 치명적인 실수를 수없이 저질렀는데, 어떤 실수를 저질렀는지 알리는 것도 의미가 있지 않을까 생각했다. 상당히 다양한 실패를 경험했기에 나름 참고가 되지 않을까 싶다. 물론 성공 사례도 소개하겠지만, 성공이라는 것은 몇 번씩 같은 형태로 반복되지 않는다. 그러므로 실패담이 더욱 도움이 될 거라 생각한다. 사실 나의 헤지펀드 운용 노하우는 수많은 실패로 상처를 입으면서 획득한 것이다.

은퇴를 결심한 지금, 내가 할 수 있는 일은 책을 쓰는 것 정도밖에 없다고 생각했다. 수많은 실패를 거듭하면서 어떻게 이 펀드가 25년 동안 살아남을 수 있었는지, 그 배경에 자리한 투자 스타일과 철학도 구체적인 예와 함께 밝히려 한다.

헤지펀드의 운용 노하우가 개인 투자자에게 얼마나 참고가 될지는 알 수 없다. 그러나 헤지펀드는 결과가 전부인 비즈니스다. 대부분의 기관 투자자는 운용 성적은 별로여도 핑계를 대는 솜씨는 굉장히 뛰어나다. 그에 비해 개인 투자자의 목표는 헤지펀드와 같아 '결과적으로 이익을 내는 것'만이 중요할 것이다. 기관 투자자들이 좋아하는 '변명'은 무의미하며 불필요하다.

또한 나는 이 책을 통해 주식 투자의 즐거움도 호소하고자 한다. 나는 그동안 수많은 회사를 조사하고 투자해왔다. 성공한 적도, 실패한 적도 있었지만 수많은 만남이 있었으며, 기본적으로 정말 즐거웠다. 이 책의 내용 중에는 주식 투자 경험이 부족한 개인 투자자에게는 조금 어려운 부분이 있을지도 모른다. 그러나 흥미를 갖고 꾸준히 공부해보기 바란다.

개중에는 '지나치게 흥미를 품는 바람에 푹 빠져들어 손해를 거듭하면 어쩌지? 도박 중독처럼 주식 투자에 중독되면 큰일인데……'라고 걱정하는 사람도 있을지 모른다. 분명 주식 투자는 도박적인 요소가 있다. 그러나 방법을 궁리하면 도박적인 요소를 줄일 수 있으며, 설령 도박이라 한들 다른 것들과 다르게 돈을 벌기 쉬운 도박이다. 가령 복권의 기댓값은 40~50퍼센트(다시 말해 100엔을 사용하면 평균 40~50엔이 돌아온다)이고, 경마나 경륜의 기댓값은 75퍼센트다. 반면 주식 투자의 기댓값은 100퍼센트 이상이다(다만 주식이 폭등해 버블이 된 타이밍에 사면 수익은 마이너스가 된다).

지금의 주식시장은 '개인이 자유롭게 이익을 낼 수 있는 시장'이다. 2024년부터는 신 NISA(소액투자비과세제도)도 시작됐다. '안 하면 무조건 손해'인, 개인에게는 꿈과도 같은 제도다. 그런 타이밍에 낸 이 책이 주식시장에 첫발을 내디디려는 독자 여러분에게 도움이 된다면 참으로 기쁠 것 같다.

기요하라 다쓰로

추천사

『나의 투자술』은 화려한 투자 기법이나 단기 수익의 비법을 알려주지 않습니다. 대신, 시장의 흐름을 읽고, 원칙을 지키며, 자신만의 투자 기준을 세우라는 단순하지만 깊이 있는 메시지를 전합니다. 특히, 시장의 변동성에 휘둘리지 않고 자신만의 투자 기록을 남기며, 기업을 오랜 친구처럼 대하라는 조언이 인상적입니다. 이 책은 초보 투자자뿐 아니라, 시장에서 흔들리는 경험 많은 투자자에게도 투자의 본질과 마음가짐을 다시 돌아보게 하는 좋은 안내서입니다. 『나의 투자술』은 시장 순환의 원리를 이해하고, 인내와 원칙, 자기만의 기준을 지키는 것이 장기적으로 성공하는 투자자의 길임을 실감나게 보여주는 책입니다. 투자에 대한 태도를 바로잡고 싶은 분께 추천합니다.

전업투자자, 박두환

이 책은 오랜 시간 시장과 마주하며 얻은 통찰을 담은 진짜 투자 이야기입니다. 기요하라 다쓰로 저자가 강조하는 것은 화려한 기법이나 기술이 아닙니다. "상식이라 믿는 것을 의심하고, 스스로 생각하며 투자하는 태도" 그것이야말로 가장 단단한 무기라고 느꼈습니다. 책을 읽는 동안 단순한 투자법이 아니라, 오랜 시간 자신만의 길을 걸어온 투자자의 일기장을 들여다보는 듯했습니다. 이 책은 단순한 투자서를 넘어서 투자라는 행위에 대한 철학이었습니다. 시장에 휘둘리지 않고 자신만의 기준을 지키는 일이 얼마나 어려운지를 우리는 모두 알고 있습니다. 그 길을 묵묵히 걸어온 저자의 위대한 경험은 흔들리는 투자자들에게 큰 울림을 줄 것입니다. 이 책은 시장을 이기려 하기보다, 시장을 이해하려는 사람에게 진짜 힘이 되어줄 책입니다. 개인투자자, 기관투자자 모두 꼭 읽어봐야 할 책입니다.

『손실은 짧게 수익은 길게』 저자, 깡토

책을 다 읽고 나서 마치 피터 린치가 쓴 《전설로 떠나는 월가의 영웅》의 일본판을 접한 듯한 생각이 들었습니다. 수십 년간 펀드를 운용하며 일본 고액 납세자 명단 1위에 오른 펀드 매니저가 은퇴 후 개인 투자자에게 자신의 경험과 지식을 전하기 위해 쓴 책이기 때문입니다. 피터 린치가 책으로 자신의 투자 노하우를 풀어냈듯이, 이 책의 저자 역시 투자 고수의 생생한 실전 경험을 독자에게 소개합니다. 이 책은 주식 정보의 수집과 해석에 대한 철학과 노하우, 주식 매수와 공매도의 다양한 성공 사례를 담아내고 있습니다. 특히 개인 투자자들에게 가장 인상 깊게 다가올 부분은 '저평가 소형 성장주'를 발굴하는 노하우에 관한 이야기입니다. 이 책을 통해 저평가된 소형주 중에서도 성장성이 높은 기업을 찾아내는 방법을 배우며, 성공 투자를 향해 한 걸음 더 나아가 보시길 권합니다.

『초보자를 단숨에 고수로 만드는 주식투자 핵심 수업』 저자, 이정윤

목차

들어가는 글　4

추천사　11

제1장　시장은 당신을 외면하지 않는다

틀렸다고 반드시 손해를 보는 것도, 옳았다고 반드시 이익이 나는 것도 아니다　25

투자 아이디어=주가에 반영되어 있지 않은 아이디어　27

투자의 첫걸음은 상식을 의심하는 것부터　29

교과서에 적혀 있다고 모두 옳은 건 아니다　31

모든 정보에는 바이어스가 걸려 있다　34

바이어스를 내 편으로　36

정보 수집에 돈을 쓸 필요는 없다　38

정보 수집을 위한 '투자 클럽'　43

투자자는 시장을 이길 수 있는가―효율적 시장 가설　46

패시브 운용 vs. 액티브 운용　54

제2장 헤지펀드를 향한 기나긴 여정

헤지펀드를 시작하기까지의 여정	62
노무라 증권 입사―내가 느낀 강렬한 위화감	67
손해를 보는 개인 투자자의 패턴	69
해외 투자 자문실―기타오 요시타카에게 구원을 받다	72
많은 깨달음을 준 중사	75
노무라 증권 뉴욕 지점―'썩은 알'의 행방	81
전환 사채·신주 인수권부 사채 매입, 주식 공매도의 차익 거래	84
타이거 매니지먼트와의 만남	88
GS 도쿄 지점에 입사하다―'롱·숏 운용'의 여명기	92
헤지펀드를 시작하다	95
헤지펀드란 무엇인가	96
조지 소로스와의 만남	101
지금의 노무라 증권	103

제3장 '저평가 소형 성장주'의 파괴력

'저평가'는 대체 무슨 의미일까   111

'적정 PER'이란 무엇인가   112

사실은 도움이 안 되는 PBR   116

순현금 비율   118

현금 중립 PER   121

현금 중립 PER의 문제점   122

성장률과 금리를 통해 적정 PER을 이끌어낸다   125

1단계 모델은 PER이 낮은 종목에 유효하다   129

PER이 높은 주식은 금리가 상승하면 불리하다?   131

저평가주를 사면 이익이 날까   133

저평가 소형 성장주 투자의 파괴력   137

소형주가 저평가 상태인 이유   140

이미지가 나쁜 업계일수록 기회가 숨어 있다   142

소형주의 성장성은 경영자의 몫이 90퍼센트   144

양성 피드백과 음성 피드백   149

밸류에이션의 사다리를 올라간다   150

자금 100만 엔으로 '저평가 소형 성장주'에 투자한다	155
주식 투자에 '재능' 같은 것은 없다	159
성장주 투자와 가치 투자의 차이	161
마더스(그로스)는 최악의 시장	162
가치 투자자의 바람직한 모습은 무엇일까	164
추세 추종 투자와 추세 역행 투자	166
상향식 접근법과 하향식 접근법	167
상향식 접근법 신자	171
주식 투자와 확률론	174
베이지언적 발상	175

제4장 주식만 들고 있으면 지옥에서도 살아남을 수 있다 — 25년 동안 걸어온 길

K1 펀드의 운용 스타일 변천사	197
펀드의 기간별 운용 성적	199
1998년 7월~1999년 9월	
"파티가 시작됐으니 우리는 그만 돌아가자고."	200
소형주 투자는 운용 자금이 적은 편이 유리하다	205

1999년 9월~2000년 2월

　IT 버블, 기술주의 숏으로 큰 손해를 보다　　　　　　　　　　　206

2000년 2월~2005년 10월

　REIT, 부동산 투자 자문 회사에 투자해 크게 약진하다　　　　　209

2005년 10월~2007년 12월

　소형주 폭락과 외국인 매수로 인한 숏 괴멸로 큰 손해를 보다　211

2007년 12월~2009년 2월

　지옥 같았던 리먼브라더스 사태　　　　　　　　　　　　　　213

2009년 2월~2018년 2월

　아베노믹스 장세, 일본은행의 ETF 매입 덕에 큰 이익을 내다　220

2018년 2월~ 2020년 3월

　코로나19 팬데믹으로 폭락, 대형 은행 주식 대량 매수　　　　225

2020년 3월~2023년 6월

　대형 은행 주식 급등, 주가 전면 상승　　　　　　　　　　　236

주가 지수 선물의 차익 거래 잔고에 관해　　　　　　　　　　240

제5장　REIT
― 떨어지는 칼날을 두 번 잡다

예상치 못한 IPO 20억 엔분 당첨　　　　　　　　　　　　247

리먼브라더스 사태와 REIT의 폭락　　　　　　　　　　　253

제6장　실천의 하이라이트
―롱

HS 홀딩스(8699)　　　　　　　　　　　　261

올림푸스(7733)　　　　　　　　　　　　266

UT 그룹(2146)　　　　　　　　　　　　272

프레산스 코퍼레이션(3254)　　　　　　　　　　　　275

제7장 실천의 하이라이트 —숏·페어트레이딩

개인 투자자에게는 개별 종목의 숏을 권하지 않는다	283
숏의 분산 투자는 어리석은 행위	284
실패로 끝난 유니클로 투자	287
닛케이 225 지수의 어둠	289
마침내 깨달은 숏으로 이익을 내는 방법	292
숏의 성공 사례	294
페어트레이딩	305

제8장 절대 해서는 안 되는 투자

ESG 투자는 난센스	313
일본 기업의 기업 통치	318
AIJ 투자 자문 사기 사건	320
미공개 주식을 절대 사면 안 되는 이유	325
주의가 필요한 금융 상품 수수료	328

제9장 앞으로의 일본 주식시장

10년 이내에 일어날 가능성이 있는 파멸적 리스크   337

일본 주식을 둘러싼 환경에 대한 여덟 가지 예상   339

내수는 계속 축소될 것이다   340

위기 수준인 일본인의 영어 실력   343

키워드는 경영 통합   345

일본 주식 품귀 시대가 찾아온다   347

나오는 글   348

— 제1장 —

시장은 당신을 외면하지 않는다

틀렸다고 반드시 손해를 보는 것도,
옳았다고 반드시 이익이 나는 것도 아니다

소니가 내일 도산할 거라 굳게 믿고 오늘 100주를 공매도했다고 가정하자. 하루가 지났지만 소니는 도산하지 않았다. 그렇다면 어처구니없는 오판을 한 셈인데, 과연 손해를 봤을까?

주가는 오르기도 하고 내리기도 하므로 이익을 냈는지 손해를 봤는지는 알 수 없다. 다만 한 가지는 분명하게 말할 수 있다. '소니가 도산할 것으로 오판했다'라는 이유만으로는 절대 손해를 보지 않는다. 만약 손해를 봤다면 다른 이유로 손해를 본 것이다.

모든 사람은 옳은 판단을 했는데 당신만 혼자 큰 오판을 했다 해도 시장은 당신에게 벌을 내리지 않는다. 하지만 반대로 다른 사람은 전부 틀렸고 당신만 혼자 옳은 판단을 했다면 큰 보상을 준다. **시장은 당신의 의견이 소수 의견인 한, 당신의 편이 되어준다.**

'나만의 독자적인 아이디어'를 기반으로 주식 투자를 하는 것은 참으로 수지가 맞는 장사이지만, 실제로는 여러 가지 시나리오가 가능성으로서 주가에 반영되므로 '나 혼자만의 아이디어'라는 건 거의 존재하지 않는다. 요컨대 '다수파와 같은 생각이나 포지션을 갖고 있으면 틀렸을 때 큰 손해를 보기 쉽고, 소수파와 같은 생각이나 포지션을 갖고 있으면 틀렸더라도 손실은 적다'가 현실적인 표현일 것이다.

쉽게 말해, **자신의 생각이 다른 사람들과 같다면 투자 아이디어가 되지 못한다.** 자신의 생각이 다른 사람들과 다를 때 비로소 투자 아이디어가 되는 것이다. 시장은 그런 투자 아이디어를 환영하며 탐욕적으로 받아들이려 한다. 시장이 당신에게 차가운 태도를 보이는 경우는 당신이 스스로 생각하지 않고 대중에 영합했을 때뿐이다.

혹시 오해하는 사람이 있을지 몰라 미리 말하는데, '모두가 상승을 예상하고 나도 상승을 예상했다'고 해서 무조건 다른 사람들과 의견이 같은 것은 아니다. 대다수의 투자자가 'A사는 앞으로 5년 동안 연평균 10퍼센트씩 이익이 증가할 것으로 예상되니 주가가 오를 거야'라고 생각한다고 가정하자. 그런데 당신만은 다른 사람들처럼 A사의 주가가 오를 것이라 생각하면서도 '아니야, 이익이 연평균 30퍼센트는 증가할 거야'라고 예상한다면 당신은 소수파이며, 당신의 생각은 훌륭한 투자 아이디어(매수 아이디어)가 된다.

우리 펀드에 큰 리턴을 가져다줬던 수많은 아이디어, 예를 들어 니토리, 일본항공 JAL, 올림푸스, REIT(부동산 투자신탁), 대형 은행, 중소 부동산 회사 등도 매입을 시작했을 때는 상승할 것이라는 예상이 극단적인 소수 의견이었다. 이에 대해서는 뒤에서 자세히 설명하도록 하겠다.

투자 아이디어=주가에 반영되어 있지 않은 아이디어

그렇다면 어떻게 해야 자신의 의견이 대다수의 의견과 다른지 알 수 있을까? 이는 '무엇이 주가에 반영되어 있는가'라는 질문과 같다. 대형주의 경우 알기가 쉽지 않다. 현재 닛케이 225 지수(닛케이 평균 주가)에 무엇이 반영되어 있는지 아는 것도 불가능에 가깝다. 그것을 안다면 일의 절반은 끝났다 해도 과언이 아니다.

주식시장에서 인기가 없는 '저평가 소형주'의 경우, 시장 참가자가 적어(정확히 말하면 투자자에게 무시당하고 있는 종목이 많아) '무엇이 주가에 반영되어 있는가'를 비교적 쉽게 알 수 있다. 대개 '이 회사의 비즈니스는 장래성이 없어 이익 감소가 계속될 거야', '이 회사에는 미래가 없으니 무시해도 상관없어'와 같은 생각이 반영되어 있다.

그러나 앞서 이야기했듯 대형주는 이것을 알기가 극단적으로 어렵다. 시장 참가자가 늘어날수록 무엇이 주가에 반영되어 있는지 알 수 없게 된다. 애널리스트들에게 질문을 던져도 정확히 알기 어려울 것이다. 아니, 알았다고 생각하지 않는 편이 좋다.

애널리스트들은 "10퍼센트의 증익이 주가에 반영됐다"라고 태연하게 말하지만, 대형주는 '주가에 무엇이 반영되어 있는가'를 쉽게 알 수 없다. 이는 우리가 소형주 투자를 선호해온 이유 중 하나다.

투자 아이디어를 찾는 건 주식에 반영되어 있지 않은 아이디어를 찾는 것이다. 본래 소수파였던 자신의 생각이나 포지션이 '사실은 다수파가 되어 있었음'을 발견했을 때는 무엇인가 행동을 하는 편이 좋을지도 모른다. 큰 리스크를 끌어안게 될 수도 있기 때문이다.

주식시장의 매매 수수료가 굉장히 저렴한 것도 개인 투자자가 소수파로 있는 걸 유리하게 만들어준다. 자신만이 틀린 판단을 했다가 틀렸음을 깨닫고 반대 매매를 해도 거래 비용이 매우 저렴해 거의 손해를 보지 않는다.

다만 매매 수수료가 저렴하더라도 '마켓 임팩트'가 크면 거래 비용이 커진다. 소수파로 있는 것은 기관 투자자(우리 같은 헤지펀드도 포함)에게도 중요하지만, 기관 투자자의 경우에는 매매 규모가 커 마켓 임팩트를 포함한 거래 비용이 개인 투자자에 비해 훨씬 커진다. 이 점에 관해서는 개인 투자자가 기관 투자자보다 명백히 유리하다.

마켓 임팩트는 이런 것이다. 가령 직전의 매매 체결 가격이 1,000엔인 주식의 오퍼(매도 주문)가 1,001엔에 100주였다고 가정하자. 한편 비드(매수 주문)는 999엔에 100주였다고 가정하자. 즉, 현재 이 주식을 1,001엔에 100주 팔고 싶어 하는 사람과 999엔에 100주 사고 싶어 하는 사람이 있는 것이다. 따라서 100주를 어떻게든 사고 싶다면 1,001엔을 내야 한다. 그리고 산 직후에 자신의 생각이 틀렸음을 깨달아 다시 팔고 싶다면 999엔에 팔아야만 한다. 이 차이인 2엔을 '마켓 임팩트'라고 한다. 이것과 증권 회사에 내는 매매 수수료(소비세 포함)를 합친 금액이 '거래 비용'이다.

당연한 말이지만, 주식을 대량으로 사고팔면 마켓 임팩트가 커진다. 앞서 든 예를 이용해 설명해보도록 하겠다. 가령 1,000주를 당장 어떻게든 팔고 싶을 경우, 일단 100주를 비드가 있는 999엔에 팔아야 한다. 그러면 999엔의 비드는 사라진다. 그리고 가령 다음 비드가 998엔에 100주였다면 다음의 100주는 998엔에 파는 수밖에 없다. 그래서 팔고 싶은 주식의 수량이 많을수록 팔 때 주가를 끌어내리게 되는 것이다.

거래량이 적은 소형주의 경우, 일반적으로 호가창이 한산하기 때문에(주식 수가 적기 때문에) 호가창이 상당한 양의 주식으로 빽빽하게 채워져 있는 대형주보다 마켓 임팩트가 커진다. 이 장의 앞머리에서 '소니를 100주 공매도한다'라는 예를 들었는데, 이 정도의 대형주는 거래량이 많기 때문에 고작 100주를 사고파는 정도로는 마켓 임팩트가 거의 제로다.

참고로, '자신만의 독자적인 아이디어로 투자하는 것은 수지가 맞는 장사다'라는 발상은 다른 비즈니스에도 적용된다. 다만 제조 회사가 공장을 건설했다가 '에잇! 그냥 그만두자'라는 생각에 공장을 부순다면 손실이 제로일 수는 없을 것이다.

투자의 첫걸음은 상식을 의심하는 것부터

그렇다면 구체적으로 어떻게 해야 투자 아이디어를 찾을 수 있을까? 대다수의 투자자와 다르게 생각하고 싶을 때 가장 쉬운 방법은 '상식을 의심하는 것'이다. 다만 세상의 상식을 전부 의심하면 삶이 너무 피곤해질 수 있으므로 '거짓인지 진실인지는 알 수 없지만, 일단 그렇다고 해두자'라는 태도로 살아가는 것이 바람직하다. 그러면서 이따금 '이거 정말일까? 다들 그렇다고 말하는데, 나는 좀 의심스러워'라는 아이디어를 찾아내야 한다. 물론 주식 매매와 관계가 있는 아이디어 중에서 말이다. 가령 TV에서 기자가 "대다수의 과학자는 ○○라고 생각하고 있습니다"라고 말했다면 "당신, 대체 몇 명의 과학자와 대화를 나누고 그런 말을 하는 겁니까?"라고 태클을 거는 이미지라고나 할까?

이 책에서는 '상식을 의심한다'와 비슷한 의미인 '카운터인튜이티브counterintuitive'라는 말을 종종 사용할 것이다. 이는 '사람들이 당연하게 생각하는 것과 현실은 다르다'라는 뜻으로, 주식 투자에서는 굉장히 중요한 개념이다. 유명한 예로는 '습한 공기는 건조한 공기보다 가볍다', '학생이 40명인 학급에서 생일이 같은 사람이 있을 확률은 얼마인가' 등이 있다 (학생이 40명인 학급에서 생일이 같은 사람이 있을 확률은 89.1퍼센트다-옮긴이).

나는 과학자가 가설에 불과한 것을 진실인 것처럼 이야기하거나 권위가 있는 사람이 단정적으로 말하는 것을 보면 본능적으로 '정말 그럴까?'라는 생각이 든다. 내가 이러는 건 초등학생 시절부터 학교 선생님이 너무 싫었기 때문인지도 모른다.

오해하지 말길 바란다. 과학자가 자신이 믿는 바를 진실인 것처럼 열정적으로 이야기하는 것은 당연한 거다. 자신의 인생을 걸고 이루어낸 성과이기 때문이다. 문제는 받아들이는 쪽이 가설에 불과한 것을 진실이라고 생각한다는 점이다. '그건 가설이잖아'라고 생각하자. 다만 괜한 싸움으로 번질 수 있으니 대놓고 말하는 건 삼가는 것이 좋다.

과학자나 의사의 주장은 대부분이 가설이다. 유력한 가설일지도 모르지만 가설이라는 사실은 변함이 없다. 과학은 분명 진보하고 있다. 하지만 아직은 아는 것보다 모르는 것이 압도적으로 많다. 그런데 세상에는 이 점을 오해하는 사람이 너무나도 많은 것 같다.

교과서에 적혀 있다고 모두 옳은 건 아니다

조금 전문적이고 주식 투자와는 직접 관련이 없는 내용이지만, 내가 몇 년 전에 굉장히 충격을 받은 일을 이야기하고자 한다. (미국의 대학 입시 문제집에서 봤는데, 처음에는 무슨 뜻인지 이해가 되지 않아 조사를 했고, 큰 충격을 받았다.)

그것은 바로 '혈우병(혈액이 잘 응고되지 않아 피가 나면 멈추지 않는 유전병)'에 관한 것이다. '혈우병이 기본적으로 남성의 병인 이유'는 고등학교와 대학교의 생물학 교과서에서 성염색체(Y, X)에 관해 설명할 때 단골로 등장하는 사례였다. 그동안 학교에서는 이렇게 가르쳐왔다.

'X 염색체에 혈액 응고 유전자가 있는데, 그 유전자가 기능을 하지 못하면 혈액 응고 인자가 생산되지 않는다(출혈이 멈추지 않는다). 남성은 XY로, X와 Y가 하나씩이기 때문에 X에 악성 유전자가 있으면 혈우병이 된다. 반면 여성은 XX로, X가 두 개이기 때문에 하나가 비정상이어도 다른 하나는 정상이다(양쪽 모두 비정상일 확률은 거의 제로다). 정상적인 유전자는 우성(dominant, 이제는 이 말을 쓰지 않는다고 들었다)이고 비정상적인 유전자는 열성(recessive, 이 말도 마찬가지다)이어서, 세포 속에서는 우성인 정상 유전자만이 발현해 결과적으로 모든 세포에서 정상적으로 혈액 응고 인자가 생산된다.'

그러나 이는 완전히 잘못된 사실이었다. 자세한 이야기는 생략하지만, 간단히 설명하면 다음과 같다. 혈우병 유전자를 보유한 여성도 대략적으로 말하면 비보유자에 비해 혈액이 잘 응고되지 않는다. 여성 혈우병 보인자(유전자 보유자)의 X 염색체 중 절반은 정상적으로 혈액 응고 인자를 생산하지만, 나머지 절반은 그렇지 않다. 그래서 남성 보인자만큼 심각하지는 않지만 생리가 심해지거나 치아를 치료할 때 출혈이 잘 멈추지 않으며, 출산할 때 위험한 상황에 빠질 수도 있다.

오랜 세월 동안 잘못된 사실이 상식으로 받아들여졌던 탓에 여성 보인자는 불행한 일을 겪어야 했다. 출산할 때 목숨을 잃은 여성 보인자도 있었을 것이다. 지금은 여성 보인자에 대한 이해가 진행되어 출산할 때 철저하게 준비하는 듯하다.

내가 충격을 받았던 것은 과거 생물학에 있었던 오류 때문이 아니다. 과학의 오류는 세상에 얼마든지 있다. 이는 전혀 드문 일이 아니다. 내가 대학교에서 생물학을 공부한 건 1978년인데, 그보다 더 이전인 1960년대에 이미 혈우병 유전자에 관한 교과서 내용이 잘못됐다는 사실이 밝혀졌다. 그런데 1978년에도(아마 그 후에도 몇 년 동안은) 잘못된 정보를 학생들에게 당당하게 가르쳤다는 사실이 엄청난 충격이었다. 이는 '교과서에 단정적으로 적혀 있는 내용은 전부 사실이다'라는 믿음이 불러온 비극이다.

이후에 '확률'에 관해 이야기할 때 언급하겠지만, '**아무리 그럴듯해 보이는 상식이라도 99.99퍼센트 옳을 수 있다고는 생각할지언정 100퍼센트 옳다고 생각해서는 안 된다**'라는 것이 나의 결론이다. 특히 주식 투자 세계에서는 더욱 그렇다.

주식 투자에 관한 책에서 혈우병을 예로 든 것이 적합한지 모르겠다. 그래서 이 책의 취지에 좀 더 부합할, '엉터리였던 거시 경제학'에 관한 이야기도 소개할까 한다. 최근에 거시 경제학의 교과서를 읽었는데, 내가 학창 시절에 읽었던 교과서와 내용이 완전히 달랐다. 기본적으로 과거의 거시 경제학 이론은 엉터리였다고 생각한다. 현재의 이론도 상당히 수상쩍기는 하지만.

애초에 거시 경제학을 학문이라고 부를 수 있는지도 의심스럽다. 거시 경제학은 기본적으로 '인간은 어떻게 행동하는가'라는 것인데, 인간은 같은 상황에 놓여도 과거의 경험을 통해 학습한다. 그런 까닭에 같은 일이 반복되리라는 보장은 없는 것이다. 뒤에서 이야기하겠지만, 코로나19 팬데믹으로 2020년 3월 주식시장이 폭락했다. 경제에 미친 영향도 막대했을 것이다. 그러나 2차 유행이 찾아왔을 때, 1차 유행 때보다 감염자 수가 많았음에도 1차 유행 정도의 충격은 없었다. 그 피해의 정도severity에 비례해 경제에 악영향이 나타나지는 않는 것이다. 요컨대 실험실에서 실험하는 것 같은 재현성은 없다는 말이다.

30년 전에 '선진국은 조만간 제로 금리를 경험할 것이다'라고 제대로 예상한 거시 경제학자가 있었다면 학계에서 추방당하고 대학교에서도 해고당했을 것이다. '거시 경제학'보다 '미시 경제학'이 훨씬 쓸모가 많다는 것이 나의 결론이다.

모든 정보에는 바이어스가 걸려 있다

'오늘 홋카이도에서 경자동차에 타고 있던 두 명의 노인이 충돌 사고로 사망했다.'

바이어스(편향, 편견, 선입견) 없이 사실만을 이야기한 기사처럼 보일 것이다. 그러나 기사를 쓴 사람은 이 기사를 통해 무언가를 강조하고 싶었을지도 모른다. '고령자 운전의 위험성'을 강조하고 싶었을 수도 있고, '경자동차는 안전하지 않다'라고 주장하고 싶었을 수도 있다.

또한 '정보 발신자'가 반드시 의식적으로 바이어스가 걸린 정보를 발신하는 것은 아니다. '나는 바이어스 없이 공정하게 정보를 발신한다'라고 생각하는 사람이 무의식중에 바이어스가 걸린 정보를 발신하는 경우도 많다.

만약 오키나와에서도 같은 사고가 일어났었다면? 왜 오키나와에서 일어난 사고는 자신의 눈에 들어오지 않았을까? '왜 이 정보가 오늘 나의 눈에 들어온 것일까'까지 생각하면, '모든 정보에는 바이어스가 걸려 있다'라고 생각하는 편이 무난할 것이다.

다만 바이어스가 걸린 정보를 발신하는 사람을 비난해서는 안 된다. 나의 발언에도, 당신의 발언에도 바이어스가 걸린 부분이 있기 때문이다. 글을 쓰는 사람은 자유롭게 쓰고 싶은 글을 쓰면 된다. 그저 받아들이는 사람이 자신의 머리로 바이어스에 관해 판단하면 되는 문제다. 정보의 바이어스에 관해 판단할 때, 먼저 '누가 발신했는가'를 아는 것이 가장 중요하다. 누가 발신했는지 모르는 정보는 정보로서 가치가 현저히 떨어진다.

나는 헤지펀드에서 함께할 멤버를 찾기 위해 수없이 면접을 봤는데, 이런 질문을 던지기도 했다.

"지금 제가 주머니에서 주사위를 꺼내 굴렸다고 가정해봅시다. 6의 눈이 나왔을 경우, 다음에 6이 나올 가능성은 얼마나 될까요?"

그러면 상대는 6분의 1이라고 대답한다. 그런데 다시 한번 굴렸을 때 또다시 6이 나왔다면? 세 번째도 6이 나올 확률은 6분의 1일까? 세 번째도 6이 나왔다면 네 번째도 6이 나올 확률은 6분의 1일까?

이미 눈치챈 사람도 있겠지만, 여기에서 가장 중요한 포인트는 '내가 꺼낸 주사위'라는 것이다. 당연히 주사위에 장난질을 쳤을 가능성을 의심해야 한다.

그런데 그것이 "면접에서 사용할 주사위를 하나 가지고 오시오"라고 말해 상대가 준비해온 주사위라면 어떨까? 장난질을 친 주사위일 확률은 거의 제로다. '누가 준비한 주사위인가'에 따라 답이 완전히 달라지는 것이다. 다만 어떤 경우든 아홉 번 연속해서 6이 나왔을 때 열 번째에 6이 나올 확률을 물어봤는데 "6분의 1입니다"라고 자신만만하게 대답하는 것은 바라지 않는다. 설령 자신이 준비한 주사위라 해도 어쩌다 조작된 주사위를 손에 넣었을 가능성도 생각해야 한다. 아니면 주사위를 굴리기 전에 내가 눈치채지 못하게 바꿔 치기를 했을 가능성도 있다.

주사위를 굴렸을 때 6이 나올 확률이 6분의 1이라고 믿어 의심치 않으면 그 후의 유익한 정보를 완강히 거부하게 된다. **아주 조**

금이라도 좋으니 '그렇지 않을 가능성'을 머릿속에 남겨두는 것이 좋다.

바이어스를 내 편으로

주식 투자를 생각할 때, 이 '바이어스'는 굉장히 중요하다. 투자자 중 대다수의 판단에 강한 바이어스가 걸려 있다면 그것은 투자 기회다. 뒤에서 자세히 이야기하겠지만, 도산했던 일본항공이 재상장했을 때 과거에 일본항공 주식이나 채권으로 인해 큰 손해를 봤던 기관 투자자들은 일본항공에 대한 분노가 컸던 나머지 재무상태표가 깔끔해져 재상장한 일본항공을 올바르게 평가하려 하지 않았다.

또한 1980년대에 발생한 일본 토지·주식 버블 당시 일부 부동산 회사는 폭력단과 결탁해 토지나 건물을 강압적으로 사들였다. 그로 인해 부동산 회사에 대한 이미지가 굉장히 나빠져 지금도 중소 부동산 회사의 주식은 크게 저평가되어 있다.

전자 부품 상사 등도 최근에는 평가가 조금 높아졌지만 매우 저평가된 상황이 계속됐다. '물건을 직접 만들지 않고 중개만 할 뿐이다', '외상 매출 채권이 언젠가 불량 채권이 되어 큰 적자를 불러올지도 모른다'라고 평가해서인지도 모른다.

코로나19 팬데믹 당시 우리가 대형 은행에 크게 투자했을 때도 '핀테크의 시대가 되었으니 은행은 더 이상 필요하지 않다'라는 강렬한 바이어스가 걸려 있었다. 우리 헤지펀드는 이 바이어스를 먹이로 삼았다.

다시 한번 말하지만, 과학자나 연구자의 연구 결과를 받아들일 때는 주의가 필요하다. 경우에 따라서는 열심히 연구할수록 연구 성과에 바이어스가 걸리기도 한다. 연구자는 연구비를 확보해 연구를 계속해야 한다는 엄청난 압박을 받는다. 그래서 데이터를 날조하는 경우도 많다. 발견하지 못하고 넘어가는 작은 날조의 수는 방대할 것이다. 데이터가 자신의 가설과 다를 경우, 자칫하면 연구비를 받지 못하게 될지도 모르기 때문이다.

과거에 태양광 패널의 소자를 연구한 석유 회사가 있었는데, 그 회사에서 '발전 효율이 높은 획기적인 소자를 개발했다'라는 이야기가 나왔다. 그 회사의 사장은 1,000억 엔이 넘는 금액을 투자하는 등 적극적인 자세를 보였다. 하지만 그 뒤로 어떻게 됐는지는 소식이 없다. 개인적으로는 연구자가 호들갑을 떨며 가져온 데이터가 '챔피언 데이터(자신에게 유리한 데이터)'여서 발전 효율을 과대평가했던 것이 아니었나 의심된다.

애널리스트가 내놓는 의견을 받아들일 때도 주의해야 한다. 가령 CNBC(미국 주식 해설 방송)에 중국 주식이 전문 분야인 미국인 애널리스트가 나와 중국의 경제나 중국 주식에 관해 해설할 때가 있는데(아쉽게도 이 방송에서 일본 주식이 전문 분야인 애널리스트를 한 번도 본 적이 없다), 그들은 중국 주식에 대해 부정적인 발언을 거의 하지 않는다. 당연한 일이다. 중국 정부에 미운털이 박히면 무서워서 중국에 갈 수 없게 되기 때문이다. 게다가 그들의 고객은 대부분 미국의 중국 주식 펀드다. 고객은 당연히 자신과 관련된 펀드의 운용 자산이 불어나기를 희망하는데, 부정적인 발언을 해 중국 주식 펀드로부터 자금이 유출된다면 고객의 분노를 사 일자리를 잃을지도 모른다. CNBC는 많은 사람이 보는 방송이기에 영향력이 엄청나다.

그렇다면 애널리스트의 발언은 의미가 없는 것일까? 그렇지 않다. 발신자의 바이어스를 충분히 '보정'하고 들으면 된다. 적어도 '어딘가 부정적인 어감'으로 말했다면 흘려듣지 말고 '꽤 중대한 문제가 있구나'라고 판단하는 것이 바람직하다.

정보 수집에 돈을 쓸 필요는 없다

투자 판단에 필요한 정보는 어디에서 모아야 할까? 내 경우를 이야기하면, 나는 프로 펀드 매니저였기에 정보를 수집하는 데 어느 정도는 돈을 써도 괜찮았다. 다만 개인 투자자가 신 NISA로 200만 엔을 투자하는데 그중 100만 엔은 토픽스(TOPIX)의 ETF에, 나머지 100만 엔은 복수의 일본 저평가 소형주에 투자할 생각이라면 정보 수집에 돈을 써서는 안 된다고 생각한다. 이에 관해서는 뒤에서 다시 이야기하도록 하겠다.

나도 가급적이면 정보 수집에 돈을 쓰지 않으려고 노력했다. 블룸버그나 닛케이의 자회사가 운영하는 퀵(투자 정보 서비스) 같은 고가의 정보원은 몇 년 전에 전부 해지했는데, 결과적으로 실적에 아무런 영향도 미치지 않았다.

신문이나 잡지를 몇 개 정기 구독하면 한 달에 1만 엔이 넘는 구독료를 지불해야 한다. 1년이면 12만 엔 이상이다. 이는 1,200엔짜리 주식을 100주 살 수 있는 돈이다. **개인 투자자는 구독을 해지하고 그 돈을 주식을 사기 위한 밑천으로 삼는 것이 훨씬 바람직하다.**

누군가가 "도움이 되는 유료 정보원을 딱 하나만 추천해주세요"라고 부탁한다면 나는 망설이지 않고 도요게이자이신보사가 발행하는 《회사 사계보》를 추천할 것이다. 매월 1,100엔을 지불하면 온라인 버전의 기본 서비스를 이용할 수 있다(5,500엔짜리 프리미엄 요금제는 너무 비싸니 고려할 필요도 없다). 온라인 서비스는 글자가 커 읽기도 좋고, 각 회사의 홈페이지 링크도 있어 매우 편리하다. 참고로 《회사 사계보》의 홈페이지 자체는 무료로 볼 수 있는데, 유익한 정보가 가득하다.

신문과 잡지를 포함한 다른 유료 서비스는 전혀 필요가 없다. 부디 그런 곳에 쓸 돈을 아껴 최대한 많은 주식을 사기 바란다. 지금은 무료 정보원이 넘쳐나는 시대다. 세상에서 일어나고 있는 대략적인 일들은 그런 정보원을 통해서도 충분히 알 수 있다. 개인 투자자가 정보에 돈을 쓸 필요는 전혀 없다.

한편 개인 투자자는 자신의 자산을 늘리기 위해 투자를 할 뿐이지만, 금융 전문가는 어느 정도 지식이 있어야 고객의 질문에 답할 수 있다. 고객이 "오늘 닛케이 신문 1면에 실린 그 이야기 말인데요. 어떻게 생각하나요?"라고 물었을 때 "저는 닛케이 신문을 읽지 않아 무슨 이야기인지 모르겠네요"라고 답할 수는 없는 노릇이다.

그래서 지금부터 내가 이용하고 있는 정보원을 소개하도록 하겠다. 다음과 같은 사람들에게는 참고가 될지도 모른다.

- 투자 자문 회사의 운용 담당자
- 증권 회사와 은행 등의 금융기관에서 고객을 상대하는 일을 하는 사람
- 재무설계사
- 전문적인 지식을 흡수하고 싶은 컨설턴트
- 비즈니스 아이디어를 탐욕스럽게 찾고 있는 사람
- 주식 투자가 취미여서 공부하고 싶은 사람

개인적으로 주식 투자 세계에서는 운용 스타일에 따라 무엇을 정보원으로 삼아야 할지가 달라진다고 생각한다. 지금부터 설명할 것은 상향식 접근법(뒤에서 자세히 설명하겠다)으로, 개별 기업의 자산 가치나 실적의 성장률 그리고 그 기업이 속한 산업의 조사에 중점을 두는 사람에게 유용한 정보 수집 방법이라고 생각하기 바란다.

우선 내가 가장 적극적으로 보는 뉴스 방송은 CNBC다. 일본은 폐쇄 국가가 아니다. 무역도 많이 하고, 세계 경제의 영향을 크게 받는다. 금융시장도 개방되어 있어 일본의 주식시장은 외국인 투자자의 동향에 민감하다. '금융의 프로'를 표방한다면 영어 정보원을 이용해야 한다. 일본어 정보원에만 의존해 세계를 이야기하는 것은 프로답지 못한 행동이다.

다만 영어가 서툰 프로도 있을 텐데, 그런 사람에게도 구원의 손길이 있다. 가령 닛케이 CNBC《모닝 익스프레스》의 '해외 시장 되

돌아보기' 등은 일본어 방송 중에서 훌륭한 편에 속한다. 이 방송에서는 일본의 주식시장 전체 혹은 개별 종목의 동향 등을 상당히 정확히, 그것도 간결하게 알려준다. 해설자의 수준이 높고, 해설도 이해하기 쉬워 무척이나 유용하다.

종이 매체는 어떨까? 정보 매체로서의 종이 매체는 언젠가 모습을 감출 것이다. 나는 구시대 사람이기에 신문은 〈닛케이 신문〉, 잡지는 《닛케이 비즈니스》와 《주간 다이아몬드》를 정기 구독하고 있다.

《닛케이 비즈니스》에는 친회사적인, 거의 홍보에 가까운 '치켜세우기 기사'가 가득하고, 기업에 비판적인 기사는 거의 실려 있지 않다. 다만 그렇기에 특집 기사에서 소개하는 회사에 관해서는 상당히 깊은 부분까지 파고들어 좋은 정보를 전해준다.

《주간 다이아몬드》에는 발로 뛰어 취재한, 읽으면서 "대단해!"라는 말이 절로 나오는 훌륭한 특집이 많다. 친회사적인 치켜세우기 기사 같은 것은 실리지 않는다. 저널리즘의 기골을 느낄 수 있는 잡지다.

또한 《더 팩터》와 《선택》은 기업과 경제에 관한 폭로계 정보원으로, 내가 굉장히 애지중지하는 잡지다. 둘 다 기업에 대한 배려 따위는 전혀 없는 생생한 정보가 가득 실려 있다. 내게는 귀중한 정보원인 동시에 최대의 '오락'이다. 나는 이제 은퇴했기에 신문과 잡지 구독을 하나씩 해지할 생각인데, 《회사 사계보》 온라인 서비스와 《더 팩터》는 죽을 때까지 해지하지 않을 것이다.

참고로 소형주에 관해 조사할 때는 대중 매체가 거의 필요하지 않다. 개인 투자자는 앞으로 설명할 수법으로 저평가된 소형주를 몇 종목 정도 사면 끝이다. 반면 운용 자산 규모가 큰 기관 투자자는 소형주에만 투자할 수 없기 때문에 중형주와 대형주에도 투자한다. 그래서 항상 '대형주와 소형주는 어느 쪽이 더 저평가되어 있는가'를 대략적으로 파악해둘 필요가 있다(기관 투자자의 포트폴리오 매니저도 100억 엔으로 소형주만 운용하다 일생을 마칠 거라면 대중 매체가 필요하지 않다).

기본적으로는 소형주(마더스 종목은 제외)가 대형주보다 늘 저평가되어 있지만, 기관 투자자의 경우 소형주를 매매하면 큰 마켓 임팩트가 발생한다. 그래서 이 점을 고려했을 때 대형주에 비해 소형주의 저평가 수준이 그다지 매력적이지 않다면 굳이 소형주를 사지는 않을지도 모른다. 그런 까닭에 우리도 그랬지만 기관 투자자를 포함한 투자의 프로는 대형주에 투자할 가능성을 항상 생각하고 있어야 하며, 따라서 주식시장 전반에 관한 지식이 어느 정도 필요하다.

우리는 2019년 후반까지 롱은 소형주 중심으로 운용했고, 대형주는 거의 거들떠보지 않았다. 대형주 중에서는 극단적으로 고평가된 종목을 숏 후보로서 조사하는 것이 전부였다. 그러나 2019년 후반부터 대형주의 저평가가 두드러지기 시작했고, 그로 인해 우리도 대형주 조사에 에너지를 할애하기 시작했다. 덕분에 2020년 3월 코로나19 팬데믹으로 주가가 폭락했을 때 사들이고 싶은 대형주 목록이 이미 완성된 상태였다.

대형주에 투자하거나 공매도를 하기 위해서는 대중 매체나 애널리스트의 견해를 주시할 필요가 있다. 그렇지 않으면 무엇이 주가에 반영되고 있는지 컨센서스를 알 수 없기 때문이다(여기에서 컨센서스는 기업의 실적이나 시장 지표에 대한 시장 예상의 평균치를 의미한다-옮긴이).

물론 애널리스트의 의견을 듣거나 대중 매체를 살펴본다고 해서 그것만으로 운용 성적이 오른다는 보장은 없다. 앞서 이야기했듯 대형주는 어렵다. 그러나 컨센서스를 알고자 노력하지 않으면 경기장에 설 자격조차 주어지지 않는다.

반면 저평가 소형주는 애초에 대중 매체를 포함해 거의 누구도 관심을 보이지 않으므로 컨센서스를 알기 위해 대중 매체에 의지할 필요가 없다. 만약 당신이 그 저평가 주식을 '성장주'라고 생각해 투자했는데 사실은 성장주가 아니었어도 손해를 볼 가능성이 낮다. 그런 저평가주가 성장할 것이라고 생각하는 사람은 거의 없기 때문이다. (이 논리는 이 책의 근본을 이루는 매우 중요한 부분이다. 제3장에서 이에 대해 자세히 이야기하도록 하겠다.)

그런데 만약 그 저평가 소형주의 거래량이 급증해 주가가 오르고 있었다면 어떻게 될까? 아마도 그 회사가 '성장할' 것을 기대하고 있는 다른 투자자가 있다는 의미이므로, 사면 손해를 볼지도 모른다. 주가가 상승한 주식은 가급적이면 매수를 피해야 한다는 것이 나의 기본적인 생각이다.

정보 수집을 위한 '투자 클럽'

돈을 벌어야 할 때 가장 유용한 정보원은 다른 투자자가 접근하지 못하는 혹은 접근하려 하지 않는 '비전통적 정보원'이다. 요컨대 대중 매체, 애널리스트, 회사의 공시 이외의 정보원을 말한다. 이를테면 친하게 지냈던 대학 동창이 일하고 있는 회사의 정보를 그 동창에게서 얻는 식이다. 다만 이 경우에는 내부자 거래에 주의해야 한다. '정보 제공자'와 '정보 수령자' 양쪽 모두 무엇이 내부자 거래에 해당하는지 알고 있어야 한다.

이러한 리스크가 있지만, 나는 이런 '비전통적 정보원'을 적극적으로 개척해야 한다고 생각한다. 만나서 대화를 나눌 때 '그 회사의 정보'가 아니라 그 회사가 속한 '업계의 정보'를 얻는다면 기본적으로는 내부자 정보가 되지 않는다.

앞으로 주식 투자가 당연해지는 시대가 되면 투자 정보를 교환하기 위한 '투자 클럽'을 만들어 멤버들이 일하고 있는 회사의 업계 정보를 교환하는 것도 재미있을 것 같다. 최대한 많은 업종을 아우르도록 멤버를 모은다면 강력한 정보 네트워크가 형성될 것이다.

그런 의미에서도 나는 개인 투자자가 젊은 나이에 전업 투자자가 되는 것을 권하지 않는다. 전업 투자자가 되면 자신이 속한 업계의 정보를 제공할 수 없게 되며, 그렇게 되면 정보를 얻기가 어려워지기 때문이다.

전업 투자자가 되지 않을 때 얻을 수 있는 이점은 그뿐만이 아니다. 주식 투자로 큰돈을 벌려면 주식이 폭락했을 때 과감하게 최대한 사들이는 것이 가장 좋은 방법인데, 이는 리스크를 동반한다. 정확히 말하면 폭락한 주식을 사는 것의 리스크는 그리 크지 않지만, 어쨌든 그때는 큰 리스크를 짊어졌다고 느끼게 된다. 즉, 공포를 느끼는 것이다. 그 공포를 이겨내기 위해서라도 제대로 된 직장에서 일하는 것이 좋다. 직장이 있으면 리스크를 감수하겠다는 마음가짐을 갖게 될 수도 있기 때문이다. 전업으로 주식 투자를 하는 개인 투자자보다 더 많은 돈을 벌 수 있을지도 모른다.

물론 투자 클럽 같은 존재는 여러 가지 문제를 안고 있다. 교주 같은 사람이 있는 투자 클럽은 속된 표현으로 '작전 세력'이나 다름없으므로 피해야 한다. 또한 '모두 함께 같은 종목을 사자'라는 생각도 문제가 발생할 가능성이 크다. 투자 클럽은 어디까지나 정보를 교환하는 장소로만 삼고, 어떤 종목을 살지는 개개인이 판단하는 것이 이상적이다.

투자 클럽의 참가 조건은 '누구나 환영'부터 '엄격한 회원제'까지 다양해도 될 것이다. 다만 '누구나 환영'인 투자 클럽은 난장판이 될 수도 있다. 자신이 샀는데 좀처럼 오르지 않는 주식을 무리하게 추천한다든가, 거짓 정보를 흘린다든가……. 온라인이든 오프라인이든 실명을 밝히고 정보를 발신하지 않으면 투자 클럽의 질을 유지할 수 없다. 그런 의미에서는 어느 정도 '규약'이 있고, 멤버들의 얼굴을 직접 마주할 수 있는 클럽이 더욱 유지가 잘되지 않을까 싶다.

어느 날 갑자기 너덜너덜한 코트를 입은 더벅머리 사내가 찾아와 무시무시한 표정으로 "반드시 오를 주식을 알려주세요. 돈은 여기 있습니다. 지인들과 사채업자에게 빌릴 수 있을 만큼 다 빌려왔어요. 이익이 난다면 보수를 주겠습니다. 하지만 손해를 본다면 당신들을 모두 죽여버리고 나도 죽을 겁니다!"라고 말한다면 그때는 경찰을 부를 수밖에 없을 것이다. 어쨌든, 생활이 궁지에 몰린 사람은 절대 주식 투자를 해서는 안 된다(수입이 낮은 사람이나 학생도 주식 투자를 할 것을 권하지만, 어디까지나 돈을 절약해 여유 자금을 만든 다음에 하라는 의미다).

투자 클럽을 즐겁고 유익한 곳으로 만들기 위한 키워드는 '여유', '관용', '유머'다. 취미로 주식 투자를 한다고 생각하는 자세가 투자 클럽을 더욱 활기차게 만드는 포인트가 될 것이다.

투자자는 시장을 이길 수 있는가—효율적 시장 가설

이번에는 '투자자는 시장을 이길 수 있는가'에 관해 생각해보자. 이는 그동안 '효율적 시장 가설'이라는 명칭으로 논의됐다. 이 가설은 '시장은 모든 정보를 반영하고 있으며 옳다. 그러므로 투자자는 시장을 이길 수 없다'라고 주장한다.

지금이야 이런 가치 없는 논의를 하지 않게 됐지만, 과거에는 오랫동안 논의됐던 주제다. 미국에서 인덱스 펀드가 등장했을 때 이 논의가 활발하게 진행됐다. 일본으로 치환하면 일본 주식에 투자해 토픽스의 수익률을 이길 수 있느냐 없느냐는 논의다.

과연 이 주장은 옳을까? 같은 '효율적 시장 가설'이라 해도 주장하는 바에 따라 어감이 달라지므로, 다음 세 가지 패턴으로 나눠 생각해보도록 하자.

1. 시장은 항상 옳다.

먼저 극단적인 주장부터 생각해보자. 이는 거짓말이다. 주가는 매일 변동된다. 어제의 주가가 옳았다면 왜 오늘의 주가와 다른 것일까? 또한 오늘의 주가가 옳다면 어제의 주가는 틀린 셈이 된다.

인간은 잘못을 저지른다. 그러므로 시장이 많은 투자자의 의견을 종합한 것이라면 시장 또한 잘못을 저지르게 된다. '패닉 매도'나 '버블' 등 시장이 잘못을 저질렀던 증거는 얼마든지 있다.

나는 '시장은 항상 옳다'라는 표현은 '훈계'의 의미에서 이야기되어야 한다고 생각한다. "내 전략은 논리적이었어. 그저 시장이 비논리적이었을 뿐이지. 손해를 보기는 했지만 나는 틀리지 않았어"와 같은, 도저히 프로의 발언이라고는 생각할 수 없는 변명을 하는 운용 책임자가 있기 때문이다.

요컨대 '시장은 항상 옳다'는 "나는 잘못이 없어. 시장이 잘못된 거야"라고 말하는 한심한 포트폴리오 매니저(운용 책임자)에게 "자신이 실패했음을 인정하시오"라고 훈계하기 위한 말일 뿐이다.

2. 시장은 거의 옳다.

시장은 손에 넣은 모든 정보를 반영한다. 따라서 결과적으로 시장이 틀렸다 해도 그 시점에 할 수 있었던 최선의 판단을 한 것이기에 시장은 거의 옳다고 말할 수 있다. 그런 시장을 앞지르는 것은 불가능하다. 시장 참가자 중 한 명에 불과한 당신의 정보도 시장에 이미 반영되어 있다. 그러므로 내부 정보라도 갖고 있는 것이 아닌 이상, 당신이 시장을 이기는 것은 불가능하다. 시장은 그날 들어온 새로운 정보들을 모두 반영하고, 그 결과 주가가 매일 변화한다.

이는 일리 있는 주장이다. 그러나 나는 아니라고 생각한다. 시장은 분명 방대한 정보를 반영하고 있지만, 이 주장대로라면 '다수파는 항상 옳은' 것이 된다. 실제로는 소수파인 당신이 옳을 수도 있으며, 그래서 큰 이익을 낼 수 있는 것이다.

3. 시장은 틀렸다.

그러나 시장 참가자인 당신은 시장이 무엇을 어떻게 틀렸는지 알지 못한다. 그것을 예상한다 해도 적중할 때도 있고, 빗나갈 때도 있기 때문에 결국 계속해서 시장을 웃도는 수익을 올리기는 어려울 것이다. 이에 관해서는 이후에 자세히 설명하도록 하겠다.

이제 이런 주장들이 얼마나 의미 없는지 생각해보자. 이런 주장들이 의미 없는 이유는 '시장'이라는 말을 막연하게 사용했기 때문이다. 당신이 자주 가는 레스토랑 체인점이 있다고 가정하자. 그곳은 상장 기업이어서 당신은 그 회사의 주가를 종종 살펴보았다. 그러던 어느 날, 바뀐 경영자가 인건비를 줄이고 비용을 절감한 결과 이익이 증가했다고 발표했다. 주가는 이것을 호재로 삼아 상승했다. 그러나 인건비를 줄이느라 점원의 수를 줄인 탓에 주문하는 시간, 요리가 나오는 시간이 길어졌고, 레스토랑도 지저분해졌다. 결국 이 레스토랑을 찾아오는 손님의 수가 줄기 시작했다(이는 실제로 종종 일어나는 일이다).

물론 조만간 월간 내점 손님 수가 발표되어 이 사실이 알려지겠지만, 단골손님인 당신은 남들보다 먼저 눈치를 채고 그 수가 공표되기 전에 주식을 공매도해 이익을 낼 수 있을지도 모른다. 좋지 않은 수치가 공표된다면 주가가 하락할 가능성이 크기 때문이다.

이 예만 봐도 '시장은 항상 옳다'라는 주장은 거짓임을 알 수 있으며, 시장을 앞지를 수 있는 상황이 발생할 수 있음을 증명할 수 있다.

내 결론을 간단히 말하면, **'투자자가 매크로로 이익을 내기는 매우 어렵지만, 마이크로로는 이익을 낼 기회가 많다'**라는 것이다. 여기에서 매크로는 닛케이 평균 주가, 외환, 금리처럼 경제 전체와 관련된 지표를 가리키고, 마이크로는 방금 이야기한 레스토랑의 예를 떠올리면 된다. 내가 증권 회사에 고용되어 "닛케이 평균 주가의 선물을 매매해 이익을 내시오"라는 지시를 받았다고 가정해보도록 하겠다.

시장이 합리성을 잃는, 패닉 매도가 발생하는 아주 드문 타이밍에는 닛케이 평균 주가 지수 선물이나 대형주의 매매로 이익을 낼 기회가 순간적으로 찾아온다. 내 펀드에서도 국채 선물을 숏해 상당한 이익을 낸 적이 딱 한 번 있다. 그러나 '오늘 국채 선물 지수가 오를까, 내릴까'는 짐작도 되지 않는다. 외환, 주식시장, 국채 같은 거대한 시장(매크로)의 경우 일반적으로 예상이 불가능하다. 닛케이 평균 주가의 선물을 매일 매매하는 개인 투자자는 장기적으로 봤을 때 이익을 내지 못할 것이라고 생각한다. 경마나 복권보다는 낫겠지만.

시장이 아주 잠시 보인 빈틈을 노려 대형주를 매매했던 실제 사례를 소개하겠다. 나는 2017년에 인두암 수술로 목소리를 잃으면서 자신감도 함께 잃어버렸다. 그런데 수술을 마치고 퇴원한 지 얼마 되지 않았을 무렵, '고베 제강소의 검사 결과 조작 사건'이 보도됐다. 다음날 매도 주문이 쏟아질 테지만 매매가 체결되지 않아 하한가까지 떨어질 것이 확실했다. 나는 이 거래를 성공시켜 잃어버린 자신감을 되찾겠다고 결심했다.

나는 '첫 매매 체결까지가 승부다'라고 생각해 아침 8시부터 9시까지 1시간 동안 부하 직원 두 명과 정보를 최대한 많이 수집했다. 검사 결과가 조작된 강판은 자동차의 보닛에 사용됐는데, 자동차를 리콜해 교체하게 된다면 막대한 비용이 들어간다. 그래서 나는 '자동차 보닛의 교체는 없을 것이다'라는 결론을 내리고 하한가에 매수 주문을 넣어 이익을 냈다.

여기에서 내가 하고 싶은 말은 자금 운용을 시작하고 20여 년이라는 시간이 흐르는 동안 고베 제강소에 관해 공부한 건 고작 1시간이었다는 것이다. 다만 이 시간 동안은 세 사람 모두 고베 제강소밖에 생각하지 않았다. 첫 매매가 체결되는 순간까지 1시간 동안 애널리스트들에게 닥치는 대로 전화를 걸고 웹사이트에서 정보를 모으는 등 최대한 집중해 시장을 앞질러 나갔다. 햇빛에는 불이 붙지 않지만 돋보기로 햇빛을 모으면 불을 붙일 수 있는 것과 같은 이미지였다고나 할까? 이날의 승부처는 첫 매매가 체결될 때까지였고, 그 후에는 더 조사할 필요가 없었다. 우리는 반등한 시점에 매도해 거래를 종료한 뒤 고베 제강소에 관해서는 싹 잊어버렸다.

요컨대 시장은 그때까지 수십 년 동안 고베 제강소에 관한 지식을 우리보다 훨씬 많이 축적하고 있었다. 그러나 그날 8시부터 첫 매매가 체결되기까지 1시간 동안은 시장이 올바른 확률을 찾아내지 못하고 있는 듯했다.

일반적으로 시장은 합리적이다. 시장이 반영한 정보는 그 어떤 투자자가 가진 정보보다 폭넓고 깊을 것이다. 그러므로 투자자가 대형주로 이익을 내기 위해서는 '시장이 보여주는 일순간의 빈틈'을 놓치지 말아야 한다. 저평가 소형주는 놀라울 만큼 빈틈투성이지만.

앞서 예로 든 레스토랑 이야기를 조금 더 이어나가도록 하겠다. 만약 증권 회사의 애널리스트가 이 회사를 주시하고 있었으며 레스토랑에도 자주 방문했다면 어떻게 될까? 당신이 공매도를 하기 전에 '이 회사는 단기적으로 이익을 높이기 위해 비용을 절감했는데, 그 결과 레스토랑을 찾아오는 손님의 수가 줄어들고 있다. 이 주식은 매도를 추천한다'라는 내용의 부정적인 보고서를 발표하고, 이것이 주가에 반영될지도(주가가 하락할지도) 모른다. 그렇게 되면 당신이 이익을 낼 기회는 없어진다.

그 회사를 주시하고 있는 애널리스트의 수가 많을수록 이변이 일어났을 때 애널리스트에게 감지되기 쉬우며, 그들에게 추월당할 확률이 높아진다. 그 결과 투자자는 이익을 내기 어려워진다.

나는 소니의 주가가 어떻게 될지 전혀 알지 못한다. 사업이 너무 많아 전체적으로 어떻게 될지 짐작도 가지 않는다. 주시하고 있는 애널리스트도 많고 말이다. 1년 동안 열심히 공부한다 해도 이익으로 연결되지는 못할 것이다. 그래서 원칙적으로 그런 주식은 조사하지 않는다. 소니에 관한 나의 지식은 제로에 가깝다.

시간은 유한하다. 따로 직업이 있는 와중에 주식 투자를 하고 있다면 더더욱 그렇다. 무언가에 시간을 쓰고 싶다면 다른 무언가에 시간을 쓰는 것을 포기해야 한다.

나는 소형주든 대형주든 저평가 상태가 아니면 사지 않기 때문에 고평가된 주식에 관해서는 거의 조사를 하지 않는다. 그래도 고평가된 대형주의 경우에는 더욱 고평가되어 공매도 아이디어가 됐을 때 집중적으로 조사하기도 하지만, 고평가된 소형주는 완전히 무시한다. 소형주는 증권을 조달하기 어려워 물리적으로 공매도가 굉장히 힘들기 때문에 공매도 아이디어조차 되지 않는다.

설령 운 좋게 소형주의 증권을 빌릴 수 있어 공매도를 하더라도 소형주의 주가는 난폭하게 움직이기 때문에 공매도를 한 뒤에 더 급등할 수도 있다. 그때 증권을 더 빌려 공매도 수량을 늘리고자 프라임 브로커(헤지펀드의 자금을 전부 맡아 관리하고, 공매도를 위한 증권을 빌려주거나 보유 주식을 담보로 자금을 빌려주는 증권 회사)에게 전화를 걸면 "안 그래도 우리가 전화를 걸려고 했는데 마침 잘 됐네요. 빌려줬던 증권을 돌려주세요!"라는 말이 돌아온다. 그 소형주가 인덱스 펀드에 편입되어 있기라도 한 것이 아닌 이상, 급등하면 팔고 싶어지는 것이 인지상정이기에 돌려달라는 말이 나오는 거다. 그러면 나는 천장을 찍은 가격에 환매수를 할 수밖에 없게 되어 큰 손해를 보고 만다.

특히 마더스 시장(지금의 그로스 시장)에는 고평가 소형주가 넘쳐난다(도쿄증권거래소 마더스 시장은 도쿄증권거래소가 개설한 신흥 기업을 위한 주식시장으로, 2022년 4월에 폐지됐다. 그 후 자스닥[JASDAQ] 그로스 시장과 통합되어 도쿄증권거래소 그로스 시장으로 계승됐다-옮긴이). 그래서 나는 마더스의 종목 중 80퍼센트는 무엇을 하는 회사인지 잘 모르며, 이름조차 들어본 적이 없는(혹은 들어는 봤지만 기억하지 못하는) 종목도 40퍼센트 정도 된다. 만약 소니가 사업을 분할해 100개의 작은 회사가 된다면 그중 인기가 없어 PER(주가 수익률)이 낮은 두 회사 정도는 주시할지도 모른다.

뒤에서 다시 이야기하겠지만, IT 버블 당시 한 인도인 투자자는 내게 이렇게 말했다.

"일본 주식의 헤지펀드에는 기회가 있습니다. 일본에서는 상장회사의 시가총액에 비해 주시하는 애널리스트 수가 상대적으로 적기 때문이죠."

그 말이 사실인지 아닌지는 모르겠지만, 가령 시가총액이 3,000억 엔인 회사가 있다고 가정했을 때 다른 선진국이라면 그 회사를 주시하는 애널리스트가 평균 네 명은 있지만 일본에는 세 명뿐이라는 이야기다. 이 관점에서 생각하면, **내가 집중적으로 살펴보는 저평가 소형주는 주시하는 애널리스트가 전무하므로 큰 기회가 있는 셈이다.** 게다가 회사의 사업 내용도 한정적이어서 조사하기도 편하다.

일본의 주식시장을 대형주까지 포함해 막연하게 공부하면 에너지가 분산되기 때문에 시장을 이기기 어려울 것이다. 이는 '효율적 시장 가설(당신은 시장을 이길 수 없다)'에서 주장하는 그대로다.

패시브 운용 vs. 액티브 운용

앞서 언급한 '3. 시장은 틀렸다'라는 가설에 관해 조금 더 설명을 덧붙이도록 하겠다. 주식시장 세계에서는 패시브 운용passive과 액티브 운용active이라는 말을 자주 사용하는데, 그 의미를 명확히 짚고 넘어가자. 기초적인 이야기이므로 주식에 해박한 사람은 건너뛰어도 괜찮다. 먼저 원리를 이해할 수 있도록 지극히 간단한 모델로 설명하도록 하겠다.

도쿄증권거래소에 도요타와 닛산, 두 종목만 상장되어 있다고 가정하자. 주가는 두 종목 모두 100엔이고, 기발행 주식 수는 15주라고 가정한다. 두 종목의 시가총액은 각각 1,500엔이므로 도쿄증권거래소의 시가총액은 총 3,000엔이다. 이를 도쿄증권거래소 주가지수(토픽스)의 출발점으로 삼자. 즉, 지금의 토픽스는 3,000이다.

투자자는 A사, B사, C사가 있으며, 각각 개인 투자자의 돈을 1,000엔씩 펀드로 운용하고 있다. A사는 도쿄증권거래소의 비중과 똑같이 도요타에 5주, 닛산에 5주를 투자했다. B사는 도요타의 주가가 오를 것이라고 판단해 도요타에 8주, 닛산에 2주를 투자했고, C사는 반대로 닛산의 주가가 오를 것이라고 판단해 닛산에 8주, 도요타에 2주를 투자했다. 1년 후 닛산의 주가는 변함없이 100엔이고, 도요타의 주가는 200엔이 됐다고 가정하자.

[표 1]에 있는 NAV는 어렵게 생각할 필요 없이 펀드의 순자산 혹은 그것을 좌수座數로 나눈 기본 가격(펀드의 가격 혹은 가치)이라고 생각하기 바란다.

[표 1]

	도요타	닛산	최초 NAV	1년 후 NAV	리턴
A사	5주	5주	1,000엔	1,500엔	+50%
B사	8주	2주	1,000엔	1,800엔	+80%
C사	2주	8주	1,000엔	1,200엔	+20%
토픽스	15주	15주	3,000엔	4,500엔	+50%

※ 이 표의 '리턴'은 운용 수수료를 고려하지 않은 수치다.

 토픽스에서의 비중은 처음에 도요타와 닛산이 1 대 1이었다. 이를 '마켓 웨이트(시장 비중)'라고도 부른다. A사는 이것과 같은 비중으로 운용했다. 그래서 수익률도 토픽스와 같은 것이다. A사처럼 토픽스와 같은 비중으로 운용하고, 따라서 수익률도 토픽스와 일치하는 운용을 패시브 운용이라고 한다. 토픽스라는 인덱스와 수익률이 일치하는 까닭에 '인덱스 운용'이라고 부르는 경우도 있다. 그리고 A사의 운용 자산을 거래소에서 매매할 수 있게 한 시스템이 ETF다. 따라서 시장에서 토픽스의 ETF를 사면 수익률은 토픽스와 같아진다.

 패시브 운용 외에는 전부 액티브 운용이다. 개인 투자자가 도요타의 주식을 1주 샀다면 그것도 액티브 운용이다. 토픽스와 수익률이 일치하지 않는 운용은 전부 액티브 운용이라고 말해도 될 것이다. A사는 토픽스의 비중을 좇아 종목을 사들여 보유할 뿐이므로 조사하는 데 들어가는 비용이 전혀 없다. 매매 수수료가 가장 저렴한 증권 회사에 매수 주문을 하면 끝이다.

그에 비해 B사와 C사는 도요타와 닛산 중 어느 쪽을 더 많이 사야 할지 조사한 다음 결정을 내린다. 그리고 조사 결과 B사는 도요타를, C사는 닛산을 오버웨이트(비중 확대)했다. (오버웨이트는 토픽스의 비중보다 비중을 확대했다는 의미다. 그 반대는 '언더웨이트' 혹은 '비중 축소'라고 한다.)

액티브 운용은 조사에 돈이 들어가기 때문에 패시브 운용에 비해 운용 수수료가 훨씬 비싸진다. 가령 일본 주식의 액티브 운용이라면 아무리 낮아도 1퍼센트는 된다. 반면 패시브 운용의 운용 수수료는 0.1퍼센트 정도이므로, 액티브 운용과 패시브 운용의 운용 수수료는 대략 1퍼센트 정도 차이가 난다(주식의 매매 수수료도 패시브 운용 쪽이 더 저렴하기 때문에 모두 합치면 1퍼센트 이상 차이가 벌어진다).

본론은 지금부터다. B사의 성적은 토픽스를 웃돌았지만, C사의 성적은 토픽스를 밑돌았다. 그렇다면 B사의 펀드와 C사의 펀드에 같은 액수를 투자한 투자자는 어떻게 될까? 결과는 토픽스와 같은 +50퍼센트다. 다만 여기에 운용 수수료를 포함하면 +49퍼센트 리턴이 된다. 요컨대 패시브 운용 이외의 액티브 운용 펀드를 전부 더하면 패시브 운용과 같아지지만, 여기에 운용 수수료 1퍼센트가 추가되기 때문에 반드시 패시브 운용에 지는 것이다(엄밀히 말하면 하락장에서 주식에 전액을 투자하지 않고 현금을 보유하고 있으면 액티브 운용 전체가 토픽스를 이길 수는 있다. 그러나 상승장이 됐을 때 보유한 현금만큼 토픽스에 지게 된다).

B사가 이듬해에도, 그 이듬해에도 토픽스를 웃도는 성적을 낸다면 패시브 운용을 하는 A사보다 B사가 운용하는 펀드에 투자하는

편이 이익이다(물론 이 경우 C사는 이듬해에도, 그 이듬해에도 토픽스를 밑돌게 되지만). 여기까지 읽었으면 이제 초점이 어디에 있는지 알 수 있을 것이다.

1. 대형주의 액티브 운용을 통해 장기적으로 토픽스를 웃도는 성적을 낼 수 있는 투자 자문 회사는 존재할까?
2. 만약 존재한다면 투자자는 사전에 사실을 판별해 그 투자 자문 회사의 펀드에 투자할 수 있을까?

'3. 시장은 틀렸다'라는 주장은 1에 의문을 제기한 것이다. '일본의 대형주 운용 펀드의 경우, 지속적으로 토픽스를 웃도는 성적을 낼 수 있는 곳은 설령 있더라도 상당히 드물지 않을까?'라는 것이 나의 생각이다. 2의 '투자자가 사전에 그런 펀드를 올바르게 판별해 투자하는' 것은 더욱 허들이 높다. 과거 실적이 좋았다고 해서 앞으로도 계속 좋은 성적을 내리라는 보장은 어디에도 없다. 과거의 성적이 좋았다면 운용 자산이 급격하게 불어나 운용에 어려움을 겪을 가능성이 높다. 개인 투자자가 '향후에 좋은 성적을 낼 액티브 운용 매니저를 찾아내는' 것은 '토픽스의 성적을 웃돌 대형주를 찾아내는' 것과 같은 수준의 어려움이 있다. 따라서 나의 결론은 '개인 투자자가 일본의 대형주에 분산 투자하고 싶다면 토픽스의 ETF가 가장 합리적이다'라는 것이다.

마지막으로, 액티브 운용과 비슷한 '액티비스트'라는 말이 있는데, 의미가 전혀 다르니 혼동하지 않도록 주의하기 바란다. 액티비스트는 액티브 운용의 일종이지만, '투자한 회사의 경영진에게 주가를 올리도록 압력을 넣는' 운용 수법이다. '행동주의'라고도 한다. 지금의 일본에서는 상당히 유망한 운용 수법(뒤에서 설명하겠다)이지만, 어떤 매니저가 훌륭한 성적을 남길지 사전에 분간하는 건 지극히 어려울 것이다.

— 제2장 —

헤지펀드를 향한 기나긴 여정

헤지펀드를 시작하기까지의 여정

1981~1984년

나는 도쿄대학교 국제관계론 학과를 졸업한 뒤 노무라 증권에 입사했다. 그곳에서 해외 투자 자문실에 배속되어 철강·비철 금속 담당 애널리스트로 일을 시작했다. 그리고 입사 1개월 만에 해외 부문 사원은 출세할 가능성이 적다는 사실을 깨닫고, 언젠가는 외자계 금융기관으로 이직하는 것이 좋겠다고 생각했다. 노무라 증권에서 일하는 목적은 '유학'과 '외자계 금융기관에 자신을 비싸게 팔기 위한 준비'로 바뀌었다. 노무라 증권의 '고객은 손해를 보고 증권사는 이익을 낸다'라는 비즈니스 모델에 강렬한 위화감을 느껴 '고객도 나도 이익을 낼' 방법이 없을지 자문했다.

1984~1986년

스탠퍼드대학교 MBA(경영학 석사)를 취득한 뒤 보스턴의 저명한 운용 회사에서 2개월 동안 수습 애널리스트로 일했다. 낡은 사고방식의 보수적인 투자 자문 회사였기에 앞으로 이 일을 하고 싶다는 생각은 들지 않았다. 이때는 헤지펀드라는 용어 자체만 알고 있을 뿐, 내용은 이해하지 못했다.

1986~1991년

노무라 증권 뉴욕 지점에 일본 주식 영업 담당으로 부임했다. 미국의 증권 애널리스트 자격CFA을 취득했고, 외자계 금융기관에서 애널리스트로 일할 것을 의식하기 시작했다. 후반부에는 복수의 헤지펀드를 만났는데, 타이거 매니지먼트와 만난 것을 계기로 헤지펀드가 나의 꿈임을 느꼈다. 프라임 브로커의 존재도 알게 됐다. 그러나 헤지펀드를 시작하겠다는 구체적인 생각은 아직 전혀 없었다.

1991년

골드만삭스 증권의 일본 지점으로 이직해 전환 사채 담당이 됐다. 일본 주식시장에 뛰어드는 외국 헤지펀드가 증가했다. 외국의 대주貸株시장과 프라임 브로커의 시스템을 공부하고, 헤지펀드를 운용하는 것이 꿈만은 아님을 자각했다. 헤지펀드를 시작하려면 어느 정도 자기 자금이 필요하기 때문에 외자계 금융기관에서 몇 년 동안 일하며 자금을 모았고, 그와 동시에 헤지펀드에 참가할 기회를 모색했다.

1998년

타워투자자문에서 헤지펀드(타워 K1 펀드)를 시작했고, 자기 자금 5,000만 엔을 투입했다. '시대가 나를 헤지펀드 세계로 불러들였다'라고 느꼈다.

이 장에서는 내가 헤지펀드에서 일하기까지의 이야기를 하려 한다. 나는 20대 후반에 '내가 가야 할 길은 헤지펀드가 아닐까' 하는 생각을 어렴풋이 했다. 하지만 실제로 헤지펀드를 시작한 것은 10년이라는 세월이 흘러 30대 후반이 되어서였는데, 그 경위에 관해 이야기해보려 한다. 헤지펀드에 관심이 있는 사람이나 대기업에서 일하면서 이직 또는 창업 등을 생각하고 있는 사람에게는 참고가 되지 않을까 싶다. 헤지펀드에는 딱히 관심이 없고, 구체적인 주식 투자 수법에 관한 글을 읽고 싶다면 이 장은 건너뛰어도 괜찮다.

이직의 패턴이나 동기는 사람마다 다를 것이다. 너무 힘들어 정신이 무너질 것만 같다면 지금 당장 회사를 그만두는 편이 좋을지도 모른다. 다만 정신적으로 여유가 있다면 지금부터 소개하는 나의 사례처럼 '회사를 상대로 손해보지 않고 그만두는 방법'을 생각해보는 것이 어떨까 싶다.

'나는 회사에 착취당했어'라는 부정적인 감정을 갖기보다는 '나는 회사를 효과적으로 이용했어'가 이상적이다. 일을 했으면 이익을 봐야 하지 않겠는가(다만 이것은 대기업의 이야기다. 직원이 열 명에 불과한 스타트업에서 이런 마음으로 일하면 회사에 심각한 피해를 줄 수도 있다). 내 경우는 특수한 사례일지도 모르지만, 내 나름대로 포인트를 정리해보았다.

1. 지금 다니는 회사, 지금 하는 일이 너무 싫더라도 자신이 무엇을 하고 싶은지 구체적으로 알지 못하는 상황에서 안일하게 회사를 그만둬서는 안 된다.
2. 하고 싶은 일을 결정했다면 지금 다니는 회사에서 급여를 받으면서 자신이 목표로 삼은 일에 필요한 기술을 연마할 수 있을지 판단한다. 지금 다니는 회사에서는 되도록이면 자신이 목표로 삼은 일에 도움이 되는 일만 한다.
3. 하고 싶은 일이 결정됐더라도 그것을 달성할 방법은 한 가지가 아닐지도 모른다. 가령 인생의 목적이 '평생 야구를 하고 싶다'라고 해서 프로야구 선수를 지망하는 것이 최선의 방법이라고 단언할 수는 없다. 지금의 회사에 다니면서 자신이 하고 싶은 일을 할 수 있을지도 모른다. 그저 그 일이 좋아서 하고 싶은 것이라면 취미나 부업으로 삼는 방법도 있다.
4. 시대의 흐름을 읽는다. 자신이 하고 싶은 일이 시대의 흐름에 맞는지 생각한다. 그런 다음에는 성공할 확률이 얼마나 될지 생각한다. 자신의 인생이 걸려 있기에 실패하고 싶은 사람은 한 명도 없을 것이다.
5. 자신의 실력을 올바르게 판단한다. 아무리 시대의 흐름에 올라탄 비즈니스라 해도 경쟁사나 경쟁자를 이기지 못한다면 성공은 불가능하다. 자신의 독자적인 색깔이 드러나는 비즈니스를 할 수 있을지 생각한다.

6. 만남을 소중히 여긴다. 실력이 있고 인간적인 신뢰도 있다면 좋은 이야기가 저절로 찾아오게 되어 있다. 하고 싶은 일을 명확하게 판단했다면 과감하게 자신을 홍보해야 한다.

지금부터 이상의 여섯 가지 포인트를 염두에 두면서 나의 커리어에 관해 이야기하도록 하겠다. 전기傳記를 연상시키는 기술이 많아 따분할 수도 있을 것 같아 주식 투자에 관한 이야기도 드문드문 끼워 넣었다.

노무라 증권 입사—내가 느낀 강렬한 위화감

노무라 증권의 영업 사원이 오를 것 같은 주식을 찾아내 고객에게 매수를 추천했고, 고객이 추천대로 주식을 샀더니 2년 후에 3배가 됐다. 이 영업 사원은 우수한 영업 사원일까? 답은 당신의 생각과 정반대다. (미리 말하는데, 현재의 노무라 증권이 이렇다는 이야기는 절대 아니다. 40년 전 야만스러웠던 시대의 이야기다. 각종 스캔들을 경험한 현재의 노무라 증권은 컴플라이언스를 중시하는 훌륭한 우량 기업으로 탈바꿈했다.)

40년 전 노무라 증권에 이런 영업 사원이 있었다면 지점장에게 크게 혼이 났을 것이다. "왜 계속 매매를 반복하도록 만들지 않은 거지? 2년이면 매매를 100번 이상 하도록 만들 수 있는 기간이라고! 그렇게 해서 매매 수수료를 벌어들여야 할 거 아니야!"라고 말이다. 100엔에 산 철강 주식을 101엔에 팔게 한다! 당시의 노무라 증권에서는 이런 영업 사원이 유능하다는 평가를 받았다. (노파심에 다시 한번 말하지만, 지금은 아니다.)

100엔에 산 주식을 101엔에 팔 경우, 수수료를 제하면 이익은 거의 남지 않는다. 당시의 노무라 증권은 저평가주를 절대 추천하지 않았다. 기세 좋게 오른 주식을 천장 근처에서 매매하게 했다. '고속 회전 상법'이라는, 수수료를 빠르게 벌어들이는 수법이다. 40년 전의 노무라 증권에는 '고객도 이익을 내고 자신들도 이익을 낸다'라는 발상이 털끝만큼도 존재하지 않았다. 당시의 영업 사원은 "고객에게 이익을 안겨줬다"라는 말을 절대 하지 않았다. 그런 것은 자랑이 되지 못했기 때문이다. 그들에게 자랑거리는 단 두 가지, '고객에게 얼마나 손해를 안겼는가'와 '얼마나 많은 부하 사원을 그만두게 했는가'였다.

나는 '고객에게 손해를 안긴 것을 자랑하는' 풍토에 강렬한 위화감을 느꼈다. 노무라 증권의 영업 사원들도 처음에는 위화감을 느꼈을 것이다. 그러나 연수와 선배의 교육 등을 통해 그것을 당연한 것으로 받아들이게 됐으리라 (내가 신입 사원이었을 때의 연수부장은 법령 위반을 저질러 공개적으로 영업을 할 수 없게 된 '수완가'였고, 그 밑에 있는 과장은 고객과 트러블을 일으켜 소송까지 간 맹렬 사원이었다. 지금은 절대 생각할 수 없는 일이다).

당시 나는 헤지펀드의 존재에 관해 전혀 알지 못했다. 헤지펀드 자체가 존재하지 않은 시절이었기 때문이다. 막연하게 '고객도, 회사도 이익을 내는 비즈니스 모델은 정말로 비현실적인 것일까'라는 생각을 했지만, 구체적인 방안은 없었다. 이 강렬한 위화감이 훗날 나를 헤지펀드의 길로 이끌었다.

손해를 보는 개인 투자자의 패턴

 당시의 노무라 증권은 왜 고객에게 천장 근처까지 오른 주식을 사게 했을까? 지금부터 그 이유를 설명하도록 하겠다. 이것은 내가 개인 투자자들에게 간절히 호소하고 싶은 점이기도 하다. 사실 노무라 증권이 고객에게 손해를 안길 목적으로 그랬던 것은 아니다. 결과적으로 고객이 손해를 보는 경우가 많았을 뿐이다. 노무라 증권을 비롯한 당시의 증권 회사들은 '매매 수수료의 극대화'를 목적으로 그런 행위를 했다. 주가라는 것은 다음과 같이 전형적인 움직임을 보이는 일이 많다(극단적인 그림이기는 하지만).

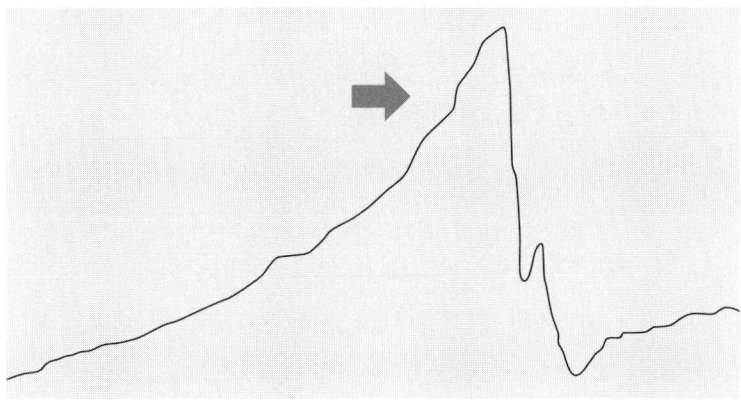

 화살표 근처에서 주식을 사면, 주가가 이미 고가권인 까닭에 투자자들은 조금만 올라도 무서워져 금방 팔려고 한다. 시간당 매매 횟수를 늘리기에 안성맞춤인 국면인 것이다.

 화살표 국면에서는 주식을 산 뒤에 '오를 것인가', '내릴 것인가'

를 오로지 횟수만으로 판단할 경우, 오를 확률이 내릴 확률보다 압도적으로 높다. 화살표 국면에서의 거래량은 폭락한 뒤 거래량의 10배 정도가 될지도 모른다. 요컨대 증권사가 고객에게 천장 근처까지 오른 주식을 사게 할 때와 폭락한 주식을 사게 할 때의 매출액(수수료 수입) 차이는 거의 10배에 이르는 것이다. 그러나 이런 매매를 반복하면 최종적으로는 큰 손실을 볼 위험성도 커진다.

증권 회사가 고속 회전 상법으로 수수료를 벌어들이기 위해 고객에게 천장 근처의 주식을 추천했던 것은 과거의 일이며, 지금은 그러지 않는다. 그러나 지금도 주가가 급등하면 매출액이 크게 증가한다. 기세 좋게 오르는 주식에 뛰어드는 개인 투자자가 아직도 많다는 뜻이다.

당연한 말이지만, 주가의 최고점이 어디인지 알아맞히는 것은 결코 쉬운 일이 아니다. 따라서 적절한 시점에 팔고 빠져나가는 데 성공하는 투자자도 있지만, 그러지 못하는 투자자도 있다. 주가가 상승하는 주식을 화살표 국면에서 사들여 조금 이익을 보고 팔고, 그 후에 다시 사들여 약간 이익을 보고 판다. 이런 '성공 체험'을 연속적으로 경험하면 기쁨에 뇌가 마비되어 '의존증' 상태가 될지도 모른다. 지금도 주식 투자로 손해를 보는 전형적인 패턴은 화살표 부근에서 사는 사람들이라고 생각한다.

아마도 이 사람들은 주가가 오르기 시작하면 사고 싶어 안절부절못하게 될 것이다. 그러나 일단 주식을 사면 이번에는 겁이 나 조금만 올라도 금방 팔아버린다. 그리고 그 후 주가가 오르면 또다시 사고 싶어 안절부절못하게 된다. 바로 이런 사람들이 손해를 보는 것이다.

물론 데이트레이더 중에는 고가권에서 매매를 빈번하게 반복하며 이익을 내는 '역전의 용사'도 있을 것이다. 그러나 고가 부근에서는 언제 폭락할지 알 수 없기 때문에 모니터 앞을 떠나지 않고 계속 주시해야 한다. 화살표 국면에서 주식을 매매하는 투자자는 상당한 시간과 에너지를 소모하게 될 것이다. 반대로 폭락한 뒤에 산 가치 투자자(후술)는 한동안 방치하면서 포지션을 묵혀두면 되기에 편하다.

예전에 노무라 증권에서는 고객과 사원에게 《노무라 주보週報》라는 책자를 배포했다. 얇은 책자였는데, 그것을 읽는 것이 나의 즐거움 중 하나였다. 그 책자에는 과거 투자자에 관한 짧은 일화가 실려 있었다. 지금도 생각나는 재미있는 일화가 있어 소개한다.

오래전, 기타하마(도쿄의 가부토초와 비슷한 오사카의 금융가)에 연전연승의 거물 투자자가 있었다. 한 사내가 비결을 알아내고자 그 거물 투자자를 미행했는데, 매일 한 신사에 방문해 기도를 하는 것이 아닌가. 이 이야기가 퍼지자 그 신사는 대성황을 이루었다. 그 거물 투자자는 200회의 큰 거래 중에서 딱 두 번 손해를 봤을 뿐, 나머지는 전부 이익을 냈다. 그러나 그 두 번의 손해로 결국 파산했다.

이 투자자는 항상 화살표 국면에서 매매를 거듭했기에 이익을 낸 횟수 자체는 굉장히 많았을 것이다. 그러나 대폭락을 피하지 못해 전 재산을 잃었을 것이라 생각한다(그렇지 않다면 숏으로 큰 손해를 봤거나. 숏, 즉 공매도에 관해서는 뒤에서 자세히 설명하도록 하겠다).

이런 바보 같은 짓을 하지 않는다면 주식 투자로 손해를 볼 확률은 높지 않다. 참고로, 신용 거래는 리스크가 크다. 즉, 돈을 빌려 주식을 사면 투자 자금이 제로가 될 위험성이 커진다.

해외 투자 자문실―기타오 요시타카에게 구원을 받다

이제 다시 나의 예전 이야기로 돌아가자. 애초에 나는 왜 노무라 증권에 입사했을까? 그 이유는 시골 고등학교에서 도쿄대학교의 이과 2류(생물학, 화학, 물리학을 중심으로 한 생명과학·물질과학·수리과학의 기초를 주로 공부하는 학류. 도쿄대학교에서는 먼저 6개 학류로 구성된 교양학부에서 2년 동안 전기 과정을 수료한 뒤 학부·학과에 진학하게 된다. 이과 2류는 주로 농학부, 공학부, 이학부로 진학하며, 아주 적은 수가 의학부로 진학한다-옮긴이)에 입학한 뒤 나는 머리가 좋은 사람이 아님을 깨달았기 때문이다.

내가 이과 2류를 지망한 건 어릴 때부터 나와 잘 놀아주었던 삼촌이 암 진단과 함께 시한부 선고를 받았기 때문이다. 고등학생이었던 나는 '분자 생물학'을 공부해 암을 연구하겠다고 생각했다. 그런데 대학교에 입학하고 얼마 지나지 않아 삼촌의 종양이 양성이었음이 밝혀졌다. 오진이었던 것이다. 이 소식을 들은 나는 맥이 빠졌고, 갑자기 '분자 생물학'에 대한 열정을 잃어버렸다(참고로, 삼촌은 지금도 건강하게 살아 계신다).

대학교에서는 머리가 굉장히 좋은 데다 성격까지 좋은 친구를 만났다. 나는 그와 종종 이런저런 토론을 했는데, 늘 나의 패배로 끝났다. 그는 내 두뇌는 딱히 대단하지 않다는 사실을 친절하게 가르쳐주었다.

나 정도 수준인 사람이 세상에 나와 성공하려면 큰 도박을 하는 수밖에 없다. 나는 대기업의 회사원으로 시작해 임원, 하물며 정점을 노리는 것은 애초부터 무리임을 알고 있었고, 들이는 노력에 비해 성공할 확률이 너무 낮다고 생각했다. 관료가 되더라도 말단직으로 죽어라 일만 하다 끝날 것이 분명했다. 그리고 점차 '사회에 나가 출세를 노리는 건 어리석은 짓이야. 돈을 모아 주식으로 승부해 큰돈을 벌자'라고 생각하게 됐다. 그래서 노무라 증권에 입사해 주식 공부를 하겠다고 마음먹은 것이다. 또한 나는 유학도 가고 싶었다. 노무라 증권에 입사하면 유학을 보내줄 가능성이 높다는 사실을 알고 있었기에 입사를 결심했다.

노무라 증권에서는 '해외 투자 자문실'이라는 부서에 배속됐다. 동기 중에서 세 명이 배속됐는데, 나를 제외한 두 명은 유학을 다녀와 영어가 능숙했다. 기본적으로 외국인 투자자를 상대하는 일이기에 영어를 하지 못하면 일을 할 수가 없다. 나도 어느 정도는 영어를 할 줄 알았지만, 업무에 요구되는 수준까지는 아니어서 혼자만 실적이 심각하게 나빴다. 해외 영업 사원이 외국인 투자자를 일본으로 데려오면 프레젠테이션도 하고 통역도 해야 하는데, 영어 실력이 너무 부족해 혼나기 일쑤였다. 그래서 이 부서에서 쫓겨나는 건 시간문제라고 생각했다.

얼마 후, 현재 SBI 홀딩스의 CEO인 기타오 요시타카가 내 상사가 됐다. 그는 나 같은 무능한 놈을 잘 돌봐줬다. 거치적거리기나 하는 나를 왜 그렇게 신경을 써주었는지는 나도 잘 모른다. 밤늦게까지 외국인을 대상으로 한 프레젠테이션 자료를 만들고 있으면 "우리 집에 가세. 아내에게 식사를 부탁할 테니, 밥 먹고 다시 작업하자고"라고 말씀하셨다. 사모님의 요리는 프로급이어서(아니, 이렇게 말하면 실례다! 프로 이상이었다), 아직도 그 맛이 잊히지 않는다.

노무라 증권에서 해외 부문 사원은 출세하기 어려웠다. 입사 직후에 이 사실을 알게 된 나는 '언젠가 외자계 증권 회사로 옮길 수밖에 없겠구나' 하고 생각했다. 그래서 기타오가 노무라 증권을 그만둔 건 참으로 잘된 일이라고 생각한다. 노무라 증권은 국내 지점의 영업 사원 출신이 출세하는 조직이었다(지금은 꼭 그렇지만은 않은 듯하지만). 해외 부문 출신은 발목을 잡아끌려고 하는 사람이 주위에 수두룩해 출세하는 데 어려움이 있었고, 스캔들도 많이 터져 인책 사임 같은 형태로 회사를 떠나는 일이 많았다.

SBI 증권은 일본 증권계에 혁명을 일으켰다. 대폭적인 수수료 인하는 일본의 증권시장에 극적인 질적 변화를 불러왔다. 이것은 주식시장이 '증권 회사의 것'에서 '투자자의 것'이 됐다는 의미다. SBI 증권 덕분에 더는 증권시장이 '증권 회사가 개인 투자자를 착취하는 곳'이 아니게 됐다. 개인 투자자가 증권 회사의 의도대로 놀아나지 않게 된 것이다.

그로부터 40년이 지났지만, 나는 아직도 기타오의 부하 직원인 것 같은 기분이 들 때가 있다. 그는 무능했던 나를 꾹 참고 많은 도움을 줬다. 언젠가는 그에게 도움이 되고 싶다고 생각하며 살아왔는데, 이제 나이도 먹고 인두암 수술로 목소리도 나오지 않는 한심한 몰골이 되어버렸다. 그래도 그는 평생 내 마음속에서 '영원한 상사'일 것이다.

많은 깨달음을 준 중사

지금부터 이야기할 그 사람은 '중사'로 불렸다. 그는 바레인(중근동) 지점의 일본 주식 영업부장으로, 가망 고객이 있으면 지구 끝까지 쫓아가는 전형적인 노무라 영업 사원이었다. 런던에서 유학 생활을 해 영어도 유창했다. 본래는 엘리트 사원이었을 텐데, 어째서인지 사막의 지점에서 "전원, 칼을 들고 돌격!"과 같은 식의 영업을 지휘했다. 자신이 직접 선두에 서서 돌격하는 유형이었기에 '대령'이나 '소령'이 아니라, 말 그대로 '중사'라는 느낌이 들었다.

나는 해외 투자 자문실에서 2년가량 일한 동안 여섯 번 해외 출장을 갔다. 다만 영어 실력이 동기들에 비해 형편없었던 탓에 미국에는 가지 못하고 동남아시아나 중근동(중동과 근동을 아울러 이르는 말. 근동은 터키, 이란, 레바논, 요르단, 이집트 등 유럽과 가까운 서아시아 국가를 가리킨다-옮긴이) 담당 요원이 됐다. 영업을 하기 위해 말레이시아령 보르네오섬까지 간 적도 있다. '어차피 상대도 영어가 서투니 기요하라를 보내도 문제없겠지'라는 이유에서였다.

1982년 나는 제2차 오일쇼크 덕분에 호경기를 누리고 있었던 사우디아라비아로 일본 주식을 팔러 갔다. 본사에서 주식부의 상무를 비롯한 네 명(두 명씩 두 팀으로 나뉘었다)이 파견되어, 현지에서 합류한 영업 사원과 함께 고객 개척에 나섰다. 영업 방법은 이랬다. 먼저 현지의 최고급 호텔에서 '일본 주식 세미나'를 개최한다. 일본에서 온 애널리스트가 프레젠테이션을 하고, 나중에 그 세미나에서 받은 명함에 적힌 주소로 찾아가 고객과 개별적으로 만남을 갖는다.

그런데 예상치 못한 일이 벌어졌다. 본래 나는 철강·비철 금속 담당 애널리스트였기에 '신일본 제철'을 추천하기 위해 프레젠테이션을 준비했는데, 세미나 전날에 중사가 "신일본 제철은 돈이 안 되니 히타치를 프레젠테이션해주게"라고 요구한 것이다. 그래서 한밤중에 국제 전화를 걸어 담당 애널리스트에게 사정을 설명한 뒤 추천 포인트를 듣고 겨우겨우 프레젠테이션 자료를 만들었다.

세미나 당일 나는 이렇게 생각했다.

'내 프레젠테이션은 형편없을 거야. 하지만 어차피 이 사람들에게 반도체에 관해 자세하게 이야기한들 이해하지 못할 테니, 일단 히타치라는 이름을 큰 소리로 연호해 기억에 남기자.'

프레젠테이션은 약 20분 만에 끝났다. 그동안 중사는 졸고 있었는데, 프레젠테이션이 끝나자 내게 이렇게 말했다.

"훌륭한 프레젠테이션이었네. 당당한 자세가 정말 좋았어."

다음에 할 일은 세미나에 온 사람들에게 연락해 약속을 잡는 것이었다. 다만 이것은 현지 영업 사원이 할 일이었고, 나는 명단에서 왕족일 가능성이 큰 이름을 찾아내 전화를 한 뒤 약속을 잡았다 (현지 영업 사원이 왕족의 전형적인 이름을 알려줬다).

그러던 어느 날, 현지 영업 사원이 내게 "오늘 밤에 왕족의 디너 파티가 있으니 같이 갑시다"라고 말했다. 나는 '현지 영업 사원은 고객과 깊은 관계를 맺고 있구나. 역시 노무라의 영업 사원이야. 신뢰 관계를 돈독하게 쌓고 있었어'라고 생각하며 조금 감탄했다.

울타리에 둘러싸인 저택에 가자 친족들이 모여 담소를 나누고 있었다. 그런데 파티 주최자가 "이 사람이 노무라의 직원입니다"라고 소개하자 생각지도 못한 일이 일어났다. 그들은 나를 둘러싸더니 고함을 지르며 내 어깨를 잡고 흔들었다. 노무라에 돈을 맡겼는데 손해를 보았던 것이다.

현지 영업 사원은 이런 상황에 익숙한 듯한 모습으로 "이러다 진정될 테니 15분만 참으세요"라고 말했다. 나는 '그렇다면 다행인데……'라고 생각하며 그들의 목소리를 들었다. 그때 한 사내가 종이 한 장을 높이 치켜든 채로 내게 다가왔다. 그가 내게 보여준 건 중사가 쓴 월간 운용 보고서였다. 내용은 단 두 줄로, 마이너스 리턴의 숫자와 '저희의 투자 전략은 잘못되지 않았기에 앞으로도 같은 전략으로 투자하겠습니다'라는 문장이 적혀 있었다.

그것을 본 나는 심장이 얼어붙는 느낌이 들었다. 이것을 보고 어떤 고객이 화를 내지 않겠는가. 처지를 바꿔 내가 고객이었다면 '당장 이 녀석을 묶어 고문하자'라고 생각했을 것이다. 갑자기 살아서 이 저택을 나갈 수 있을지 불안해졌다. 그러나 현지 영업 사원의 말처럼 클레임은 얼마 못 가 끝이 났고, 이후에는 평화롭게 저녁 식사를 했다.

사우디아라비아에서의 신규 영업은 고난의 연속이었다. 도시 전체에서 토목 공사가 진행 중이었기에 매일 같이 새로운 길과 건물이 생겨났고, 상황이 그렇다 보니 지도가 거리의 변화를 따라잡지 못했다. 호텔에서 받은 지도는 A4 용지의 절반도 안 되는 크기로, 도저히 지도라고 부를 수 있는 수준이 아니었다. 도시 한가운데에는 '파이살 국왕 대로'라는 길이 있었지만, 다른 길에는 이름이 없었다. 관공서나 호텔 등 커다란 건물의 위치가 표시되어 있을 뿐이었다. 그래서 약속을 잡는 것보다 약속 장소에 도착하는 것이 더 고생이었다.

호텔에서 콜택시를 하루 종일 대절했지만, 약속 장소 주소를 알고 있어도 그곳이 정확히 어디인지 알 수 없었다. '아무개 호텔의 서쪽' 같은 식이어서 방글라데시인 기사에게 "모르면 다른 사람에게 물어보세요!"라고 수없이 화를 내며 겨우겨우 목적지에 도착하는 것이 일상이었다. 방글라데시인은 방글라데시인에게만 길을 물어봤기 때문에 나도 스트레스가 쌓여 화를 냈던 것이다.

한 번은 약속 시간보다 20분 정도 일찍 목적지에 도착했다. 에어컨을 켠 차 안에서 기다리고 있는데, 기사가 글씨가 빼곡하게 적힌 엽서를 꺼내더니 읽기 시작했다. 방글라데시에 있는 가족이 보낸 것이라고 했다.

영업을 마치고 콜택시로 돌아왔는데 기사는 아직도 그 엽서를 읽고 있었다. 나는 한심하다는 듯한 말투로 "그걸 아직도 읽고 있는 거요?"라고 말했다. 그러자 그 기사는 이렇게 대답했다.

"제가 글을 못 읽어서요."

이야기를 들어 보니, 그는 모국에 아내와 다섯 명의 자녀를 남겨둔 채 돈을 벌러 왔다고 했다. 가족이 그리운 마음에 글을 읽지도 못하면서 필사적으로 가족이 보낸 편지를 해독하려고 했던 것이다. 그 순간 그를 한심하게 생각한 내가 너무 부끄러웠다.

'나와 이 사람 중에 누가 더 훌륭한 사람이지? 결혼도 안 해 누구 하나 부양해보지도 않았으면서 이 사람을 바보 취급하고 화를 내다니! 나한테 그럴 자격이 있기나 하냐고!'

너무 바빴던 탓에 정신이 나가 있었다. 그 부끄러운 기억은 죽을 때까지 절대 잊지 못할 것이다.

이런 일도 있었다. 엘리베이터 홀에서 상무와 만나기로 해 기다리고 있는데, 키가 큰 사내가 다가오더니 이렇게 말했다.

"이봐, 거기 있으면 방해가 되니까 다른 데로 가!"

곧 왕족 여성이 이곳을 지나가는 모양이었다. 나는 그에게 "나는 이 호텔의 이용객이고, 지금 여기에서 누군가를 만나기로 해 기다리는 중입니다. 당신에게 이래라저래라 지시받을 이유가 없어요"라고 말했다. 그러자 그는 내 멱살을 붙잡더니 나를 내동댕이쳤다. 이전에도, 이후에도 겪어본 적 없는 경험이었다.

이뿐만이 아니다. 사우디아라비아에 출장을 가는 시기는 보통 2월인데, 현지는 굉장히 더웠다. 호텔은 에어컨 덕분에 시원하다 보니 호텔 안팎의 온도 차이가 매우 심해 호텔을 드나드는 것만으로도 자율 신경계에 이상이 생겨 몸 상태가 나빠졌다. 또한 중근동을 방문할 때는 지점이 있는 바레인에 먼저 가는데, 바레인 공항의 안내 벨소리가 너무나 음울해 일단 그곳에서부터 기분이 가라앉았다.

지금쯤이면 '대체 왜 이 책의 주제와 관계없는 이야기를 늘어놓는 거지?'라고 생각한 사람이 있을 것이다. 당신에게 "중근동은 내 돈을 쓰면서 갈 만한 곳이 아닙니다"라고 강하게 호소하고 싶어서다. 물론 농담이지만, 당시의 나는 정말로 그렇게 생각했다.

바레인 지점의 중사는 본래 굉장히 능력 있는 사람이었다. 중사의 고객이 반드시 손해를 보는 것은 회전 매매로 수수료를 갈취당했기 때문이기도 하지만, 그가 '썩은 알(후술)'을 고객에게 넘김으로써 본사의 주식부로부터 점수를 따려고 했던 것도 한 가지 이유가 아닐까 싶다. 바레인에서 일본 주식을 영업하면 조만간 잊혀 출세하는 데 어려움이 있기 때문이다.

'본사에 존재감을 보여야 해'라는 이유로 아등바등 일하는 것은 회사원으로서 너무나도 비참한 일이다. 기껏 개척한 고객에게 손해를 입히고, 또다시 새로 고객을 개척해 손해를 입히기를 몇 년 동안 지속해도 결국 본사로부터 높은 평가를 받지 못하고, 고객의 평가도 나빠져 인적 재산도 남기지 못한다. 이 얼마나 슬픈 일인가.

중사는 좀 더 젊었을 때 노무라 증권을 그만뒀어야 했다. 하지만 그 세대는(나보다 열 살 정도 많았다) 외자계 기업으로 이직하는 것이 당연한 일이 아니었기에 쉽게 회사를 그만두지 못했을 것이다. 이때의 경험은 '반드시 이 회사를 떠나겠어. 그러니 그날을 대비해 준비하자'라는 나의 결심을 더욱 강하게 만들어줬다.

나는 해외 투자 자문실에서는 2년 조금 넘게 일했다. 업무량이 말도 안 되는 수준이었지만, 고객에게 다양한 업계에 관해 설명해야 했기에 각 업계에 관한 지식을 엄청나게 쌓을 수 있었다. 그 후에는 스탠퍼드 비즈니스 스쿨로 유학을 가게 됐는데, 출국 전날에도 부하 직원이 쓴 화낙의 영문 보고서를 밤새워 뜯어 고치고, 아침 일찍 회사 숙소로 돌아와 짐을 꾸린 뒤 비행기에 몸을 실었다. 해외 투자 자문실에서 계속 일했다면 아마도 2년 후에는 병원에 입원하지 않았을까 싶다.

노무라 증권 뉴욕 지점—'썩은 알'의 행방

1986년에 스탠퍼드 비즈니스 스쿨을 졸업한 나는 노무라 증권의 뉴욕 지점에 일본 주식 영업 요원으로 배속됐다. 일본의 주식시장이 버블기에 접어들기 직전이었다. 노무라 증권의 고속 회전 상법과 시세 조종은 점점 심해졌으며, 1990년 1월에 버블이 붕괴될 때까지 계속됐다.

조금 과장이 있을지도 모르지만, 당시 노무라 증권의 주식 영업 방식은 이랬다. 먼저 "미래에 임원이 되는 것은 틀림없고, 어쩌면 사장도 될 수 있다"라는 말을 듣는 A지점장이 주식부와 짜고 작전을 걸 종목을 결정한다. 예를 들면 A지점에서 주가가 100엔인 X주를 대량으로 매수한 다음 고객에게 넘기는데(고객에게 사게 한다는 의미), 대량으로 사들인 까닭에 주가가 자연스럽게 110엔까지 올랐다고 가정하자. 그러면 다음에는 A지점장의 부하인 B지점장이 고객에게 그 주식을 더 비싼 가격에 사도록 만든다. X주가 A지점의 고객에게서 B지점의 고객에게로 이동하는 것이다. 그렇게 해서 주가가 120엔까지 오르면 다음에는 C지점이 참가하고, 그다음에는

130엔에 D지점이 참가하고… 이렇게 순서대로 이동한다(이를 '페킹 오더'라고 한다).

제일 먼저 시작한 A지점의 고객은 일단 손해를 보지 않으므로 당연히 클레임이 없다. 고객은 다시 다음 종목을 추천받아 사게 된다. 그러나 실적 1위 지점장부터 시작해 실적이 좋은 순서대로 X주가 이동하면 마지막 순서인 지점은 가장 비싼 가격에 X주를 사게 되므로 상황이 비참해진다(물론 현실은 좀 더 복잡하지만, 여기에서는 일부러 단순화했다).

이런 수법을 통해 실적이 좋은 지점장은 점점 실적이 좋아지고, 실적이 좋은 부하도 많이 생겨 출세 가도를 달리게 된다. A지점장이 상무로 승진하기라도 하면 B지점장이나 C지점장 같은 충성심 높은 부하를 부장이나 임원으로 끌어올릴 가능성이 크다.

한편 X주는 결국 갈 곳을 잃고 E지점에 머무르게 되는데(이를 '썩은 알'이라고 부른다), 그대로 놔두면 E지점의 영업 실적이 추락하므로 이번에는 해외 지점으로 넘기려 한다. 해외 지점이 썩은 알의 최종 처분지인 셈이다. 다만 뉴욕은 기본적으로 고객이 증권 회사의 말을 듣지 않기 때문에 처분하기가 어렵다. 그래서 홍콩 지점이나 뉴욕 지점에 압력을 넣는다. 그 지점의 영업 사원들은 그저 불쌍할 따름이다. 나는 입사하고 1개월 만에 이 회사에서는 출세가 불가능하다고 확신했기 때문에 썩은 알과 관련된 영업은 적당히 하는 척만 했다. 출세에는 전혀 흥미가 없었고, 내 머릿속은 오로지 외자계 증권 회사에 이직할 생각으로 가득했다.

내가 뉴욕 지점으로 이동하고 얼마 지나지 않아 일본 주식의 버블이 정점에 가까워졌다. 주가가 지나치게 고평가되어 더는 논리적으로 설명할 수 없는 수준이 됐다. 이에 증권 회사들은 '토지의 평가익'을 순자산에 더한 값으로 시가총액을 나눈 'Q Ratio'라는 지표를 열심히 사용했다.

그러나 이것은 애초에 토지 평가 방식이 허술해 평가액이 과대평가된 상태였기에 전혀 의미가 없는 개념이었다. 미국의 기관투자자에게 진지한 표정으로 "K전철의 주식은 주가 1,000엔에 EPS(주당 순이익) 10엔으로, PER은 100배입니다. 하지만 토지의 평가익이 방대해 Q Ratio로 보면 아직 저평가 상태이지요"라고 설명한다면 어떤 반응이 돌아올지 불을 보듯 뻔했다. 게다가 K전철의 경우, 토지의 평가익이라는 것도 결국 선로가 깔려 있는 토지의 이야기이기 때문에 아무런 의미가 없었다. 전철 사업을 그만둘 리가 없기 때문이다.

당시는 일본 전체의 토지 가격이 미국을 웃돌았기도 하고, 나도 일단은 초고평가 상태의 노무라 추천 종목을 고객에게 프레젠테이션해봤다. 그러면 대부분의 고객은 내게 악마를 바라보는 듯한 눈빛을 보냈다. 프레젠테이션을 마치고 돌아갈 때는 내 등을 바라보면서 성호를 그을 것 같은 분위기였다.

이처럼 뉴욕에서 그런 영업을 하는 것은 무모한 일이었는데, 버블이 정점에 가까워지자 본사에서 주식부장이 친히 뉴욕 지점을 찾아왔다. 무리한 영업의 결과로 '썩은 알'이 잔뜩 쌓여 처치 곤란한 지경에 이른 것이리라. 주식부장은 썩은 알인 '관전공'의 주식을 가져와 "너희가 고객에게 넘겨!"라고 말하며 난리를 쳤다.

그는 "일본의 평균 PER은 40배야. 하지만 그건 성장하는 회사와 추락하는 회사를 전부 합친 평균이란 말이지. 관전공은 성장하고 있는 회사인데 40배다? 그렇다면 아직 저평가 상태라고 봐야지. 자네들은 그런 것도 모르나? 앞으로 일본에서는 전선을 땅속에 묻는 지중화 사업이 계속될 거야. 그러니까 관전공은 고성장 기업이라고!"라고 열을 올리며 연설했지만, 그런 설명이 미국인들에게 먹힐 리가……

주식부장은 허세를 부리며 잘난 척을 했지만, 나는 그의 표정에서 애처로움을 느꼈다. 그것이 버블 붕괴의 전조였는지도 모른다. 버블의 정점이 가까워지자 미국의 기관 투자자들은 일본 주식을 대부분 매각하고 일절 흥미를 보이지 않았다.

전환 사채·신주 인수권부 사채 매입, 주식 공매도의 차익 거래

뉴욕에서의 일본 주식 영업은 버블이 붕괴된 1989년 겨울보다 훨씬 전부터 정체 상태에 빠져 있었다.

이 무렵 나는 '헤지펀드 매니저가 일본 주식을 숏하고 있다'라는 기사를 발견했다. 전통적인 기관 투자자, 예를 들어 투자신탁 mutual fund이나 연금 기금 등은 공매도(숏)를 하지 않는다. 그리고 새로 새로 창업해 잘 나가고 있는 헤지펀드들은 노무라 증권 뉴욕 지점의 고객 명단 혹은 가망 고객 명단에 없었다. 그래서 그 사실을 알지 못했던 것이다.

그 헤지펀드를 찾아가 보니, 일본 주식의 숏은 극소량에 불과했으며 "우리는 노무라의 고객이 될 만큼 일본 주식에 힘을 쏟을 생각이 없소"라고 말했다. 그러나 흥미가 생긴 나는 좀 더 깊이 파고 들어가 보기로 했다. 그리고 조사 결과, 일본 주식의 차주(借主. 투자자가 숏, 즉 공매도를 위해 증권 회사 등에서 주식을 빌리는 것)에 대한 수요가 방대하다는 사실을 알게 됐다. 고평가된 일본 주식을 공매도하고 싶어 하는 수요 자체는 그다지 많지 않았지만, '전환 사채·신주 인수권부 사채 매입, 주식 공매도'의 차익 거래('재정 거래'라고도 한다)를 위한 차주 수요는 방대했다.

전환 사채와 신주 인수권부 사채는 주가가 오르면 그에 따라 가격이 오르지만, 주가가 하락해도 주식만큼 큰 손해를 보지 않는 유리한 상품이다. 1980년대 후반의 일본 주식 버블 시대는 '전환 사채·신주 인수권부 사채가 역사에 남을 만큼 대량으로 발행된 시대'이기도 했다. 사업 회사의 CFO(최고 재무 책임자)는 접대에 빠져 증권 회사가 시키는 대로 간사 증권(증권 발행이나 상장, 공모 등에서 중심 역할을 담당하는 증권 회사) 회사를 통해 전환 사채·신주 인수권부 사채를 대량으로 발행해 자금을 조달했고, 간사 증권 회사는 이를 통해 막대한 수수료 수입을 올렸다.

한편 사업 회사는 필요 이상의 자금을 조달했기 때문에 이번에는 남아도는 현금을 일본 주식의 운용 자금으로서 같은 증권 회사에 맡긴다('특금'이라고 부른다. 제6장에서 다시 이야기하도록 하겠다). 증권 회사로서는 일석이조의 꿈만 같은 시대였다.

버블이 붕괴되어 주가가 폭락하기 전까지 대량으로 발행된 전환 사채·신주 인수권부 사채는 쉽게 팔아치울 수 있도록 이론 가격에 비해 엄청나게 낮은 가격이 붙었다. 조금 어려운 이야기인데, 이렇게 생각해보기 바란다. 가령 샤프의 주가가 1,000엔이라고 가정하자. 신주를 700엔에 발행하는데, 이 신주는 5년이 지나야 팔 수 있다. 당연히 헤지펀드(차익거래업자)는 그 저평가된 신주를 산 다음 같은 수량의 증권을 빌려와 1,000엔에 공매도한다. 5년 후에 신주로 주식을 갚으면 300엔의 이익이 나기 때문이다. 처음에 산 신주를 기준으로 생각하면 레버리지 1배일 때 300/700=43퍼센트의 이익이 난다. 연간 수익률은 7.4퍼센트다(차주 비용이 연간 1퍼센트라면 이익률은 6.4퍼센트가 된다).

이것은 거의 확실히 이익이 나는 거래이기에 차익거래업자들은 일반적으로 돈을 빌려 큰 포지션을 구축함으로써 리턴을 높인다. 자기 자금 100에 대해 400을 빌려 500의 포지션을 구축한다면 레버리지는 5배다. 금리가 4퍼센트라 해도 연간 수익률은 7.4퍼센트×5-4퍼센트×4=21퍼센트가 된다(차주 비용이 연간 1퍼센트라면 연간 수익률은 16퍼센트가 된다).

미국에서는 예전부터 이 전환 사채와 보통 주식의 차익 거래를 해왔다. 그러나 너무나도 손쉬운 방법이기에 이익을 낼 기회가 사라진 상태였다. 그런데 이론 가격보다 훨씬 낮은 가격이 붙은 일본의 전환 사채·신규 인수권부 사채가 홀연히 모습을 드러낸 것이다. 차익 거래를 전문으로 삼는 미국의 헤지펀드가 이 기회를 놓칠 리 없었다.

여기에서 문제가 되는 것은 '차주'다. 앞서 든 예의 경우, 빌린 샤프의 주식을 적정한 차주 요금으로 5년 동안 유지하지 못한다면 실패한다. 그래서 미국의 헤지펀드는 혈안이 되어 일본 주식을 차주해줄 곳을 찾기 시작했다. 그러나 외국에서 일본 주식을 빌리는 것은 굉장히 어려운 일이었다. 일본 주식이 버블 상태였던 탓에 외국인 투자자의 일본 주식 보유 비율이 저하됐던 것도 해외 시장에서 일본 주식을 빌리기 어렵게 만들었다.

이 문제를 해결해주면 큰 비즈니스로 이어질 수 있다는 사실을 알게 된 나는 본사의 금융 법인부와 이야기해 생명보험이 보유하고 있는 주식의 일부를 미국의 헤지펀드에 빌려주는 비즈니스를 시작했다. 당연한 말이지만, 차익 거래를 하는 헤지펀드를 찾아가자 다들 크게 환영하며 즉시 고객이 되어줬다.

이렇게 해서 여러 헤지펀드와 관계를 맺기 시작했는데, 그 과정에서 잊지 못할 일도 경험했다. 일본의 전환 사채·신주 인수권부 사채의 차익 거래가 본업이 되어 있었던 '프린스턴 뉴포트 파트너스(이하 'PNP')'라는 헤지펀드와 거래할 때의 일이다. PNP는 대주를 통해 노무라 뉴욕의 상위 고객 중 하나가 되어 있었다. 그런데 어느 날 FBI가 들이닥쳐 간부 전원을 체포했다. 실질적인 혐의는 '종가 관여'였는데, 당시 갓 제정된 'RICO(범죄 조직의 협력 기업을 적발하기 위한 법률)'가 적용됐다.

노무라 뉴욕은 즉시 빌려준 주식의 일괄 상환을 요구했다. 그러면 PNP는 롱 포지션의 전환 사채·신주 인수권부 사채를 투매해 보통 주식을 환매수해야 했다. PNP의 레버리지는 4배로, 노무라 뉴욕 이외의 주식대여업자가 발을 뺄 경우 PNP는 파산할 것이 분명했다. 나는 노무라 뉴욕의 행위가 그들에게 큰 타격을 입힐 것 같아 걱정이 됐다.

그런데 그들은 노무라 뉴욕의 증권 반환 요구에 순순히 응했다. 골드만삭스 증권(이하 'GS')이 전부 대신 떠맡은 것이다. GS가 어떤 경위로 그런 판단을 했는지는 알 수 없다. 어쨌든 이것이 나와 GS의 첫 만남이었다.

재판은 장기전이 됐는데, 결국 전원이 무죄 판결을 받았다(죄질이 가벼운 종가 관여에 관해서는 유죄였지만). 유죄 판결을 받은 것도 아닌데 체포됐다는 사실만으로 주홍 글씨가 찍히는 일본 금융계의 문화와 긴 역사를 자랑하는 월스트리트의 문화는 깊이에서 큰 차이가 있음을 느낀 사건이었다.

타이거 매니지먼트와의 만남

일본에서 전환 사채·신주 인수권부 사채가 과잉 발행된 탓에 외국에서는 일본 주식의 차주시장이 급속히 정비되어 갔다. 그리고 동시에 헤지펀드의 자산을 전부 맡아 관리하며 주식이나 돈을 빌려주는 GS 같은 '프라임 브로커'도 성장했다.

그러나 차주시장은 커다란 문제에 직면하게 됐다. 전환 사채·신주 인수권부 사채의 가격이 이론 가격보다 크게 낮은 종목의 증권에만 수요가 몰린 것이다. 가령 샤프가 전환 사채를 잔뜩 발행하면 샤프의 증권은 모두가 빌리고 싶어 하는 초인기 종목이 된다. 그러나 히타치가 전환 사채를 발행하지 않는다면 히타치 주식의 차주 수요는 제로다. 인덱스 펀드 같은 주식대여업자는 다양한 주식을 빌려주고 싶은데, 초밥집을 예로 들면 모든 손님이 '참치 대뱃살'만 주문하는 바람에 순식간에 대뱃살만 품절이 되는 것이다. 다른 부위는 남아도는데 아무도 주문하지 않는다. 손님이 가게에 들어오자마자 "대뱃살 있나요?"라고 물어보고 "미안합니다. 다 팔렸어요"라고 대답하면 그대로 돌아가니 미칠 노릇이다.

　버블이 정점에 도달했을 때는 차익 거래가 아니라 단순히 고평가된 일본 주식을 공매도하려 하는 헤지펀드도 등장했지만, 당시 그런 헤지펀드는 소수파에 불과했다. 일본 주식의 차주 수요는 가령 차익 거래의 수요가 20이라면 고평가된 종목의 숏 수요는 1 정도였던 것으로 기억한다.

　그런 까닭에 후자인 고평가 주식을 숏하는 헤지펀드는 프라임 브로커에게 매우 소중한 고객이었다. 어떤 주식이 고평가 상태인지에 대한 판단은 헤지펀드마다 다르므로 차주 종목의 니즈가 분산되기 때문이다. 나도 차익거래업자만을 상대해서는 차주 비즈니스가 확대되지 않기 때문에 고평가된 일본 주식의 숏에 흥미가 있는 헤지펀드를 찾아내 고객으로 만들고자 노력했다.

　그러던 어느 날, '타이거 매니지먼트 Tiger Management'라는 헤지펀드의 사장 줄리안 로버트슨이 투자 주간지인 《바론즈》에서 "일본 주식은 고평가됐다"라고 말한 것을 발견했다. 나는 즉시 타이거 매니지먼트를 찾아갔는데, 그곳은 상당한 양의 일본 주식의 롱·숏 운용(주식의 매수와 공매도를 조합하는 운용)을 하고 있었다. 이것은 예를 들면 파나소닉을 매수하고 도큐를 공매도하는 방식이다. 그들은 개별 종목의 펀더멘털(실적 예상 등)을 분석하며 투자 아이디어를 모색했다. 나는 곧 이 회사에 거의 상주하다시피 하게 됐다. 투자에 관해 그들과 토론하는 것은 정말 즐거운 일이었다.

그들은 절대 자신들의 포지션을 밝히지 않았다. 그러다 그들이 주가가 300엔인 '가와사키 제철'을 숏하고 있음을 눈치챘는데, 당시 나는 노무라 증권이 유동성이 높은 철강주를 표적으로 삼아 대상승장을 연출할 것임을 어렴풋이 알고 있었다. 그래서 그들에게 "당장 환매수하는 것이 좋을 거요"라고 말했다. 그리고 가와사키 제철의 실적을 이야기하며 환매수를 주저하는 그들에게 재차 말했다.

"그런 문제가 아니오. 노무라가 조만간 폭력적으로 주가를 끌어올릴 거라는 말이오!"

그때 싸움과 다름없는 격렬한 토론이 벌어졌는데, 내가 너무나 강경하게 말하자 그들도 포기하고 환매수를 했다. 그 후 가와사키 제철의 주가는 1,000엔을 넘겼고, 나는 그들에게 고맙다는 인사를 받았다.

이런 일도 있었다. 하루는 장중에 일본의 투자 정보 서비스 단말기를 보고 있는데 "킬비 특허에 관한 재판에서 TI(텍사스 인스트루먼트)가 승리했다"라는 뉴스가 흘러나왔다. 그런데 TI의 주가는 꿈쩍도 하지 않았다. '어라? 미국에는 아직 이 소식이 알려지지 않은 모양인데?'라고 생각한 나는 타이거 매니지먼트의 트레이더에게 전화를 걸어 "이거 상당히 중요한 디램DRAM 특허요. 즉시 TI의 주식을 사들이는 것이 어떻겠소?"라고 제안했다. 헤지펀드의 트레이더는 어느 정도 자신의 재량으로 매매를 할 수 있는데, 나중에 좋아한 걸 보면 아마도 소량을 매수해 이익을 본 것 같다.

그러던 어느 날, 타이거 매니지먼트는 1년에 한 번 고객을 모아 개최하는 파티에 나를 초대했다. 나는 드레스 코드인 턱시도도 없었고 파티는 딱 질색이라 거절했는데, 노무라 뉴욕의 사장(미국인)이 나를 불러 이렇게 말했다.

"자네, 파티에 꼭 가야겠어. 타이거가 고객들 앞에서 자네에게 상을 줄 계획이라고 하더군."

어쩔 수 없이 파티에 참석하니 그들은 내게 '올해의 영업 사원'이라는 상과 함께 상금 5만 달러를 줬다(다만 상금은 어딘가에 기부해야 했다). '가와사키 제철과 킬비 특허 건으로 상을 주는 구나' 하고 생각했다.

파티가 열린 곳은 뉴욕 공공 도서관의 지하에 있는 대형 홀이었고, 100명이 넘는 고객이 참석했던 것으로 기억한다. 그들은 고객과의 관계가 매우 좋아 전국에 흩어져 있는 고객들이 유익한 정보를 가져오는 경우도 있다고 했다. 바로 이때, 나도 언젠간 기회를 잡아 헤지펀드를 운영하고 싶다고 생각했다.

내가 노무라 뉴욕을 떠난 뒤 타이거 매니지먼트의 AUM(운용 자산)은 급격히 확대됐다. 내가 뉴욕에 있었을 때는 3억 달러 정도였는데, 운용 성적이 좋아 금방 10배인 30억 달러가 됐다. 운용 자산이 갑자기 팽창하면 익숙하지 않은 전략에 손을 대게 마련이다. 로

버트슨은 개별주의 롱·숏이 특기였을 텐데, 결국 러시아의 국채를 대량으로 사들였다. 그리고 그 결과는 러시아의 디폴트(채무 불이행)였다. 다만 이것은 영국의 전 총리인 마거릿 대처에게 "러시아의 디폴트는 없을 겁니다"라는 말을 직접 듣고 산 것이었다고 한다.

이 일도 내게 큰 교훈을 줬다. 권위가 있는 대단한 사람에게 들은 이야기는 오히려 더 위험하다. 고마운 마음에 깊이 생각하지 않고 믿을 가능성이 크기 때문이다. 또한 정보원의 지속성도 중요하다. 변화가 생기지는 않았는지 언제라도 확인할 수 있는 정보원이어야 한다. 대처를 투자 아이디어의 정보원으로 삼은 것은 역시 무리가 아니었나 싶다.

GS 도쿄 지점에 입사하다―'롱·숏 운용'의 여명기

GS는 모든 것이 달랐다. '이곳이 노무라 증권과 같은 금융기관이라고? 마치 다른 별에 온 기분이야!'라는 것이 이직 후 나의 첫 감상이었다. 전략, 업무 방식, 인사 평가 등 모든 것이 노무라 증권과는 정반대였다.

나는 노무라 증권의 뉴욕 지점에서 일하는 동안 전환 사채·신주 인수권부 사채의 차익 거래에 해박해져 헤지펀드의 제안을 받고 1991년에 GS 일본 지점의 전환 사채 담당으로 채용됐다.

이 무렵 GS와 살로몬브라더스 같은 투자 은행은 자기 계정으로 전환 사채·신주 인수권부 사채의 차익 거래를 실시했다. GS가

PNP를 지원한 것은 이미 옛날이야기로, 차익 거래를 하는 헤지펀드와 GS는 희소한 증권을 차지하기 위해 다투는 경쟁자가 된 것이다. 다만 GS는 고객의 이익을 최대한 보호하는 회사이기에 고객인 헤지펀드로부터 증권을 난폭하게 빼앗아 그들을 폐업으로 몰아넣는 일은 절대 하지 않았다. 리먼브라더스 사태가 발생했을 때는 우리도 구원해줬다.

그러나 차익 거래가 헤지펀드에서 투자 은행의 자기 계정으로 넘어가는 시대의 거대한 흐름은 거스를 수 없었다. GS로서는 자기 계정으로 차주를 하면 차익거래업자에게 얹어 주는 스프레드가 필요 없어진다. 게다가 주식 매매 수수료도 공짜이고, 자금을 빌리는 비용도 헤지펀드보다 훨씬 낮을 것이다. 그래서 GS 같은 투자 은행은 차익 거래를 하는 헤지펀드와 비교했을 때 비용 측면에서 우위에 설 수 있다.

1990년대에 들어서자 1980년대에 활약했던 차익 거래 헤지펀드들은 GS 등의 투자 은행에 의해 거의 일소됐다. 전형적인 전방 통합(공급자가 고객의 비즈니스를 잠식하는 것)이었다. 만약 내가 그런 헤지펀드로 이직했다면 순식간에 일자리를 잃어버렸을 것이다. 앞서 이직 이야기를 했는데, 이것이 바로 시대의 흐름을 읽어야 하는 이유다.

버블이 붕괴되자 전환 사채·신주 인수권부 사채를 과잉 발행하던 시대는 막을 내렸고, 신규 발행이 극단적으로 감소했다. 신주 인수권부 사채는 4년, 전환 사채는 그보다 기간이 길어 12년 후 상환이기 때문에 전환 사채·신주 인수권부 사채 시장이 앞으로 몇 년 안에 거의 소멸할 것은 명백했다. 그래서 나도 GS에서 이 일을 오래 해나갈 것이라고는 생각하지 않았다.

앞서 이야기했듯 '고평가된 일본 주식'을 공매도해주는 헤지펀드는 차주의 분산화를 꾀한다는 관점에서 프라임 브로커인 GS에 매우 소중한 존재다. 그래서 그들은 새로운 헤지펀드(일본 주식의 롱·숏 운용을 하는 펀드) 설립을 적극적으로 도왔다. 갓 탄생한 헤지펀드는 규모가 작아 GS 같은 대형 투자 은행으로서는 거래를 해도 수지가 맞지 않지만, 성공하면 순식간에 운용 자산이 불어난다. 그래서 GS는 프라임 브로커의 수수료를 낮게 설정해 신흥 헤지펀드가 운용하기 편한 환경을 정비해뒀다. 또한 헤지펀드에 고객을 소개해주는 등 육성에 큰 힘을 쏟았다.

1990년대 후반 전환 사채·신주 인수권부 사채 시장이 쪼그라들어 차익 거래를 위한 차주 수요가 감소하는 와중에도 그때까지 만들어둔 일본 주식의 프라임 브로커의 인프라는 확실히 남았다. 이 무렵에는 GS 등이 열심히 육성했던 일본 주식의 롱·숏 운용이 꽃을 피워 축소되는 차익 거래의 차주 수요를 메웠다. 버블 시대에 전환 사채·신주 인수권부 사채를 과잉 발행했던 것이 해외에서 일본 주식의 차주시장의 발전을 불러왔고, 그 인프라를 기반으로 이번에는 일본 주식의 롱·숏 운용이라는 새로운 산업이 발흥한 것이다.

GS는 일본 주식 이외의 프라임 브로커 업무에서도 높은 시장점유율을 확립하고 있었기에 헤지펀드의 동향을 실시간으로 생생하게 알고 있었다. 어느 정도의 정보를 공유할 수 있을지는 알 수 없지만, 자기 계정의 트레이딩에는 상당히 도움이 됐을 것이다.

헤지펀드를 시작하다

일본 주식을 운용하는 새로운 헤지펀드는 하루가 다르게 늘어났지만, 일본인이 운용하는 펀드는 아직 없었다. 그런 상황을 지켜본 나는 '어쩌면 내게도 헤지펀드를 운용할 기회가 있을지도 몰라. 일본 주식이니 운용자가 일본인이어도 좋지 않을까?'라고 생각하기 시작했다.

그렇다면 어떤 헤지펀드를 지향해야 할까? 문제는 이것이었다. 차익 거래 헤지펀드가 GS 등의 투자 은행에 일소당하는 모습을 직접 본 이상, GS와 적대 관계가 될 수 있는 분야의 헤지펀드는 일단 후보에서 탈락시켰다. 또한 나는 GS 일본 주식 애널리스트의 이야기를 매일 아침마다 들었는데, 하나같이 매우 우수한 사람들이었다. 과연 내가 소니나 히타치 같은 대형주에 투자해 그들을 이길 수 있을까? 물론 애널리스트는 적이 아니지만, 그들을 제칠 정도의 실력이 없다면 성공할 수 없을 거라 생각했다.

대형주로는 승산이 없다면 소형주는 어떨까? 나는 이렇게 생각하기 시작했다. 나는 전환 사채 담당이었는데, 전환 사채를 발행하는 회사 중에는 중소형주도 많았다. 그러나 그런 회사는 시가총액의 규모가 작아 GS의 조사 대상에서 빠져 있었다. 그래서 나는 멋대로 그런 회사들을 찾아가 조사하기 시작했다. GS에서는 허가만 받는다면 개인의 계정으로 주식을 살 수 있다. 그래서 나는 소형주를 조금씩 사들이기 시작했다. 종목을 발굴하는 건 매우 즐거웠다. 이때 나는 이것이 내 적성에 맞는 일임을 깨달았다.

그 후 GS를 퇴사한 나는 다른 회사 몇 곳에서 일한 뒤 1998년에 헤지펀드를 설립했다. GS로 이직한 지 7년이 지난 시점이었다.

왜 좀 더 일찍 헤지펀드를 시작하지 않았던 것일까? 이유는 간단하다. 인연이 없었기 때문이다. 또한 헤지펀드를 시작할 때는 자기 자금도 투입해야 하는데, 그 금액이 고작 500만 엔 정도라면 고객에게 외면당해 얼마 못 가 문을 닫고 말 것이다. 나는 적어도 5,000만 엔 정도는 내 펀드에 투입해야 한다고 생각했다.

게다가 헤지펀드라는 것은 커리어 측면에서 상당히 리스크가 큰 직업이다. 그래서 만일의 상황에 대비한 여유 자금이 꼭 필요하다고 생각해 몇 년 정도 외자계 기업에서 일하며 돈을 모았다. 그러다 인연이 닿아 1998년에 타워투자자문에서 헤지펀드를 시작한 것이다.

헤지펀드란 무엇인가

이야기를 계속 진행하기 전에 '그래서 헤지펀드라는 게 대체 뭐야?'라는 물음에 대답하고 넘어가도록 하겠다. 내가 생각하는 헤지펀드의 정의는 다음과 같다.

1. 롱뿐 아니라 숏도 할 수 있다(단순히 주식을 사서 보유할 뿐만 아니라 공매도도 할 수 있다).
2. 성공 보수가 크다. 전형적으로는 1/20 스트럭처(원 앤드 트웬티

스트럭처)라고 해서, 운용 수수료는 AUM의 1퍼센트, 성공 보수는 이익이 난 금액의 20퍼센트다. 이 책의 앞머리에서 설명했듯 보통은 허들레이트와 하이워터마크가 있다.

3. 운용 책임자 CIO가 금융 자산의 상당 부분을 펀드에 쏟아붓고 있다.

이 요건들 중에서 가장 중요한 것은 3번이 아닐까 싶다. 나는 그동안 내 금융 자산의 70퍼센트를 내가 운용하는 펀드에 쏟아부었다(리먼브라더스 사태 때는 거의 100퍼센트였다). 헤지펀드라는 것은 이익이 나면 고객에게 성공 보수를 받고, 고객이 손해를 보면 그 어떤 보상도 받지 못한다. 고객이 손해를 본 이상, 운용 책임자도 나름의 금전적 타격을 입어야 공평하다.

운용 책임자가 자신의 금융 자산 중 10퍼센트만을 펀드에 투자했다면 그것은 '가짜 헤지펀드'다. 투자자는 그런 펀드에는 절대 투자하지 말아야 한다. '운용 책임자의 금융 자산 중 상당 부분이 펀드에 투자되어 있다'라는 건 운용을 통해 이익을 내는 것에 대한 그들의 '진심'을 말해주며, 아울러 무모한 투기를 할 유인을 억제하는 역할도 할 수 있다.

헤지펀드에 투자를 생각하고 있는 사람은 당연히 리스크가 걱정될 것이다. 일본 주식의 롱·숏 운용에 관해서는 "주식시장이 상승할 때는 물론이고 하락할 때도 이익이 납니다. 시장이 상승하든 하락하든 안정적인 리턴을 벌어들일 수 있습니다"라는 식으로 투자자에게 홍보한다. 이것은 우리도 마찬가지였다. 그러나 내 경험상 헤지펀드의 운용에는 리스크가 동반되며, 운용 성적은 안정적이지 않다. 헤지펀드는 리스크가 높은 투자라는 사실을 투자자도, 운용자도 인식해야 한다.

한편 최근의 헤지펀드(정확히는 헤지펀드에 투자하고 있는 기관 투자자)는 매달의 리턴에 편차가 발생하는 것을 지나치게 신경 쓰는 경향이 있는 것 같다. '2개월 연속 마이너스 리턴이면 옐로카드'라는 이야기도 들었다. 최근에 일본인 롱·숏 매니저를 몇 명 만났는데, "안정적으로 수익을 내세요"라는 기관 투자자 고객들의 무리한 요구를 들어주느라 리스크 관리에 너무 많은 에너지를 투입하는 탓에 자신들의 재능을 제대로 발휘하지 못하고 있다는 느낌을 받았다.

헤지펀드가 리스크를 줄이는 가장 좋은 방법은 큰 이익을 내는 것이다. 애초에 헤지펀드의 운용 방식은 리스크를 감수하는 것이지, 리스크를 줄이는 것이 아니다. 리스크를 헤지하려 하면 결국 엔화 기준으로는 리턴이 제로에 가까워질 수밖에 없다. 어떤 달에 20퍼센트의 이익을 냈다면 다음 두 달 동안 운용 성적이 각각 마이너스 1퍼센트였다 해도 전혀 문제가 되지 않는다. 어떤 해에 운용 성적이 플러스 100퍼센트였다면 다음 해에는 마이너스 10퍼센트여도 괜찮다.

미리 말하는데, 과거의 리턴이 안정적이었다고 해서 그 헤지펀드가 리스크가 적은 운용을 하고 있다고 단언할 수는 없다. 변동성(과거 기준 가격의 변동)을 리스크로 착각하는 금융 관계자가 너무나 많다. 애초에 매달의 리턴을 안정시키려면 깊은 외가격 Deep out of the money 의 옵션(행사 가격이 지금의 주가를 크게 웃도는 콜옵션 혹은 크게 밑돌 경우의 풋옵션)을 파는 것이 가장 편하다. 리먼브라더스 사태 같은 일이 일어난다면 파산할 테지만, 평상시에는 매달 안정적으로 괜찮은 리턴을 얻을 수 있다.

리스크가 없는 헤지펀드는 존재하지 않는다. 그래서 나는 투자자가 하나의 헤지펀드에 집중적으로 큰돈을 투자해서는 안 된다고 생각한다. 한 곳에 투자하는 액수를 줄이고 리스크는 머릿속에서 지우는 것이 상책이다(다만 사기에는 주의하기 바란다). 또한 헤지펀드의 운용 책임자도 무리하게 리스크를 줄이기 위해 필요 이상의 에너지와 비용을 투입하지는 말아야 한다.

예를 들어 설명하도록 하겠다. 어느 마을에 다리가 놓여 있었는데, 한 사내가 한쪽 기슭에서 상품을 사들인 다음 다리를 건너 건너편 기슭으로 가져가 판매를 했다. 그렇게 해서 매일 같은 금액을 벌어들이고 있다고 가정하자. 리턴은 매일 똑같다(즉, 변동성은 제로다). 사내의 수입이 안정적인 것을 본 한 투자자는 자기 자본 절반에 은행에서 빌린 돈 절반을 합쳐 이 비즈니스에 투자했다. 그리고 5년 동안은 모든 것이 순조로웠는데, 어느 날 갑자기 큰 비가 내려 다리가 떠내려가고 말았다. 자, 이 투자자는 어떻게 될까? 당연히 큰 손해를 볼 것이며, 어쩌면 파산할지도 모른다.

애초에 미래의 리스크를 올바르게 예측하기란 불가능에 가깝다. 당장 얼마 전에 일어났던 코로나19 팬데믹도 예측할 수 없었던 일이었고, 후쿠시마 원자력 발전소에서 수소 폭발이 일어나리라고 누가 예상이나 했겠는가. 지금부터 소개할 이야기도 예측할 수 없는 리스크에 관한 비유로 읽어주기 바란다.

먼 옛날, 악령이 들린 집이 있었다. 집주인은 젊은 승려를 찾아가 그 악령을 어떻게든 쫓아내고 싶다고 말했다. 하지만 그 승려도 어떻게 해야 할지 알 수가 없었다. 그래서 아는 것이 많은 화상을 찾아가 의논하니, 화상은 이렇게 말했다.

"그 집에 들어가 밤새 이 경을 소리 내어 읽게나. 악령은 다양한 방법으로 자네를 괴롭힐 걸세. 모습을 바꿔 놀래키기도 하고, 현혹을 해 자네를 집 밖으로 쫓아내려 하겠지. 하지만 절대 동이 트기 전까지 문을 열고 밖으로 나가서는 안 되네. 만약 문을 열고 밖으로 나가면 악령이 자네를 죽일 걸세. 아무리 무서운 것을 보든, 무서운 소리를 듣든, 그것은 악령이 만들어낸 환각일 뿐이니, 그저 밤새 경을 읽기만 하게. 동이 트면 악령은 집을 떠날 걸세."

승려는 마음을 단단히 먹고 집 안으로 들어가 소리 내어 경을 읽었다. 그러자 무시무시한 소리와 함께 악령이 모습을 드러냈다. 승려는 두려움에 휩싸였지만 필사적으로 경을 읽었다. 얼마 후 문밖에서 돌아가신 어머니의 목소리가 들렸다.

"이리 오렴. 네 모습을 보고 싶구나."

하지만 화상의 말을 떠올린 승려는 틀림없이 악령의 장난질일 거라 생각하며 문을 열고 싶은 유혹을 뿌리쳤다.

그러자 이번에는 "저는 어렸을 때 오라버니와 헤어진 동생이에요"라는 목소리가 들렸다. 그러고 보니 자신에게 여동생이 있었다는 이야기를 들은 적이 있었다. 하지만 그는 여동생을 만나고 싶은 마음과 눈물을 꾹 참으며 계속 경을 읽었다.

그러는 사이 바깥이 환해지고, 악령의 목소리가 사라졌다. 이윽고 동이 트면서 새가 지저귀는 소리도 들렸다. 승려는 악령의 유혹을 이겨냈다는 뿌듯

함에 웃으며 문을 열었다. 그런데 밖은 아직 캄캄한 것이 아닌가? 승려는 결국 악령에게 죽임을 당했다.

나는 리스크가 없는 세계는 '죽은 세계'라고 생각한다. 인간은 살아 있는 한, 리스크로부터 도망칠 수 없다. 리스크를 완전히 없애고 싶다면 죽는 수밖에 없다. 리스크가 없는 헤지펀드는 존재하지 않으며, 낮은 리스크를 세일즈 포인트로 삼는 펀드가 있다면 오히려 수상하게 생각해야 한다. (이에 관해서는 뒤에서 AIJ 투자 자문 사기 사건을 소개할 때 다시 한번 이야기하도록 하겠다.)

조지 소로스와의 만남

펀드 운용을 시작하고 몇 년이 지났을 무렵, 일본에서 헤지펀드의 대가 조지 소로스와 만남을 갖게 됐다. 당시 우리 회사가 제휴를 맺고 있었던 미국의 투자 자문 회사에서 그를 소개해줬다. 그는 내게 몇 가지 이야기를 해줬다. 그는 이렇게 말했다.

"지금의 헤지펀드는 지나치게 기관화되어 있네. 포트폴리오 매니저가 조금만 리스크를 감수해도 리스크 매니저가 득달같이 달려오지. 리스크 관리 타령이 지나쳐도 너무 지나쳐. 내 말 잘 듣게. 헤지펀드는 자신의 아이디어에 자신감이 있다면 온 힘을 다해 승부에 나서야 하네. 내 말을 이해했는가?"

나는 "물론입니다"라고 대답했다. 이어서 그는 "자네는 돈을 많이 벌고 싶은가, 아니면 운용 성적 기록을 세우고 싶은가? 이 두 가지는 다르다네. 어느 쪽을 추구할지 결정하게"라고 말했다.

그 당시에는 그의 말이 이해가 되지 않았다. 운용 성적이 좋으면 부자가 되는 것 아니냐고 단순하게 생각했다. (참고로 내가 이 차이를 내 나름대로 이해할 수 있게 된 것은 그로부터 수년 후에 리먼브라더스 사태가 발생했을 때였다).

그 후에는 일본의 부동산 시장과 REIT 등에 관한 이야기를 나눴다. 나중에 그의 부하 직원이 내게 전화를 걸어 "펀드에 투자하고 싶습니다"라고 제안했다. 하지만 나는 그 제안을 고사했다. 그들의 최저 투자 금액이 5,000만 달러였기 때문이다. 우리는 소형주에 집중적으로 투자하는데, 큰 규모의 해약이 발생하면 한창 사들이고 있던 주식의 매수를 중단하는 데 그치지 않고 보유하고 있는 주식을 팔 수밖에 없는 상황이 발생할 수도 있다. 그렇게 되면 제대로 된 운용을 할 수 없게 되기 때문에 투자 한 건당 상한선을 20억 엔 정도로 정해뒀다. 당시의 AUM이 300억 엔 정도였으니 투자 한 건당 투자액을 전체의 7퍼센트 정도로 제한한 셈이다.

그러나 그는 순순히 포기하지 않았다. 이번에는 "알겠습니다. 그렇다면 지금은 2,000만 달러만 투자하겠습니다. 대신 미래에 펀드 규모가 일정 금액을 넘어서면 추가로 3,000만 달러를 투자할 수 있다는 옵션을 달아 주세요"라고 제안했다.

나는 이 역시 일이 번거로워질 것을 우려해 고사했다. 그리고 유대인은 '옵션'을 사랑하는 민족임을 느꼈다. 수천 년의 역사 속에서 좋지 않은 일이 일어났을 때를 대비해 별도의 옵션을 마련해두는 것이 생활 습관이 된 듯했다. 한편 일본인은 정반대다. 일본인은 그런 제안을 하면서까지 끈기 있게 교섭하지 않는 편이다.

지금의 노무라 증권

이 장에서 과거 노무라 증권에 관한 이야기를 많이 했는데, 오해하는 사람이 있을 듯해 지금의 노무라 증권에 관해서도 이야기하고 이 장을 마무리하려 한다. 노무라 증권은 몇 차례의 스캔들을 극복하고 40년 전의 '준사기 조직'에서 '컴플라이언스를 중시하는 세계적인 초우량 기업'으로 훌륭히 탈바꿈했다.

수년 전에 노무라 증권의 주가가 심한 부진에 허덕여 IR(투자자를 상대하는 부서)에 면담을 요청했다. 그러나 너무나 형식적인 이야기만 해서 지금의 노무라 증권이 어떤 모습으로 변했는지 실감할 수 없었다. 그래서 IR에 부탁해 지점의 영업 사원을 소개받았다. 젊고 우수해 보였는데, 아마도 지점의 최우수 영업 사원이었을 것이다. 이런저런 이야기를 나눈 뒤 그는 내게 이렇게 말했다.

"영업의 본질은 '인간력'입니다."

무슨 말인지 이해가 되지 않았던 나는 '인간력'에 관해 꼬치꼬치 캐물었다. 그럼에도 완전하게 이해하지는 못했지만, 아무래도 이런 것인 모양이었다.

'고객이 큰 손해를 보더라도 소송을 제기하지 않고 클레임도 걸지 않는다. 오히려 "자네를 알게 되어 행운이라고 생각하네"라고

말한다. 이것이 인간력이다.'

굉장히 감동한 나는 '훌륭해. 노무라 증권은 인재의 보고寶庫인지도 모르겠군'이라고 생각했다.

큰 손해를 본 고객을 발견한 지점장이 담당 영업 사원을 부른다.

"자네 고객 말이야. 그렇게 큰 손해를 봤는데 클레임을 걸지 않던가?"

"걱정하지 마세요. 그 할멈은 완전히 노망이 들었거든요. 이거 보세요. 그 할멈의 도장도 제가 갖고 있습니다. 혹시 수수료 수입이 부족해지면 말씀하십쇼. 언제라도 매매 수수료를 만들어드리겠습니다."

"오오, 그거 참 고마운 말이군! 역시 믿음직스러워. 기대하겠네!"

40년 전에는 이런 대화가 오갔다. 하지만 지금의 노무라 증권에서는 만에 하나 큰 손해를 보더라도 '인간력'이 있는 훌륭한 영업 사원을 만난다면 편안한 여생을 보내게 될지도 모른다.

본론과는 상관없는 이야기이지만, 나는 GS에 몸담고 있을 때 노무라 증권의 영업 사원 채용 면접을 여러 번 보았다. 그런데 어째서인지 면접을 보러 온 사람들은 하나같이 자칭 '최우수 영업 사원'이었다. 대체 얼마나 많은 최우수 영업 사원이 있는 건지 궁금해진 나는 면접을 보러 온 '최우수 영업 사원'에게 자세히 물어봤다. 이야기를 들어 보니 아무래도 이런 것인 듯했다.

가령 1999년 4월에 한 지점이 수수료 수입 1위를 기록했다고 가정하자. 설령 수수료 수입 1위를 기록한 건 그때뿐이라 해도 그 지점에 몸담고 있던 사람들은 모두 최우수 영업 사원이 되는 것이다.

그래서 최우수 영업 사원(이었던 사람)이 수백 명이나 있었던 것이다. 너무나 재미있는 이야기였다.

1990년대에 일어났던 폭력단 사건과 총회꾼 사건으로 구 경영진이 일소된 뒤, 노무라 증권은 컴플라이언스를 중시하는 초우량 기업이 됐다. 그러나 최근에도 몇 차례 스캔들이 일어났다. 아주 사소한 것들이기는 했지만. 그런 사소한 스캔들에 뭐라고 할 생각은 없지만, 조금 마음에 걸리는 것이 있다. 2012년의 증자 내부자 거래 사건(공모 증자 정보를 사전에 고객에게 알린 사건)과 2019년의 상장 기준 정보 누설 사건이 바로 그것이다.

내게는 노무라 증권에서 그런 내부자 정보가 온 적이 한 번도 없다. 덕분에 스캔들에 휘말리지 않아 다행이었지만, 한편으로는 '우리는 노무라 증권에 하찮은 존재인가?'라는 생각이 들었다. 큰 고객과는 대우가 전혀 다르다고 느낀 것이다.

우리는 운용 자산 규모는 어느 정도 되는 헤지펀드이지만, 포지션의 평균 보유 기간이 헤지펀드 치고는 길어(롱은 평균 5년, 숏은 2년) 증권 회사로서는 수수료 수입이 많지 않았을 것이다. 그러한 사실을 잘 알고 있었기에 기회를 봐서 '오늘 사서 내일 파는' 식의 의미 없는 거래도 열심히 했건만…….

그 당시 나는 고향인 시마네현 마쓰에시에 있었는데, 자동판매기에서 판매하는 '가면 사이다(일본의 특수 촬영 TV 프로그램이었던 〈가면 라이더 시리즈〉와의 제휴로 발매됐던 상품-옮긴이)'라는 음료가 크게 유행하고 있었다. 그래서 도쿄로 돌아왔을 때 노무라 증권의 영업 사원에게 전화로 그 이야기를 한 뒤 이렇게 물었다.

"그러면 노무라 증권에 있는 자판기에서 제일 잘 팔리는 음료는 뭔지 아나?"

"글쎄요. 뭔가요?"

"인사이다." (내부자를 뜻하는 '인사이더'와 '사이다'의 일본어 발음이 유사한 것을 이용한 말장난-옮긴이)

영업 사원은 "재미없거든요?"라고 말하며 전화를 끊었다. 회사가 증자 내부자 거래 사건으로 신경이 곤두서 있을 때였으니 그럴 만도 했다.

── 제3장 ──

'저평가 소형 성장주'의 파괴력

'저평가'는 대체 무슨 의미일까

1998년에 K1 펀드의 운용을 시작한 뒤로 우리는 소형주를 롱 포지션의 중심에 뒀다. 2003년에는 REIT가 롱 포지션의 70퍼센트 정도를 차지하기도 했다. 2020년부터는 대형 은행주가 롱 포지션의 절반 이상을 차지하기도 했지만, 기본적으로는 언제나 소형주의 포트폴리오가 펀드의 롱 포지션에서 큰 부분을 차지해왔다. 그 이유는 대부분의 소형주가 기본적으로 저평가된 채 방치되어 있으며, 그중에서 성장주를 찾아내 투자할 수 있다면 폭발적인 파괴력을 기대할 수 있기 때문이다. 우리 펀드의 운용 성적은 이 소형 성장주의 폭발적인 파괴력이 만들어준 것이었다.

이 장에서는 그런 '저평가 소형주'에 대한 투자 판단과 투자 수법에 관해 설명하려 한다. 다만 그에 앞서 **'회사의 가치'를 어떻게 결정하는지 혹은 어떻게 계산하는지 명확히 할 필요가 있다.** 안 그러면 '저평가'라는 말의 의미를 제대로 알지 못한 채 사용하게 된다. 주식시장의 오류 중 상당 부분은 이 '저평가'라는 말을 명확하게 알지 못한 상태에서 사용한 탓에 발생한 오해나 모순에서 비롯된 것이다.

"일본 주식은 미국 주식보다 저평가됐다"라고 말하는 사람이 있다고 가정하자. 이 사람은 무슨 말을 하고 싶은 것일까? "일본 주식의 PER은 미국 주식보다 낮다"라는 의미로 말한 것일까, 아니면 "PBR을 보면 일본 주식이 더 낮다"라고 말하고 싶었던 것일까? 그것도 아니면 "미국 주식은 크게 상승해왔는데 일본 주식은 뒤늦게 상승하기 시작했으니 저평가됐다" 혹은 "GDP와 주식시장의 시가총액을 비교해보면 일본 주식이 더 저평가됐다"라는 의미일까?

'적정 PER'이란 무엇인가

회사의 가치를 평가하는 기준을 밸류에이션 valuation 이라고 한다. 밸류에이션에는 몇 가지가 있는데, 그중 대표적인 것으로 PER이 있다. PER은 주가를 '주당 당기 순이익(당기 순이익을 기발행 주식 수로 나눈 숫자. 'EPS'라고도 부른다)'으로 나눈 배율이다. 시가총액을 당기 순이익으로 나눈 배율이라고 생각해도 된다. 가령 현재 주가가 1,000엔이고 주당 순이익이 100엔이라면 현시점에서 그 주식의 PER은 10배로 평가된다. 그 주식의 기발행 주식 수가 100주라면 시가총액은 10만 엔이며, 당기 순이익은 1만 엔이다.

> PER=주가/주당 당기 순이익=시가총액/당기 순이익

PER이 낮을수록 주가는 '저평가' 상태라고 말할 수 있다. 다만 PER이 낮더라도 그 회사의 미래가 암담하다면 저평가 상태가 아닐 수도 있으며, 반대로 PER이 높더라도 앞으로 크게 성장할 것이 기대된다면 저평가 상태일 수도 있다. 그러나 (나도 그렇지만) PER이 낮은 주식을 '저평가주'라고 안일하게 부르는 경우가 많다.

앞으로 5년 동안 매년 100엔의 이익을 낼 회사가 있다고 가정하자. 그 회사는 그 후에 청산한다. 청산에 들어가는 비용은 없으며, 자산은 5년 동안 모은 500엔만이 남는다고 가정한다. 그렇다면 이 회사의 가치는 500엔일까? 금리가 제로라면 그렇다. 그러나 투자자는 이 500엔을 배당으로 받을 때 세금으로 20퍼센트를 공제당할지도 모르며, 이 경우 그 투자자에게 회사의 가치는 400엔이 된다. 다만 기업 연금의 운용에는 세금이 부과되지 않으며, 신 NISA의 경우도 세금은 제로다. 신 NISA의 범위는 매우 넓어 대부분의 개인 투자자는 그 범위 안에 들어갈 것이다. 그러므로 세금이 제로라는 전제로 이야기를 진행하도록 하겠다.

다시 본론으로 돌아가자. 앞으로 5년 동안 매년 100엔씩 이익을 낼 회사의 기발행 주식 수가 1주라면 적정 주가는 500엔이다. 주가가 400엔이라면 저평가 상태다. 이 주식을 사면 5년 후에 100엔을 벌 수 있기 때문이다. 반대로 600엔에 산다면 5년 후에 100엔을 손해보게 되므로 600엔은 고평가다. 즉, 이 회사의 적정 PER은 5배다.

그렇다면 앞으로 10년 동안 매년 100엔씩 이익을 낼 회사의 경우는 어떨까? 적정 주가는 1,000엔이고, 적정 PER은 10배가 된다.

이 경우에는 주가가 600엔이라 해도 저평가 상태다. 요컨대 미래가 밝은 회사의 적정 PER은 높고, 미래가 어두운 회사의 적정 PER은 낮다는 말이다.

그런데 잠깐 생각해보자. 정말로 이 논리가 맞는 것일까? 두 예시 모두 회사가 아무런 재산도 갖지 않은 상태로 시작했다고 가정했다. 이번에는 5년 동안 매년 100엔씩 이익을 낼 회사가 두 곳 있는데, 한 곳은 아무런 재산이 없이 출발했고 다른 한 곳은 100엔을 갖고 출발했다고 가정해보자. 이 경우, 전자는 적정 주가 500엔에 적정 PER이 5배이지만, 후자는 적정 주가 600엔에 적정 PER이 6배가 된다. 그렇다면 전자는 PER이 낮으므로 후자보다 저평가 상태일까? 그렇지 않다. 양쪽 모두 '적정 PER'이므로 저평가도, 고평가도 아니다.

PER은 수많은 밸류에이션 방법 중에서 내가 가장 중시하는 것이지만, **미래의 이익을 기준으로 산출한 적정한 PER만으로 주식의 가치를 계측하는 것은 불가능한 일이다.** 회사의 재무상태표상의 자산이나 빚을 포함해 계산해야 한다.

지금 일본은 극단적인 저금리 상태다. 기업은 빚을 늘려 자기 자본을 줄임으로써 주당 순이익을 끌어올릴 수 있다. 그러므로 PER을 사용해 기업의 가치를 측정할 때는 재무 구조를 고려해야 한다. [표 2]는 법인세율을 30퍼센트로 잡고 가공架空의 회사의 PER을 계산해본 것이다.

PER만을 보면 사례 1이 사례 2보다 저평가 상태처럼 보인다. 그런데 사실 이 두 사례는 모두 같은 회사이며, 재무 구조가 다를 뿐

[표 2]

	사례 1	사례 2
고정 자산	200억 엔	200억 엔
차입금	100억 엔	0엔
순자산	100억 엔	200억 엔
영업 이익	10억 엔	10억 엔
지급 이자	2억 엔	0엔
경상 이익	8억 엔	10억 엔
당기 순이익	5억 6,000만 엔	7억 엔
기발행 주식 수	1억 주	2억 주
주가	100엔	100엔
PER	18배	29배

이었다고 생각해보자. 재무 구조는 자유롭게 바꿀 수 있으므로 사례 2가 사례 1보다 고평가일 수는 없다. 사례 2가 100억 엔을 빌린 다음 자사주 매입을 실시해 100엔에 1억 주를 사들이면 사례 1과 같아지기 때문이다.

이와 같이 지금의 일본처럼 극단적으로 금리가 낮은 상황에서는 재무 구조를 고려하지 않고 PER만으로 '저평가인가, 고평가인가'를 논할 수 없다.

사실은 도움이 안 되는 PBR

나는 PER의 문제점을 보완하는 지표로 순현금 비율을 사용한다. 다만 이에 관해 설명하기 전에 밸류에이션 중에서 여러분이 PER 다음으로 많이 사용하는 PBR(주가/주당 순자산)에 관해 설명하도록 하겠다. 가령 주당 순자산이 100엔이고 주가가 200엔이라면 PBR은 2배가 된다.

> **PBR=주가/주당 순자산=시가총액/순자산**

2023년에 도쿄증권거래소가 "PBR이 1배 미만인 회사가 왜 이리 많은 거야! 이 한심한 꼴은 대체 뭐냐고! 다들 경영 좀 똑바로 하라고!"라고 일갈함에 따라 잠시 PBR이 화제가 됐다.

순자산은 '자기 자본' 또는 '주주 자본'으로도 불린다. 기본적으로 그 자체로 정의되지는 않으며, '자산-부채'로 정의된다. 또한 '청산 가치'라고 부르기도 하는데, 그래서 '회사 문을 닫으면 이만큼의 돈이 남는다'라는 인상을 주지만 이것은 큰 오해다. 분명히 말하는데, 순자산은 청산 가치가 아니다. 애초에 상장 기업 중에 청산하는 곳은 거의 없다. 또한 현실적으로는 청산하려고 하면 막대한 비용이 들 것이다. 그러므로 '회사를 청산하면'이라는 가정에 입각해 논의하는 것은 전혀 의미가 없다.

순자산을 '청산 가치'라고 생각하면 다음과 같은 잘못된 결론을 이끌어낼 수도 있다.

지금까지 이익을 내 주가가 PER 10배로 평가받고 있었다. 그런데 적자가 나 PER로 평가할 수 없게 됐다. 그래서 PBR을 보니 0.5배로 청산 가치보다 훠~얼씬 낮은 것이 아닌가? 이 회사의 주가는 2배로 뛸 가능성이 있다.

이 논리의 가장 큰 문제점은 이 회사가 보유한 고정 자산, 예를 들어 공장이나 기계 설비를 장부 가격에 구입할 회사나 사람이 있다고 가정한 것이다. 과연 계속 적자를 보고 있는 공장이나 기계 설비를 장부 가격에 팔 수 있을까? 또한 이익이 나 배당을 지급하고 있을 경우 그 주식은 PER이나 배당 수익률로 평가되며, PBR은 그다지 의미를 지니지 않는다. 그러나 적자가 되면 보통은 회사가 보유한 고정 자산의 가치도 하락하며, 그래서 감손 처리를 하면 PBR의 값도 높아진다.

자산 100억 엔의 80퍼센트가 고정 자산일 경우, 50퍼센트 감손 처리를 하면 40억 엔의 특별 손실이 발생한다. 만약 차입금 50억 엔에 순자산이 50억 엔이었다면 40억 엔의 감손 결과, 순자산은 10억 엔으로 감소하고 만다. 가령 시가총액이 25억 엔이라면 PBR이 0.5배여서 '저평가'라고 생각했던 주식이 감손 처리를 한 순간, PBR이 2.5배로 바뀌어 전혀 저평가가 아니게 되는 것이다. 즉, **회사가 흑자든 적자든 PBR은 평가 기준으로서 전혀 도움이 되지 않는다**는 결론이 나온다.

순현금 비율

따라서 '**회사가 적자를 냈든 내지 않았든 똑같은 가격으로 팔 수 있는 자산이 얼마나 있는가**'를 봐야 한다. 여기에 회사가 보유한 현금을 더하고 모든 부채를 뺀 숫자가 핵심이다. 이것이 순현금이다. 나는 순현금과 순현금 비율을 다음과 같이 정의한다.

> 순현금=유동 자산+투자 유가 증권×70%-부채
>
> 순현금 비율=순현금/시가총액
> =(유동 자산+투자 유가 증권×70%-부채)/시가총액

여기에서는 순현금의 정의로서 유동 자산의 가치를 100퍼센트 반영하고, 고정 자신의 가치를 투자 유가 증권 이외에는 제로로 놓았다. 물론 유동 자산을 전부 장부 가격으로 팔 수는 없을 것이다. 그러므로 유동 자산에서 재고를 빼고 계산해야 하는지도 모른다. 아니면 재고는 장부 가격의 70퍼센트로 평가한다든가.

순현금이 마이너스인 회사는 '어떻게든 단기간에 현금화할 수 있는 회사의 자산'보다 많은 돈을 빌린 회사라는 이야기다. '순부채'가 있는 회사라고 바꿔 말할 수도 있다. 즉, 순현금이 마이너스 20억 엔인 회사는 순부채가 20억 엔인 회사다.

나는 처음에 대략적인 선별 작업을 할 때는 유동 자산을 그대로 사용한다. 투자 유가 증권에 70퍼센트를 곱한 이유는 일반적으

로 매각 가격이 장부 가격을 크게 밑도는 경우가 많으며, 현금화를 하면 세금을 내야 하기 때문이다. 다만 일일이 유가 증권 보고서를 조사하기가 번거로워 보수적으로 매각 가격을 장부 가격과 같다고 보고, 팔았을 때의 세금 30퍼센트를 뺀 것이다(대략적인 계산이므로 세율을 30퍼센트로 잡았다). 이렇게 해서 먼저 시가총액 20억 엔 이상이라는 조건으로 선별한 뒤 순현금 비율이 높은 순서대로 나열한다.

이런 선별 작업을 하지 못하겠다면 일단 PER과 PBR이 낮은 종목 중에서 괜찮아 보이는 것을 선택한 뒤 홈페이지에 들어가 결산 단신을 보고 순현금 비율을 확인해보기 바란다. PBR은 낮지만 '이 회사는 고정 자산만 있고 현금에는 전혀 여유가 없네'라고 확인하는 것만으로도 좋을 것이다.

우리는 수개월에 한 번씩 이 선별 작업을 진행해 저평가 종목의 후보를 물색했다. 마지막 작업은 펀드를 종료하기 약 1년 전에 했을 것이다. 그때는 순현금 비율이 1 이상인 종목이 320개나 있었다. **순현금 비율이 1이라는 것은 '회사를 공짜로 살 수 있을 정도의 저평가 상태'라는 뜻이다. 숫자가 클수록 저평가 상태다.**

순현금 비율이 1일 경우, 일단 돈을 빌려 시장 가격으로 그 회사의 주식을 전부 사들인 다음 회사에 있는 현금이나 현금화가 가능한 유동 자산을 팔아 빌린 돈을 전부 갚을 수도 있다. 요컨대 회사를 공짜로 살 수 있다는 말이다. 나아가 순현금 비율이 1을 넘긴 주식은 '회사를 공짜로 손에 넣으면 회사와 함께 현금까지 굴러 들어오게' 되므로 더더욱 비상식적인 밸류에이션이다. 상식적으로는 있을 수 없는 일이 일본의 주식시장에서 일어나고 있는 것이다. 지금은 그 수가 조금 줄었을지도 모르지만, 비상식적으로 저평가된 주식은 아직도 넘쳐날 만큼 많다.

이야기를 계속 진행하기 전에 대형주와 중형주, 소형주를 정의하고 넘어가도록 하겠다. 이는 일반적인 정의가 아닌 나의 자의적인 정의다.

- 대형주: 시가총액 3,000억 엔 이상
- 중형주: 시가총액 500억 엔 이상, 3,000억 엔 미만
- 소형주: 시가총액 500억 엔 미만

일반적인 정의로는 시가총액 5,000억 엔 이상이 대형주일 텐데, 나는 소형주만 보다 보니 시가총액이 4,000억 엔쯤 되면 굉장히 큰 규모로 보인다.

마지막으로 작성했던 목록을 보면, 순현금 비율 1 이상인 종목 중에 대형주는 0개, 중형주는 11개, 소형주는 309개였다. 코로나19 팬데믹으로 주식시장이 폭락했을 때는 공작 기계 제조사 한 곳의 주식을 매수했다. PER을 보면 회사별로 별 차이가 없었지만, 순현금 비율을 보면 '마키노밀링머신'이 특출하게 저평가 상태였다. 내 기억이 맞다면 순현금 비율이 0.9배 정도였을 것이다. 그래서 이 회사의 주식을 사들였다.

마키노밀링머신은 그 후 자사주 매입도, 증배도 실시해줬다. 결국 회사가 청산할 리는 없으므로, BS(재무상태표)가 좋은 회사에 기대할 수 있는 것은 '증배'와 '자사주 매입'일 것이다. 그리고 이를

위한 밑천이 되어 주는 것이 바로 순현금이다(그런 의미에서는 유동 자산에 포함되어 있는 재고는 빼고 유동 자산을 계산하는 편이 좋을 것이다). 따라서 순현금 비율에 주목하는 것은 당연한 일이라고 생각한다.

현금 중립 PER

장래성이 같은 회사가 있는데 한쪽은 순현금이 풍부하고 다른 한쪽은 순현금이 마이너스(순부채)라면 전자의 적정 PER은 당연히 후자보다 높아질 것이다. 그렇다면 대체 얼마나 높아질까? 이 의문은 모든 회사의 순현금을 0으로 동일하게 맞춘 다음 비교해보면 해결할 수 있다.

가령 PER이 15배인 회사가 있다고 가정하자. 그 회사의 순현금 비율이 0.3배일 경우, 순현금 비율이 0이라고 가정하면(즉, 순현금을 사용해 지금의 주가로 자사주 매입을 실시하면) 조정 PER은 $15 \times (1-0.3) = 10.5$배가 된다. 이것을 '현금 중립 PER'이라 불러도 되지 않을까 싶다. 재무 구조를 똑같이 맞춘 PER이라는 뜻이다. 거의 암산으로 구할 수 있기에 편리하다.

> 현금 중립 PER = PER × (1−순현금 비율)

물론 간단한 계산으로 끝나는 데는 이유가 있다. 현재 일본의 예금 금리가 제로이기 때문이다. 예금 금리가 높을 경우, 자사주 매입에 현금을 사용하면 예금 이자 수입이 감소하므로 그 액수를 다시 계산에 반영해야 한다. 그러나 일본의 예금 금리는 향후 수년, 아니 10년 이상 무시해도 될 만큼 낮은 상태를 유지할 것이다. 따라서 어림셈용으로는 이 공식을 사용할 수 있으리라 생각한다.

순현금이 마이너스, 다시 말해 순부채 상태라면 차입 비용을 제로로 놓고 계산하는 것은 무리가 있을지도 모른다. 그러나 애초에 순현금이 마이너스인 회사는 우리의 투자 대상이 아니므로 전혀 문제가 되지 않는다.

기본적으로 우리의 운용 수법은 PER과 순현금 비율을 기준으로 저평가 상태인 주식을 선택해 그 회사의 내실을 조사한 다음 주식을 구입하는 것인데, 현금 중립 PER을 사용하면 이 두 지표는 하나가 된다. 이것이 우리가 '저평가', '고평가'를 판정하는 밸류에이션이다(참고로 순현금 비율이 1 이상이면 과도한 저평가 상태여서 현금 중립 PER을 구할 수 없다).

현금 중립 PER의 문제점

다만 PER과 순현금 비율을 사용해 저평가주인지 판단하는 방법에는 두 가지 문제점이 있다.

첫 번째는 투자 유가 증권을 제외한 '고정 자산의 가치를 완전히 무시한다'라는 것이다. 이를테면 토지를 잔뜩 소유하고 있고 그 토지가 장부 가격에 비해 굉장히 가치가 높은 저평가 종목이 있는데, 그런 종목을 놓치게 된다.

두 번째는 더 큰 문제임에도 간과되는 경향이 있기 때문에 특히 주의할 필요가 있다. 그것은 바로 기업이 고잉컨선(계속 기업)이기 위한 '설비 투자 일정'이다. 소형주는 그다지 상관이 없지만, 일본의 주식시장에서는 제조업의 존재감이 크며, 중후장대형 제조업을 중심으로 공장과 설비가 낡은 곳이 많다. 그리고 낡은 공장에서는 사고도 자주 일어난다. 그래서 공장을 통째로 새로 지어야 할 경우 당연히 거액의 현금이 필요해지며, 그렇게 되면 순현금 비율이 크게 달라진다. 따라서 역사가 오래된 제조업 대형주에 투자할 때는 공장 설비가 지나치게 낡지는 않았는지 확인할 필요가 있다. 순현금이 플러스였던 기업이 공장을 새로 지으면서 순식간에 마이너스로 바뀔 가능성도 있기 때문이다.

예전에는 이 문제를 그다지 신경 쓰지 않았지만, 시간이 흘러 나도 나이를 먹고 일본의 공장도 나이를 먹었다. 40년 전 노무라 증권에 입사해 철강 업계 담당이 된 나는 종종 외국인 투자자를 일본 철관(현재의 JFE 스틸)의 오기시마 제철소로 데려갔다. 그곳은 일본이 자랑하는 최신예 그린필드 일관 제철소(비어 있는 땅에 철광석에서 강재를 생산하기 위한 모든 설비를 건설한 제철소-옮긴이)였는데, 2023년 9월에 폐쇄됐다. 그만큼 세월이 흐른 것이다.

JFE 스틸은 같은 해에 공모 증자와 전환 사채 발행으로 2,100억 엔을 조달했다. 주가에 악영향을 주지 않도록 "신규 전로電爐 건설 등 성장을 위한 건설적인 자금 조달입니다"라고 홍보했지만, "오래된 시설을 파기하고 새로운 시설을 도입하기에 충분한 감가상각비를 적립해두지 않아 외부에서 자금을 조달했습니다'라고도 말할 수 있을 것이다. 오래된 산업을 담당하고 있는 애널리스트들은 설비나 공장의 갱신 일정을 체크해볼 필요가 있다. 공장을 새로 지을 예정이 있는 기업은 아무리 현금 부자라 해도 자사주 매입을 주저할 수도 있으므로 주의가 필요하다.

그러고 보니 얼마 전에 한 화학 기업의 홈페이지를 봤는데, 주력 공장의 사진과 함께 '이것이 우리 회사의 주력 공장입니다. 창업 이후 ○○년 동안 이 공장에서 제품을 계속 생산하고 있습니다'라고 자랑스럽게 적어놓은 문구가 눈에 들어왔다. 그러나 공장의 사진을 본 나는 이런 생각부터 들었다.

'와, 공장이 너무 낡았는데? 전부 녹슬었잖아. 공장 전체가 하나의 고철 같군.'

홈페이지에는 그 회사의 신제품에 대한 설명 등도 실려 있었지만, 내게는 '이 공장을 언제까지 쓸 생각이지?'라는 의문만 남았다.

REIT의 경우도 발상은 똑같다. 지은 지 오래된 오피스 빌딩 등을 보유한 REIT는 재건축에 직면하면 현금이 대규모로 유출된다. 지은 지 30년 된 건물을 사서 포트폴리오에 넣었다면 그 30년분의 감가상각비가 적립되어 있을 리 없으므로 기본적으로 재건축시 감가상각비 적립 부족에 직면할 것이다.

현시점에서는 큰 문제가 되지 않지만, 앞으로 15~20년이 지나면 투자자들도 신경이 쓰이지 않을까 싶다. 'REIT는 안정적으로 배당금이 나오니 계속 들고 있어도 괜찮아'라고는 생각하지 않는 것이 좋을지도 모른다.

성장률과 금리를 통해 적정 PER을 이끌어낸다

지금부터는 금리를 고려하면서 '저평가'란 무엇인가에 관해 더 깊이 생각해보도록 하겠다. 금리를 도입하면 계산이 조금 번거로워지지만, 금리를 무시하면 PER이 그 회사의 미래 이익을 어떻게 반영하는지 논의할 수 없다.

어려운 이야기나 계산이 싫은 사람은 이 부분을 건너뛰어도 무방하다. 다만 **'일본의 현재 장기 금리를 전제로 삼으면 PER이 10배 이하인 주식은 대체로 믿기 어려울 만큼 저평가 상태다. 장기 금리**(10년 만기 국채 수익률)**가 3퍼센트까지 상승하더라도 충분히 저평가 상태다'**라는 것만큼은 기억해두기 바란다.

자, 어떤 회사가 올해 100엔의 이익을 내고 내년에도 100엔의 이익을 낸 뒤 청산한다고 가정하자. 이 회사의 기업 가치는 얼마일까? 200엔일까? 이때 금리는 2퍼센트라고 가정하자. 올해 100엔을 소유하고 있으면 내년에는 이자가 붙어 102엔이 된다. 반대로 내년에 얻을 100엔은 현재 가치로 환산하면 98엔밖에 안 된다. 올해의 92엔과 내년의 100엔의 가치가 같은 것이다.

따라서 이 회사의 현재 기업 가치는 198엔이다. 금리가 각각 2퍼센트와 5퍼센트일 경우, 100엔의 미래 가치를 현재 가치로 환산하면 [표 3]과 같다.

[표 3]

	5년 후	10년 후	20년 후	40년 후
금리 2%	91엔	82엔	67엔	45엔
금리 5%	78엔	61엔	38엔	14엔

PER의 가장 큰 문제점은 '미래의 이익을 얼마나 예상해야 되는가'라는 것이다. 그러나 기업은 고잉컨선이며, 우리는 기업이 언제까지 사업을 계속할지 알지 못한다. 가령 주당 순이익 EPS이 100엔인 회사가 있는데, 이 회사의 주당 순이익이 미래에도 계속 100엔이라고 가정하자. 금리가 제로라면 이 회사의 가치는 무한대가 된다. 100엔을 무한히 더하게 되기 때문이다. (참고로, 앞으로 이 장에서 PER을 계산할 때는 특별한 언급이 없는 한, 처음 시작할 때의 순현금 비율을 제로라고 전제한다.)

그러니 금리를 2퍼센트로 놓자. 금리를 2퍼센트로 놓고 회사의 가치를 계산하면,

$$100 \times \{1+1/(1.02)+1/(1.02)^2+1/(1.02)^3+\cdots\cdots\}$$

무한등비수열의 합의 공식을 사용해 계산하면 다음과 같다.

$$100 \times \{1/(1-1/1.02)\} = 100 \times 51 = 5{,}100엔$$

적정 PER은 51배다. 이것이 이 회사가 금리가 2퍼센트인 환경에서 매년 100엔의 이익을 계속 낸다고 가정했을 때의 적정 PER이다.

그렇다면 이 주식의 실제 PER이 15배였다고 가정할 경우, 할인율(금리 등을 감안해 미래 가치를 현재 가치로 환산할 때의 이율)이 얼마여야 합리적일까? 1,500=100×[1/{1-1/(1+x)}]에서 x를 구하면 7.14퍼센트가 된다. 금리가 2퍼센트라면 5.14퍼센트가 남으며, 이것을 '리스크 프리미엄'이라고 부른다.

예전에 전 일본은행 총재 구로다 하루히코가 "주식의 리스크 프리미엄이 너무 크다"라고 말한 적이 있는데, 그 말은 이 5.14퍼센트가 너무 크다는 뜻이다. 만약 적정한 리스크 프리미엄이 3퍼센트라면 적정 주가와 PER은 2,100엔과 21배가 된다.

나는 이 리스크 프리미엄이라는 개념을 매우 싫어한다. 애초에 리스크 프리미엄은 '회사가 미래에 이익을 계속 낼 수 있을지 불안하니 그 불안분을 금리에 추가하자'라는 은행적인 발상이다. 투자자는 그런 발상에 입각해 생각할 필요가 없다. 주식 투자자는 리스크 프리미엄과 실적 예상을 분리해 생각할 필요가 없으며, 실적에 불안감이 있을 때는 애초에 직접적으로 예상 이익을 줄이면 된다.

계산식을 적어보도록 하겠다. 주당 당기 순이익=EPS, 금리=2퍼센트, 다음 기의 이익/어떤 기의 이익=a(a를 '영구 성장률'이라고 부른다)라고 하면, 주가=EPS×PER=EPS×{1/(1-a/1.02)}가 되어 다음과 같은 식을 이끌어낼 수 있다.

$$a = 1.02(1 - 1/PER)$$
$$PER = 1.02/(1.02 - a)$$

　현재 일본 주식시장 전체의 PER은 15배 정도이므로, 금리가 2퍼센트라 가정하고 계산하면 상장 기업의 이익은 매년 평균 4.8퍼센트씩 감소할 것이라는 전망이 나온다. 장기적으로는 금리가 더 상승할 것이라는 생각에서 금리 5퍼센트로 계산할 경우에는 위 공식에서 1.02를 1.05로 바꾸면 되며, 이 경우 매년 2퍼센트의 이익 감소를 주가가 반영하게 된다.

　이처럼 매년 같은 비율의 이익 증가 또는 이익 감소가 영원히 계속되는 모델을 '1단계 무한등비수열 모델(줄여서 '1단계 모델')'이라고 부르기로 하자. [표 4]는 PER과 금리를 결정하면 a가 얼마가 되는지, 즉 이익이 매년 몇 퍼센트씩 증가하는지(감소하는지) 알 수 있는

[표 4] 1단계 무한등비수열 모델

		금리			
		2%	3%	5%	10%
PER	5배	−18.4%	−17.6%	−16%	−12%
	10배	−8.2%	−7.3%	−5.5%	−1.0%
	20배	−3.1%	−2.2%	−0.3%	4.5%
	30배	−1.4%	−0.4%	1.5%	6.3%
	50배	0%	0.9%	2.9%	7.8%

표다(어디까지나 이론적인 이야기이지만).

이 표를 보면 PER이 10배 이하일 경우 미래에 이익이 얼마나 크게 감소할 것인지 예상할 수 있다. 금리를 2퍼센트로 놓고 계산하면 PER이 10배인 주식은 매년 이익 감소 폭 8.2퍼센트가 주가에 반영되어 있으며, 따라서 만약 그렇게까지 감소하지는 않고 매년 3.1퍼센트 이익 감소에 그친다면 적정 PER은 20배이므로 주가도 2배가 되는 것이 자연스럽다.

1단계 모델은 PER이 낮은 종목에 유효하다

그런데 앞의 표를 보고 뭔가 이상하다고 느끼지 않았는가? 금리가 2퍼센트일 경우, PER이 50배인 기업은 장래에 이익이 계속 횡보한다는 계산이 나온다. 그러나 이익이 증가하면서도 PER이 50배보다 낮은 회사는 얼마든지 있다. 그렇다면 대부분의 일본 주식은 '초저평가 상태'라는 이야기가 되지 않는가?

먼저 생각해볼 점은 '금리의 전제가 2퍼센트인 것이 적정한가'다. 이 원고를 쓰고 있는 시점에는 40년 만기 국채의 수익률이 1.7퍼센트이므로 타당해 보인다. 그러나 "지금 일본은 긴 역사 속에서 우연히 이차원異次元 완화라는 특수한 초저금리 국면에 있을 뿐이며, 장기적인 관점에서 보면 장기 금리는 5퍼센트다"라고 주장할 수도 있을 것이다.

금리가 2퍼센트라면 영구 성장률은 2퍼센트 이상이 되지 못다. 성장률이 2퍼센트가 되면 기업 가치가 무한대가 되기 때문이다. 그렇다면 이익이 매년 5퍼센트씩 성장하는 기업은 어떻게 평가해야 할까? 금리 2퍼센트에서는 기업 가치가 무한대가 되므로 1단계 모델을 변경할 필요가 있다. 5년 동안은 5퍼센트씩 성장하지만, 그 후에는 이익이 횡보한다는 식의 다단계 모델로 만들지 않고서는 이 모순을 해결할 수 없다. 그래서 번거롭지만 계산해봤다.

PER이 50배이고 금리가 2퍼센트라면 1단계 모델에서는 이익이 횡보한다. 그러나 5년 동안 매년 5퍼센트씩 성장한 뒤로는 이익이 매년 0.3퍼센트씩 감소한다고 가정하면(2단계 모델) 똑같이 50배가 된다.

PER이 높은 주식의 경우에는 아무래도 어떤 시점에 성장이 멈춘다고 가정하고 다단계의 무한등비수열 모델을 만들어야 한다. PER이 100배인 주식이 5퍼센트 성장을 계속하고 있다면 미래까지 그 성장이 계속된다고 예상해야 모순이 생기지 않지만, 그래도 어떤 시점에 성장이 멈추는 모델로 만들 필요가 있다.

그런데 생각해보자. 언제까지 성장이 계속될지 올바르게 예측하는 것이 과연 가능할까? 그런 측면에서 PER이 낮은 주식은 미래의 실적을 10년 후까지 진지하게 예상할 필요가 없다. 10년 후에는 이익이 상당히 감소한다는 사실이 이미 주가에 반영되어 있으므로 그다지 상관이 없는 것이다. 반면 PER이 높은 주식은 10년 후의 이익까지도 어느 정도 예상할 필요가 있다. 우리는 그러기가 싫기도 해서 PER이 높은 성장주는 손을 대지 않는 것이다. 그런 의미에서는 PER이 낮은 주식을 조사하는 것이 더 편하고 효율적이다.

나는 과거에 다양한 성장 모델을 만든 적이 있는데, 번거롭기만

할 뿐 돈을 버는 데는 아무런 도움이 되지 않아 결국 흥미를 잃었다. 시간 낭비인 것이다. 한편 PER이 낮은 주식은 다행스럽게 '1단계 모델'도 꽤 쓸모가 있다.

PER이 높은 주식은 금리가 상승하면 불리하다?

닛케이 CNBC를 보고 있는데 이런 헤드라인이 눈에 들어왔다.
'금리 상승 전망이라는 시련에 직면한 성장주!'

이것은 무슨 의미일까? 금리가 상승하면 이익 예상을 바꾸지 않는 한, 모든 주식의 이론 가격이 하락한다. 미래의 이익을 현재 가치로 환산할 때 할인율이 커지기 때문이다. 그렇다면 왜 성장주를 콕 집어 '시련에 직면했다'라고 표현한 것일까?

앞서 소개한 1단계 모델을 개량한 [표 5]는 2퍼센트인 금리가 3,

[표 5]

		금리		
		3%	5%	10%
PER	5배	-3.7%	-10.3%	-22.5%
	10배	-8.0%	-20.5%	-39.6%
	20배	-15.6%	-35.2%	-58.0%
	30배	-22.0%	-45.3%	-67.8%
	50배	-32.2%	-58.3%	-78.1%

5, 10퍼센트로 상승할 경우 이론 주가가 얼마나 하락하는지 PER 별로 나타낸 것이다.

PER이 5배인 주식의 경우, 금리가 2퍼센트에서 5퍼센트로 오르면 이론 주가가 10퍼센트 하락한다. 그에 비해 PER이 50배인 주식은 이론 주가가 58퍼센트나 하락해버린다.

물론 이것도 무한등비수열 모델의 문제점이라고 하면 그것으로 끝이지만, 설령 PER이 높은 주식에 다단계 모델을 적용하더라도 **금리가 상승할 경우, PER이 높은 주식이 낮은 주식보다 부정적인 영향을 더 크게 받는 것은 분명하다.**

이것은 PER이 낮은 주식의 경우 미래의 이익이 현재 쪽에 편중되어 있는 반면, PER이 높은 주식은 미래의 이익이 현재로부터 멀리 떨어진 곳에 있기 때문이다. 먼 미래의 이익은 아무래도 현재 가치로 환산할 때 금리의 영향을 강하게 받는다. 미국의 CNBC에서도 거의 매일 "금리가 상승할 때는 성장주보다 가치주(PER이 낮은 주식)다"라고 이야기한다. 어디까지나 '가치주가 상대적으로 유리하다'라는 이야기이지만.

다만 주의해야 할 점이 있다. 실제로 금리가 상승할 때 반드시 이론대로 'PER이 높은 주식은 크게 하락하고 PER이 낮은 주식은 조금만 하락한다'라는 보장은 없다는 것이다. 그런 경향은 있다고 생각하지만, 주가를 움직이는 요인은 다양하다. 어디까지나 사람들이 자주 하는 이야기를 이론적으로 해석했을 뿐이다.

저평가주를 사면 이익이 날까

아마도 독자 여러분이 가장 알고 싶어 하는 것이 아닐까 싶다. 결론은 이렇다. 만약 저평가주를 샀는데 이익이 나지 않았다면 그것은 애초에 저평가의 정의가 잘못됐기 때문이다. 반대로(정확히는 대우명제로) 말하면, ① **저평가주에 투자하면 이익이 난다**. 물론 금방 이익이 날지 어떨지는 알 수 없지만.

PER이 낮은 주식을 사도 2년 차부터 적자가 계속된다면 주가는 오르기는커녕 하락할 것이다. 이 회사는 지금의 실적을 바탕으로 계산하면 PER이 낮지만 '저평가'가 아니었던 셈이 된다. 다만 **PER이 낮은 주식은 미래의 실적을 예상할 때 딱히 이익이 증가할 필요가 없다. 실적이 횡보하더라도 주가가 오를 가능성은 충분히 존재한다.** 고정 자산에 과도하게 투자하지 않는다면 순현금이 매년 크게 쌓일 것이기 때문이다. 순현금 비율이 1을 넘어서면 역시 투자자의 눈에 띌 수밖에 없다. 자사주 매입이나 증배를 요구하는 목소리도 커질 것이다.

순현금 비율이 1 이상인 종목이 300개나 있는 것은 저평가주가 저평가된 채로 방치된 결과라고도 말할 수 있다. 그러나 저평가된 채 방치되어 있는 동안 점점 순현금이 쌓인다. 순현금 비율이 1 이상이라는 건 어떤 의미에서는 '모순'이다. 그리고 주가가 오르지 않은 채로 몇 년이 지나면 순현금이 더욱 쌓임에 따라 이 '모순'은 한층 더 커진다. 순현금 비율이 1이고 PER이 7배인 주식은 배당을 지급하지 않을 경우 7년 후 순현금 비율이 2가 되어 모순이 더욱 커진다.

그러므로 '저평가'의 올바른 정의는 '② **저평가된 주식의 주가가 오르지 않고 저평가 상태로 계속 방치되면 시간의 경과와 함께 모순이 더욱 커진다**'일지도 모른다. 그리고 그 모순이 무한대로 커지는 일은 없으며, 어떤 시점에 해소되어 간다면 ①과 ②의 명제는 일치하게 된다.

물론 이익을 전부 배당으로 지급한다면 순현금은 쌓이지 않는다. 그러나 PER이 7배인 주식이 이익을 전부 배당으로 지급한다면 배당 수익률은 14.3퍼센트다. 그런 종목의 주가가 오르지 않을 리가 없다.

이번에는 그 반대의 경우를 생각해보자. 저평가주가 저평가된 채 몇 년씩 방치됐음에도 아무런 모순이 발생하지 않는 경우다(아무런 모순도 발생하지 않는다면 그것은 '저평가주'가 아니었던 셈이 되므로 '가짜 저평가주'다). 이것을 '가치 함정'이라고 한다. 표면적인 저평가(가짜 저평가)에 현혹되어 투자를 했지만 결국 주가가 오르지 않은 경우다.

여기에서도 문제아는 PBR이다. 이런 회사를 생각해보자. 자산은 100억 엔인 공장뿐이고, 빚은 없다. 즉, 순자산은 100억 엔이다. 이익은 매년 세금을 제외하고 2,000만 엔이며, 시가총액은 20억 엔이었다고 가정하자. PBR은 0.2배이므로 이것만 봐서는 저평가로 보인다. 그러나 PER은 100배로 전혀 저평가가 아니며, 이익을 전부 배당으로 지급하더라도 배당 수익률은 1퍼센트밖에 안 된다. 이 회사가 이대로 조업을 계속하면 몇 년이 지나도 주가가 오르지 않을 가능성이 크다. 주가가 오르지 않아도 아무런 모순이 발생하지 않기 때문이다(100년 동안 조업을 계속한다면 순현금 비율이 1이 될지도 모르지만).

전형적인 가치 함정은 낮은 PBR에 현혹됐을 때 발생하는 경우가 많다. 이것도 우리가 투자하기 전에 결산 단신을 보고 순현금을 확인하라고 권하는 이유다.

보충 1: EV/EBIDTA 비율

재무 구조에 의존하지 않고 기업 가치를 평가하는 방법으로 EV/EBIDTA 비율이 있다. 이는 투자 은행에서 사용하는 지표다. 분모는 그 회사의 사업이 만들어내는 현금 흐름(당기 순이익+금리+세금+감가상각비)으로, 간단히 말하면 '영업 이익에 감가상각비를 더한 숫자'다. 분자는 주식의 시가총액에 부채를 더한 금액이다. (참고로 E는 당기 순이익, B는 before, I는 금리, D는 감가상각비, T는 세금이다. A는 amortization으로, 무형 고정 자산의 상각이다. 여기에서는 A는 무시하기 바란다.)

앞서 PER을 해설할 때 사용했던 사례 1과 사례 2로 돌아가자. 감가상각비를 10억 엔으로 놓고 EV/EBIDTA를 계산하면 다음과 같이 똑같은 값이 나온다.

- 사례 1: (100+100)/(5.6+2+2.4+10)=10배
- 사례 2: 200/(7+3+10)=10배

나는 이 지표를 사용하지 않는다. 번거롭기 때문이다. 개인 투자자나 전업 투자자도 사용할 필요는 없을 것이다. 그러나 기업 인수 등과 관련해 나오는 용어이니 사용하지는 않더라도 알아두면 유용

할지도 모른다. 닛케이 신문 등에도 특별한 설명 없이 종종 나오는 용어다.

가령 어떤 약국 체인이 다른 약국 체인의 인수를 검토하면서 "우리의 시선은 EV/EBIDTA 비율로 5배다"라고 말했다고 가정하자. 이 말의 의미는 "현금 중립인 회사라면 EBIDT가 50억 엔일 경우 250억 엔까지 인수 자금을 낼 용의가 있다" 혹은 "순현금을 50억 엔 보유한 회사라면 300억 엔까지 낼 수 있다"라는 것이다.

보충 2: EPS의 보정

지금까지는 PER을 이야기할 때 기업의 당기 순이익이 매년 5퍼센트씩 하락한다든가, 영원히 횡보한다든가 하는 계산하기 편한 예를 들어 설명했다. 그러나 현실에서 기업의 이익 수준은 여러 가지 이유로 오르기도 하고 내리기도 한다. 어떤 기의 EPS를 기준으로 PER을 계산해야 하느냐는 사실 골치 아픈 문제다. 특히 소형주는 경기의 흐름이나 그 기업의 개별 요인에 따라 이익이 크게 변동하는 경우가 많다.

EPS가 어떤 해에 100엔, 다음 해에 50엔, 그다음 해에 다시 100엔, 그다음 해에 다시 50엔인 회사가 있다면 주가가 1,000엔이라고 했을 때 PER은 대체 몇 배인 것일까? EPS 100엔을 기준으로 삼으면 10배, 50엔을 기준으로 삼으면 20배다. 이런 패턴이 반복된다면 평균할 경우 EPS가 75엔이므로 PER은 13.3배이며, 이익 성장률은 제로다.

이처럼 '평균화된 EPS'를 '정규화된 EPS'라고 부른다. 어떤 해의 이익에 그해에만 발생한 일과성 이익이나 손실이 크게 반영되어 있을 때는 그것을 제거하고 EPS를 계산하는 것도 정규화 과정이다. 그러나 이것을 따지면 너무 복잡해지기에 본문에서는 최대한 단순한 예를 통해 PER을 설명했다.

다만 IPO(신규 상장)로 갓 상장한 회사에 관해서는 잠시 이야기하고 넘어가도록 하겠다. IPO 종목에 투자해온 벤처 캐피털은 자신들의 이익을 극대화하기 위해 '최대한 이익이 크게 나고 있으며 게다가 성장하고 있는' 것처럼 보이는 시기에 상장시키려 한다. 이익이 성장하고 있는 듯이 보이면 높은 PER이 부여되어 IPO 가격이 상승하기 때문이다. 요컨대 IPO 종목은 실적과 성장성 모두 상당히 바이어스가 걸린, 이를테면 '짙은 화장'을 한 상태로 나왔을 가능성이 높다. 따라서 IPO 시점의 성장률이 그대로 미래까지 이어질 거라 생각하는 것은 위험하다. 상장하고 몇 년이 지나면 실적이 곤두박질치는 회사가 많다. 이것도 우리가 마더스 시장을 기피한 이유 중 하나다(IPO 종목은 마더스 시장에 상장할 때가 많다).

저평가 소형 성장주 투자의 파괴력

지금까지 '저평가주'의 정의에 관해 이야기했는데, 본론은 지금부터다. 우리는 다음과 같은 이유에서 '소형주' 투자에 힘을 집중해왔다.

- 저평가주가 많다.
- 독자적으로 조사하기가 용이하다.
- 기관 투자자가 보유하지 않는다.
- 애널리스트가 주시하지 않는다.

우리의 전략은 저평가 소형주 중에서 '저평가 소형 성장주'를 찾아내는 것이었다. 품이 들기는 하지만 이것이 일본의 주식시장에서 **가장 이익을 내기 쉬우며 게다가 큰 이익을 낼 수 있는 방법이다.** 그 수는 많지 않지만 성장주가 저평가 소형주 속에 섞여 있어 주가가 굉장히 낮은 수준에 방치되어 있는 경우가 있다.

우리가 말하는 소형주는 앞서 정의한 시가총액 500억 엔 미만의 주식을 가리킨다. 점두 등록주(1998년 12월 이후에는 자스닥주, 현재는 스탠더드주)를 떠올리면 될 것이다(도쿄증권거래소의 시장 구분은 2022년 4월에 개편되어 프라임 시장, 스탠더스 시장, 그로스 시장이 됐다. 스탠더드 시장의 상장 기준은 주주 수 400명 이상, 유통 주식 수 2,000단위, 유통 시가총액 10억 엔 이상, 최근 1년간의 이익 1억 엔 이상 등이다-옮긴이). 우리는 고평가된 주식이 많은 마더스 시장은 거들떠보지도 않았다.

소형주에 주력한 가장 큰 이유는 저평가됐기 때문이다. 펀드를 시작한 1998년 당시, 소형주는 매우 저평가된 상태였다. 그러나 소형주가 그전부터 계속 저평가 상태였던 것은 아니다. 점두 등록주라고 불렸던 시대인 1986년에는 점두 등록주의 투자신탁 편입이 해금됐다. 이것은 기관 투자자들을 참가시키기 위한 조치였다. 당시는 기관 투자자가 점두 등록주를 살 방법이 투자신탁 정도밖에 없었기 때문이다. 당시의 외국인 투자자, 일본 국내의 연금, 생명·손해보험은 기본적으로 대형주에만 투자했기에 투자신탁이 기관 투자자가 점두 등록주 시장에 참가할 유일한 방법이었던 것이다. 이에 대형 투자신탁 회사들이 일제히 소형주 펀드를 설립했고, 그 결과 소형주(점두 등록주)가 급등했다. 작은 시장에 거액의 자금이 집중되자 순식간에 버블이 돼버린 것이다.

참고로, 설립된 소형주 펀드는 고객이 언제라도 해약할 수 있는 개방형(오픈엔드) 투자신탁이었다. 당시의 투자신탁은 증권 회사가 3퍼센트의 판매 수수료를 벌어들이기 위한 이른바 '도구'였기 때문에 기준 가격이 비용을 웃돌면(즉, 고객에게 이익이 나면) 즉시 고객이 그 투자신탁을 팔고 다른 투자신탁으로 갈아타도록 유도하는 상관습이 있었다. 그래서 폭등한 소형주 펀드는 이익을 확정할 절호의 기회이자 투자신탁의 회전 상법의 먹잇감이 됐다.

그리고 한순간의 버블이 끝나자 소형주는 폭락했다. 대량으로 사들였던 소형주를 시장에 처분하는 것은 매우 어려운 일이다. 고객이 소형주 펀드를 해약하면(실제로는 증권 회사의 영업 사원이 수수료를 벌어들이기 위해 해약시키는 것이지만) 소형주 펀드의 운용자는 해약에 대응하기 위한 현금을 마련하고자 보유한 소형주를 시장에 매각해야 한다. 각 투자신탁 회사에서 소형주 펀드를 일제히 설립하고 일제히 소형주를 사들여 주가를 끌어올렸다가 그 후에 해약이 발생해 일제히 시장에 투매하는 흐름이 돼버렸다.

그 결과 펀드의 기준 가격이 폭락했다. 소형주 펀드는 대실패로 끝났고, 트라우마가 생긴 증권 회사와 투자신탁 회사는 그 뒤로 유동성이 낮은 소형주의 투자신탁 편입을 극도로 꺼리게 됐다.

이 사건의 여파는 10년 이상 지속되어 소형주 시장에서 기관 투자자를 찾아볼 수 없는 상황이 계속됐다. 소형주를 위한 목적으로 정부가 실시했던 정책이 완전히 역효과를 낳은 것이다.

1989년에 주식시장이 버블의 정점을 찍고 이듬해부터 주식시장 전체가 하락세로 돌아서자 더는 소형주에 신경을 쓸 수 없게 됐다. 1998년에 우리의 펀드가 출범했을 때도 소형주는 PER, PBR을 봤을 때 대형주보다 크게 저평가된 상태로 방치되어 있었다. 정확히는 소형주 속에 수많은 저평가주가 있었던 것이다.

소형주가 저평가 상태인 이유

물론 PER과 PBR만을 기준으로 대형주와 비교했을 때 소형주가 저평가됐다고 결론 내릴 수는 없다. 소형주에는 PER과 PBR이 낮은 정당한 이유가 있기 때문이다.

가장 먼저 들 수 있는 이유는 낮은 유동성이다. 유동성이 낮은 까닭에 기관 투자자의 투자 대상이 되기 어렵고, 따라서 주가가 낮다. 이 점은 누구나 이해할 수 있을 것이다. 다만 PER과 PBR이 낮은 이유는 그 밖에도 여러 가능성이 있다.

- 대기업의 도급 사업을 하고 있어 가격 결정력이 없다.
- 진입 장벽이 낮다.

- 우수한 인재가 없다.
- 오너 경영자의 아들(차기 사장)이 바보다.
- 세상의 관심이 적어 경영자가 불상사를 일으키기 쉽다.
- TOB(공개 매수)를 하기 어려운 주주 구조인 탓에 경영자가 타락하기 쉽다.
- 분식 결산이 있었을 때 타격이 크다.
- 외국에 진출할 수 있을 정도의 자원이 없다.
- 오너 사장의 머릿속에 주식을 상속할 때를 생각하면(상속세를 줄이려면) 주가가 낮은 편이 좋다는 생각이 자리하고 있다.
- 오너 사장이 은퇴할 때 막대한 퇴직 위로금이 지급되는 경우가 있다.

우리는 PER, 순현금 비율을 봤을 때 저평가된 순서대로 종목이 나오도록 선별 작업을 실시한다(개인 투자자는 아직 이런 선별 작업이 불가능할지 모른다. 그러나 조만간 인터넷 증권 서비스에서 순현금 비율 혹은 EV/EBIDTA 비율 같은 것을 볼 수 있게 될 거라 생각한다). 그러면 기본적으로는 구제 불능인 회사 순으로 나열된다. 그러나 그중에는 '이 회사, 정말로 그렇게 구제 불능일까? 조금만 조사해보자'라는 생각이 드는 회사도 몇 군데 있기 마련이다. 모래 속에서 사금을 찾아내는 이미지라고나 할까?

요컨대 **소형주는 이런저런 이유로 주가가 낮지만 본래 그렇게까지 낮을 이유가 없는 종목까지도 휩쓸려 저평가되고 있다**는 말이다. 그런 회사를 하나하나 찾아가 꼼꼼하게 조사하는 것이 우리의 방식이었다. 그래서 운 좋게 '성장주'를 찾아낸다면 홈런이다. 다만 수고와 에너지가 필요한 일이기에 나이를 먹으면 할 수가 없다.

이미지가 나쁜 업계일수록 기회가 숨어 있다

PER이 낮고 순현금 비율이 높은 종목을 살펴보면 '부동산주'가 특히 많다.

옛날에 '료와 라이프 크리에이트'라는 아파트 개발사가 있었는데, 사장이 이해할 수 없는 이유로 체포되어 사임했다. 우리는 대주주였기에 일시적으로 피해를 입었지만, 저평가된 주식이었던 까닭에 그 후 TOB가 실시되어 이익을 봤다. 그리고 사장은 결국 무죄 판결을 받았다. 참으로 어처구니없는 일이었다.

부동산 회사인 D사의 경우, 사장이 불륜 상대의 아파트에서 약물을 섭취해 정신이 몽롱한 상태일 때 들이닥친 경찰에게 체포당했다(다만 소식통에게 들은 이야기이며, 사실 확인은 하지 않았다). 현행범으로 체포당했으니 아마도 집행유예가 포함된 유죄 판결을 받았을 것이다.

뒤에서 자세히 이야기하겠지만, 오사카의 원룸 개발사인 프레산스 코퍼레이션의 사장도 체포당했었다(결국 무죄). 최근에는 산에이 건축 설계의 사장도 폭력단에 돈을 건넨 것이 발각되어 사임했다.

중소 부동산 회사는 이런 경영자 리스크 외에도 부동산 시장이 악화되면 최악의 경우 도산하기도 하며(리먼브라더스 사태가 발생했을 때는 수많은 상장 부동산 회사가 도산했다), 1980년대 버블기에 폭력단과 손을 잡고 토지나 건물을 강압적으로 사들였던 이미지가 남아 있기도 하다.

중소 부동산 회사는 여러 가지 이유로 주식시장에서 좋지 않은 평가를 받고 있다. 경영자가 체포되는 경우가 많은 데다 리먼브라더스 사태로 수많은 회사가 도산했기에 "그건 정당한 평가이지 바이어스가 아니야"라는 의견도 있다. 그러나 백 번 양보해서 그렇다 쳐도 주가가 너무 낮다. 그래서 **소수의 '견실하고 자기 자본 비율이 높은' 중소형 부동산주는 사면 이익을 낼 수 있다.** 여기에 실적이 상승하고 있다면 주가가 몇 배로 뛰는 것도 꿈이 아니다.

저평가된 중소 부동산주는 우리에게 '조사할 가치가 있는 투자 대상'이다. 25년에 걸친 우리 펀드의 역사에서 가장 많은 수익을 안겨준 종목은 프레산스 코퍼레이션이다.

저평가 소형주 중에서도 주가가 크게 오르는 종목은 역시 성장하는 회사다. 그 회사의 성장성을 시장이 전혀 이해하지 못해 PER이 5배 정도일 때 집중적으로 사들이면 강렬한 리턴을 안겨준다. 인기가 없는 대표적인 섹터로 부동산 회사 이야기를 했지만 **이미지가 나쁜 업계는 그 밖에도 많이 존재하며, 그런 곳에는 재미있는 투자 기회가 종종 숨어 있다.**

가구 회사인 니토리도 예전에는 인기가 없었다. 경기가 밑바닥인 홋카이도의 기업이라는 이유에서였다. 여기에 가구라는 시장 자체가 매력적인 비즈니스가 아니기도 하고. 우리는 니토리의 주가가 10배가 됐을 때 팔았는데, 일본 가구시장의 규모는 그사이 절반이 됐다. 업계로서는 최악의 기간이었다. 인재 파견업도 수상쩍은 눈초리로 바라보는 사람이 많아 기관 투자자들이 'UT 그룹(제6장에서 설명)' 같은 성장 기업을 간과하고 말았다.

이외에도 예를 들자면, 우리는 오랫동안 '무라카미 공업'의 주주였다. 이 회사는 우량 첨단기술 기업이다. 그러나 '도금' 회사라는 이미지(거리의 지저분한 공장에서 금속을 도금액에 담그는 일을 한다는 이미지)가 강해 우리가 투자를 시작했을 무렵에는 PER이 낮았다.

부디 성장성이 없다고 생각되는 업계나 이미지가 나쁜 업계에서 성장주를 찾아보기 바란다. 저평가 상태라면 실적이 횡보하고 있는 회사라 해도 조금은 이익을 볼 가능성이 있으며, 성장주를 제대로 찾아냈다면 주가는 향후에 몇 배로 뛸 것이다.

소형주의 성장성은 경영자의 몫이 90퍼센트

그렇다면 어떻게 해야 장기적인 성장성을 간파할 수 있을까? 몇 가지 포인트를 제시하도록 하겠다.

- 경영자에게 그 기업을 성장시키겠다는 강한 의지가 있는가?
- 사장과 목적을 공유하는 우수한 부하 직원이 있는가?
- 같은 업계 내 경쟁자에게 눌려 있지는 않은가?
- 그 회사의 핵심 역량(강점)은 성장과 함께 더욱 강해질 것인가?
- 성장을 통해 미래의 시장을 당겨 쓴 결과 잠재적인 시장을 축소시키고 있지는 않은가?
- 경영자의 말과 행동이 일치하는가?

이 중 압도적으로 중요한 요소는 첫 번째다. 이것만큼은 홈페이지나 사장의 발언 등을 통해 반드시 확인해야 한다. 다만 사장이

"회사를 성장시키겠습니다"라고 말하더라도 그것이 어디까지 진심인지는 쉽게 알 수 없으며, 판단하기 어려운 것이 사실이다. 나는 상당히 많은 사장을 만나봤지만 잘못 판단한 적도 많았다.

특히 니우스라는 IT 기업은 최악이었다. IR 담당자와 약속을 잡으면 부탁도 하지 않았는데 꼭 사장이 나왔다. '뭔가 이상한데……'라고 생각하고 있었는데, 아니나 다를까 분식 결산이 발각되어 순식간에 도산했다. 부탁도 하지 않았는데 사장이 나오는 회사는 주의하는 것이 좋다.

이런 일도 있었다. 한 IT 기업 사장과 만나기로 하고 약속 장소에 갔는데, 오너 경영자의 허수아비인 듯 보이는 30대 도련님 사장이 앉아 있었다. 그래도 기껏 시간을 내 만났는데 그냥 돌아가기도 뭐하고, 그렇다고 허수아비 사장에게 물어볼 것도 없어 인사치레로 "취미는 무엇인가요?"라고 물었다. 그랬더니 "하이쿠(일본의 전통적인 정형시. 한국의 시조와 비슷하다-옮긴이)입니다"라는 대답이 돌아왔다. 나는 그에게 "좋은 취미를 가지셨네요"라고 말했다. 그런데 내 말투가 형식적이었는지 그는 헤어질 때까지 안절부절못하다 결국에는 내게 "제가 대답을 잘못했나요? 하이쿠라고 하면 안 되는 건가요?"라고 물었다. 이 회사도 주가가 부진을 거듭하다 결국 싼값에 인수되어 사라졌다.

심하게 저평가 상태였던 한 전자 부품 상사의 사장은 사업에 관해 물어봐도 제대로 대답해주지 않았다. 이후에 대주주가 되어 그와 함께 식사할 기회가 있었는데 그는 식사를 하는 내내 "일본인이 머리가 좋은 건 생선을 많이 먹기 때문입니다", "생선을 먹지 않으면 바보가 될 수 있어요"와 같은 쓸데없는 이야기만 늘어놓았다. 이 회사도 꽝이었다.

그러고 보니 가쓰라가와 전기의 사장도 심각했다. 이 회사는 순현금 비율이 말도 안 되게 높아 거의 4배에 이르렀다. 그래서 선별 작업을 하면 늘 상위에 이름을 올렸지만, 몇 년 동안 적자가 계속되는 사이에 순현금 측면에서도 매력을 잃어버렸다. 그런데 이 회사의 사장도(이미 한참 전에 퇴임했겠지만) 사업에 관해 이야기하려 하지 않았다.

이 회사는 가치 함정의 전형적인 사례였다. 적자가 이어지면서 주가가 계속 부진을 면치 못해 모순이 발생하지 않는 가짜 저평가(PBR을 기준으로 했을 때) 상태를 유지했다. 유동 주식이 20만 주 정도였는데, 그것을 우리 같은 가치 투자자가 샀다가 포기하고 팔면 가치를 오판한 또 다른 가치 투자자가 사들였다. 그렇게 해서 20만 주가 가치 투자자들 사이를 빙글빙글 맴돌기만 했다. 특이한 사장과 대화를 나누면 재미있기는 했지만, 실망스러움도 뒤따랐다.

이런 오판을 한 적도 있다. 오사카의 화학 회사였는데, 사장도 굉장히 번듯했고 신제품도 잘 팔릴 것 같아 '이 회사의 주식을 빨리 사야겠군'이라고 생각했다. 그런데 인터뷰 마지막에 사장이 "저는 현금을 굉장히 싫어합니다. 회사의 가치는 부동산을 얼마나 많이 보유하고 있느냐에 따라 결정되지요"라고 이야기하는 것이 아닌가. 갑자기 실망스러워져 결국 주식을 사지 않았는데, 이후에 주가가 폭등했다. 그 사장은 은행원들에게 세뇌라도 당한 것인지……. 어쨌든, 참으로 아쉬운 오판이었다.

독특한 경영자를 이야기하면 젠쇼의 오가와 겐타로 사장을 빼놓을 수 없다. 그렇다. 소고기덮밥 체인인 '스키야'를 운영하는 바로 그 젠쇼다. 그는 부정적인 의미의 독특한 경영자가 아니다. 일본이 자랑하는 훌륭한 경영자 중 한 명이다. 젠쇼는 우리가 펀드를 시작한 지 얼마 되지 않았을 때 상장했는데, 처음에는 전혀 인기가 없는 종목이었다. PER은 5배밖에 되지 않았고, 결산 설명회에 두 명만 참석한 적도 있다. 주가가 너무 저평가되어 있었기에 나는 약속을 잡고 사장을 만나러 갔다.

현관에 들어서자 각종 운동기구가 놓여 있었다. 나를 만나러 나온 사장은 뽀빠이 같은, 엄청난 몸의 소유자였다. 그는 도쿄대학교에서 학생 운동에 열중한 탓에 취직이 되지 않아 고생하다 간신히 소고기덮밥 가게에서 일하게 됐는데, 그곳에서도 말썽을 일으켜 결국 직접 창업을 하게 됐다고 말했다. 분명히 인터뷰를 하러 갔건만, 그는 소고기덮밥이 얼마나 우수한 음식인지 연설을 늘어놓았다. 게다가 뜬금없이 이렇게 말하기도 했다.

"일본인은 서양인에 비해 체격이 너무 빈약해. 제대로 운동을 해서 몸을 단련하고 소고기덮밥을 열심히 먹었더라면 전쟁에서 지지 않았을 텐데……."

나는 '이 사람 좌익 아니었어? 우익이었던 거야? 대체 어느 쪽이야?'라고 생각하며 이야기를 들었다. 마지막으로 메뉴에 관해 설명을 들은 뒤 인터뷰를 마쳤는데, 돌아갈 때 "이 메뉴, 하나 가져가도 될까요?"라고 물어보니 이런 대답이 돌아왔다.

"가져가도 상관은 없는데, 역에다 버리지는 말게."

나는 그 회사의 주가가 오를 거라 생각해 즉시 사들였지만, 매물이 별로 없어 2억 엔어치도 사지 못했다. 얼마 되지 않아 주가는 몇 배로 뛰었고, 젠쇼는 '중기 경영 계획 발표회'를 개최했다. 이때는 투자자가 50명 정도 모였는데, 발표를 들은 나는 크게 놀랐다. 단순히 5년 후의 이익 계획이 강렬해서가 아니었다. 5년 후의 PER과 주가 예상까지도 계획에 포함되어 있었기 때문이다. 정말 보기 드문 중기 경영 계획이었다.

한 번은 오가와 사장이 우리 회사를 방문했는데, 배웅하기 위해 엘리베이터 앞에서 기다릴 때 내 부하 직원이 "사실은 저도 피트니스센터에서 몸을 단련하고 있습니다"라고 말했다. 나는 '너와 오가와 사장은 근육 양이 완전히 다르잖아. 그런 소리를 하면 실례지!'라고 생각했는데, 역시나 그의 역린을 건드린 모양이었다. 그는 내 부하 직원에게 "어이! 가슴 좀 펴 봐!"라고 외치더니 곧바로 래리어트(팔뚝으로 상대의 목 또는 가슴을 강하게 가격하는 레슬링 기술-옮긴이)를 날렸다. 이런 유쾌한 사장은 세상을 다 뒤져 봐도 없을 것이다. 당신도 오가와 사장을 만난다면 말조심을 하기 바란다. "소고기덮밥 질리지 않나요?"와 같은 질문이라도 했다가는 한 대 얻어맞을지도 모른다.

이처럼 **중소형주는 대형주에 비해 사장의 개성이나 능력이 실적에 미치는 영향이 압도적으로 크다.** 대기업처럼 경영 자원이 풍부한 것이 아니기 때문이다. 대형 은행 같은 곳은 누가 사장이 되든 실적에 별 차이가 없을 것이며, 애초에 인재가 풍부하기에 무능한 사람이 사장이 될 가능성도 낮을 것이다.

양성 피드백과 음성 피드백

장기적인 성장성을 간파하기 위한 포인트로서 경영자 다음으로 중요한 것은 네 번째 '그 회사의 핵심 역량(강점)은 성장과 함께 더욱 강해질 것인가?'일지도 모른다.

여러분은 '양성 피드백'이라는 말을 들어본 적 있는가. '어떤 일이 일어났을 때, 그것이 더욱 탄력을 받는 방향으로 작용이 일어난다'라는 뜻이다. 예를 들어 시장점유율이 상승함에 따라 그 업계 내에서의 경쟁력이 더욱 높아진다면 양성 피드백이 작용하고 있는 셈이다. 가령 SNS는 참가자가 증가할수록 가치가 높아진다. 참가자가 증가하는 것이 다음 참가자를 불러들이는 이유가 되기 때문이다. SNS는 전형적인 양성 피드백 비즈니스다.

오해하기 쉬운데, 부정적인 방향으로 증강되는 작용 또한 양성 피드백 작용이다. '어떤 회사의 이익이 10퍼센트 감소했다면 이듬해에는 이익 감소 폭이 더욱 커질 확률이 높다'라는 것도 양성 피드백이라는 말이다. 예를 들어 재무 체질이 허약한(자기 자본 비율이 낮은) 부동산 회사의 실적이 나빠지면 은행은 그 회사에 돈을 빌려주지 않을 수 있다. 그러면 자금 조달이 어려워진 그 회사는 원치 않는 가격으로 부동산을 매각해야 하는 상황에 몰릴지도 모른다. 그 결과 실적은 더욱 악화된다. 이것도 양성 피드백 작용이다.

긍정적인 방향으로 양성 피드백이 작용하는 것은 '선순환'에 가까운 개념이고, 부정적인 방향으로 양성 피드백이 작용하는 것은 '악순환'에 가까운 개념이다.

반대로 '음성 피드백'은 '올해 이익이 10퍼센트 증가했다면 내년에는 이익이 감소할 가능성이 크다'라는 뜻이다. 예를 들어 전력 회사는 원료의 가격이 하락하면 큰 이익을 낼 수 있지만, 이듬해에는 전기 요금을 내려야 하기 때문에 음성 피드백이 작용한다. 앞서 소개한 다섯 가지 포인트 중 '성장을 통해 미래의 시장을 당겨 쓴 결과 잠재적인 시장을 축소시키고 있지는 않은가?', 즉 수요가 아직 충분히 성숙되지 않았는데 성급하게 과실을 따 먹어 실적이 향상됐을 경우 등도 여기에 해당한다. 실적이 향상된 것 자체가 조만간 이익이 감소하는 원인이 되는 것이다.

인간의 몸도 기본적으로는 음성 피드백 작용이 성립하는 시스템이다. 호메오스타시스(항상성)라고 하는데, 몸속의 여러 수치를 일정 수준으로 유지하는 힘이 작용하는 것이다. 가령 체온이 오르면 땀을 흘려 땀의 기화를 통해 열을 빼앗음으로써 몸을 식히려 한다.

기본적으로 음성 피드백이 작용하는 업계나 회사는 지속적으로 성장하지 못한다. 지루하게 현상 유지가 계속될 가능성이 큰 것이다. 요컨대 주가가 오르든 내리든 **트렌드로서 크게 변동하기 위해서는 양성 피드백 작용이 필요하다.**

밸류에이션의 사다리를 올라간다

지금부터는 저평가 소형주 중에서 성장주를 찾아냈을 때의 이미지를 '밸류에이션의 사다리를 올라간다'라는 개념으로 설명하도록 하겠다.

그전에 먼저 우리의 투자 방법과는 정반대인 일반적인 '성장주 투자'에 관해 설명하고 넘어가도록 하겠다. 유명한 성장주는 PER이 40배인 등 이미 비싸진 상태다. 우리는 그런 성장주에 투자하지 않는데, 그 이유는 다음과 같다.

1. 향후 5년 동안 매년 20퍼센트 정도의 이익 증가가 예상된다고 가정하자. 실제로 20퍼센트 증익을 달성하더라도 PER이 40배인 채라면 연간 수익도 20퍼센트가 된다. 5년 동안 매년 20퍼센트씩 성장했을 때의 리턴은 2.5배다 $(1.2^5 \times 40/40 = 2.49)$.
2. 만에 하나 2년 차부터 성장률이 둔화되어 15퍼센트의 이익 증가에 그친다면 PER은 25배로 하락할지도 모른다. 그러면 5년 동안 31퍼센트의 리턴밖에 얻지 못한다 $(1.2 \times 1.15^4 \times 25/40 = 1.31)$.
3. 2년 차부터 성장률이 10퍼센트로 하락하고 PER도 20배로 저하된다면 5년 동안의 리턴은 -12퍼센트가 된다 $(1.2 \times 1.1^4 \times 20/40 = 0.88)$.

이것이 일반적인 '성장주 투자'다. 성장률이 둔화되면 PER도 내려가 운용 성적에 악영향을 미친다. 그런데 저평가 소형주 중에서 성장주를 찾아내는 데 성공하면 [표 6]과 같은 리턴을 얻을 수 있게 된다. 어디까지나 성공 사례이기는 하지만. 우리는 이것을 '밸류에이션의 사다리를 올라간다'라고 표현한다. 저평가 소형 성장주의 진수다.

[표 6] 밸류에이션의 사다리를 올라간다

	2022년	2023년	2024년	2025년	2026년	2027년
매출액 (억 엔)	100	130	165	210	260	320
영업 이익 (억 엔)	9	14	18	24	30	36
당기 이익 (억 엔)	6	10	13	17	21	25
조사 보고서	없음	이치요시 증권	Walden Research Japan / SBI 증권	다이와 증권 오카산 증권	미즈호 증권	노무라 증권 / 외자계 증권
매수자	개인 / 소형주 HF	개인 / 소형주 HF	개인 / 소형주 HF / 소형주 투자신탁	개인 / 소형주 HF / 소형주 투자신탁	개인 / 소형주 HF / 소형주 투자신탁 / 일본 주식 투자신탁	개인 / 소형주 HF / 소형주 투자신탁 / 일본 주식 투자신탁 / HF / 해외 소형주 투자신탁
PER (배)	5	6	8	10	15	20
시가총액 (억 엔)	30	60	104	170	315	500

※ HF = 헤지펀드

실적이 호조여서 증익이 계속되면 이 주식에 주목하는 투자자가 늘어나며, 조만간 소형주를 취급하는 눈치 빠른 헤지펀드(우리의 헤지펀드도 그렇지만)도 매매에 참가한다. 그리고 이어서 소형주에 특화한 증권 회사(예를 들면 이치요시 증권)의 애널리스트가 회사를 방문하고 간단한 보고서를 작성한다. 또한 SBI 증권이 조사를 시작하고, 다이와 증권이나 오카산 증권도 그 뒤를 따른다. 그쯤 되면 일본의 소형주 투자신탁도 회사를 방문하고 매매에 참가하며, 그 후 미즈호 증권에 이어 노무라 증권이 보고서를 내면 완료다. 그 무렵에는 일반적인 일본 주식 투자신탁, 연금을 운용하는 투자 자문 회사, 일반적인 헤지펀드 등 매매에 참가하는 기관 투자자가 크게 증가한다.

참가자가 늘어날 때마다 회사의 평가는 높아지고 PER도 상승한다. 이 예에서는 5년 만에 시가총액이 16.7배가 됐으며, 내역을 살펴보면 이익이 4.2배, PER이 4배가 됐다. PER이 상승하는 만큼 평범한 성장주 투자에서는 상상할 수 없는 수준의 리턴을 얻게 되는 것이다.

K1 펀드의 운용을 처음 시작했을 때만 해도 우리는 상당히 신중하게 종목을 골랐다(분명히 마음가짐은 그랬지만, 니토리의 주식을 살 때 등을 보면 신중했다고 말할 수 있을지 잘 모르겠다). 그러나 운용 자산이 불어나자 '이런 성장주를 최대한 이른 단계에 찾아내 유동 주식을 전부 사들이자'라는, 조금은 난폭한 전략으로 바뀌어갔다. 앞서 소개한 표를 보면 알 수 있듯, 1년 차에 사면 5년 동안 약 17배의 리턴을 얻을 수 있다.

반면 성장주일지 어떨지 확신하지 못해 2년 동안 관망하다 성장을 확인한 후에 샀다면 어떻게 될까? 이 경우에 얻을 수 있는 리턴은 약 5배다. **저평가 소형 성장주의 진수를 만끽하려면 다소 오판을 하더라도 좋으니 이른 단계에 사들여야 한다.** 성장을 '본 뒤에' 사는 것이 아니라 '예상하고' 사는 것이다.

니토리의 경우에는 처음부터 많은 양의 주식을 살 수 있었지만,

저평가 소형주는 사 모으는 데 시간이 걸릴 때가 많다. 1년이 걸리는 일도 다반사다. 자신의 매수 때문에 주가가 오르면 최악이므로 눈에 띄지 않도록 천천히 사는 것이 보통인데, 그러는 도중에 '이건 성장주가 아니야. 오판했어'라고 느꼈을 때는 매수를 중단하면 된다. 그런 오판이 불러오는 손실보다 기회를 찾아냈음에도 머뭇거리며 조사하는 사이 주가가 급등했을 때의 기회 손실이 훨씬 크다.

물론 최대한 '이른 단계에 사는' 것을 우선하기 때문에 비성장주를 성장주로 오판하고 사는 경우도 있다. 그러나 성장하지 않은 주식으로도 그럭저럭 이익을 낸 사례가 많았다. 산 종목은 PER이 낮고 순현금 비율이 높은 주식이었기 때문이다.

또한 유동 주식을 전부 산다는 것은 다른 펀드가 K1 펀드를 흉내 낼 수 없음을 의미한다. 다른 투자자가 나중에 이 성장주를 발견해 사려고 해도 우리가 전부 사 유동 주식은 거의 남아 있지 않다. 그럼에도 사고 싶어 하면 주가, 즉 PER은 크게 상승한다. 마치 주가 조작처럼 들리기도 하지만, 유동 주식의 대부분을 사 주가가 오르기 쉽게 만들었다고도 말할 수 있다.

이 전략 덕분에 K1 펀드는 독자성이 넘치는 펀드가 됐다. 물론 성장주도 아닌데 성장주라고 믿고 유동 주식을 전부 사들이면 나중에 시장에 매각할 때 막대한 손해를 보게 된다. 뒤에서 이야기하겠지만, 그럼에도 K1 펀드가 어떻게든 살아남을 수 있었던 것은 매각할 때 시장에 처분하지 않고 그 회사에 자사주 매입 형태로 판적이 많았기 때문이다.

기관 투자자에게 저평가 소형주는 '선착순 한 명'의 세계다. 시가총액이 50억 엔 정도라면 주가를 끌어올리지 않고 살 수 있는 유동 주식은 고작해야 2억 엔 정도다. 그래서 증권 회사의 애널리스트가 보고서를 작성해 기관 투자자들에게 보여준다 해도 증권 회사는 리턴을 얻지 못한다. 그런 까닭에 저평가 소형주 조사는 우리 같은 투자자가 직접 하게 된다. 다시 말해 **애널리스트와 접촉할 수 없는 개인 투자자들도 저평가 소형주 투자라면 핸디캡이 작다.**

자금 100만 엔으로 '저평가 소형 성장주'에 투자한다

개인 투자자들에게는 이런 방법을 제안하고 싶다. 이는 초보자에 가까운 사람을 전제로 한 조언이다.

먼저 신용 거래는 피하기 바란다. 리스크가 너무 크다. 2024년부터 신 NISA가 시작되어, 기본적으로 개인은 금액이 크지 않다면 이익에 대해 세금을 내지 않게 됐다. 그러니 먼저 신 NISA의 계좌를 개설해야 한다.

나는 일본의 대형주에 투자할 생각이라면 토픽스의 ETF가 편리하다고 생각한다. 대형주는 직접 조사한다 해도 얻을 수 있는 것이 적기 때문이다. 그렇다면 처음부터 ETF에 맡기는 것이 합리적이다. 200만 엔을 일본 주식에 투자한다면 100만 엔은 토픽스의 ETF에 투자하고, 남은 100만 엔으로 다음과 같이 소형주 투자를 해보는 것도 좋은 방법이다.

1. 소형주 중에서 PBR과 PER을 봤을 때 저평가된 주식 20종목 정도를 골라내 화면에 등록하고 주가 동향을 모니터링한다.
2. 이런저런 추가 정보를 얻으면서 가장 오를 것 같은 종목부터 한 종목당 10만 엔어치씩 사들인다. 또는 시장 전체가 급락해 그 20종목 전부가 크게 하락했다면 크게 하락한 10종목을 10만 엔어치씩 산다. 주가가 1,000엔인 주식이라면 100주, 500엔인 주식이라면 200주와 같은 식으로 10종목을 합쳐 100만 엔이 되도록 사는 것이다(다만 시장 전체가 하락한다 해서 저평가 소형주도 함께 하락한다는 보장은 없으며, 토픽스가 50퍼센트 하락했을 때 5퍼센트 이상 하락하는 저평가 소형주는 거의 없을 것이다).

종목을 고를 때는 회사의 홈페이지를 꼼꼼히 살펴보기 바란다. 도요게이자이신보사의 《회사 사계보》 온라인 서비스를 구독하고 있는 사람은 사계보를 열심히 활용하자. 제1장에서 유료 정보원은 필요하지 않다고 말했지만, 도요게이자이신보사의 사계보는 구독하면 편리하다.

개인 투자자에게 이것도 조사하고 저것도 조사하라고 말하는 것은 가혹할지도 모른다. 하지만 지금은 각 회사가 홈페이지를 충실히 운영하고 있다. 결산 설명회의 자료도 홈페이지에 공개하고 있으며, 동영상을 발신하는 회사도 늘어났다. 덕분에 예전에 비하면 정보 수집 측면에서 개인 투자자에 대한 기관 투자자의 우위성이 크게 감소했다. 여기에 인터넷 증권 서비스 덕분에 매매 수수료도 저렴해졌다. 따라서 개인 투자자가 중소형주에 투자하지 않는 것은 너무나도 아쉬운 일이다.

"그런 건 다들 접할 수 있는 정보원이잖아!"라는 비판의 목소리도 들리는 듯한데, 애초에 저평가 소형주는 누구의 관심도 받지 못하고 있는 경우가 많다. 정보가 공개되어 있어도 보는 사람이 적다면 엄연한 '비전통적 정보원'이다. "주가에 무엇이 반영되고 있는지 어떻게 알 수 있지?"라는 점에 관해서도, PER이 5배이고 순현금 비율이 0.3배라면 '이 회사는 성장은 고사하고 매년 27퍼센트씩 이익이 감소하게 된다'라는 것이 주가에 반영됐다는 뜻이다. 그래서 저평가 소형주를 투자 대상으로 삼으면 조사하는 데 품이 많이 들지만, 승률은 굉장히 높다.

순현금 비율은 홈페이지에 게재되어 있는 결산 단신에서 확인할 수 있다. 순현금 비율이 높은 회사의 PBR은 반드시 낮지만, 반대로 PBR이 낮다고 해서 반드시 순현금 비율이 높은 것은 아니다. 자산에서 고정 자산이 차지하는 비율이 높으면 순현금 비율은 낮아진다. 이는 결산 단신을 보면 금방 알 수 있다.

그렇게 해서 주식을 샀다면 3년 정도(경우에 따라서는 5년)는 보유한다. 그리고 이따금 사계보나 홈페이지를 확인한다. 중요한 점은 실적이 상승해 주가가 이를테면 30퍼센트 정도 올랐을 때 곧바로 팔지 않는 것이다. 저평가 소형주 투자가 돈이 되는 이유는 바로 여기에 있다.

PER이 5배인 주식을 샀다면 설령 실적이 횡보하고 주가가 30퍼센트 상승한다 해도 PER은 아직 6.5배다. 여전히 강렬한 저평가 상태인 것이다. 그런데 성급하게 팔아버리면 홈런을 치지 못한다. 물론 성장주라고 생각해서 샀는데 사실은 전혀 성장주가 아니었다면 30퍼센트가 올랐을 때 파는 것도 선택지 중 하나라고 생각한다.

문제는 어떨 때 그것이 사실은 성장주가 아니었다고 판단하느냐인데, 굳이 말하면 '큰 위화감'을 느꼈을 때가 아닐까 싶다. 우리도 화장품 회사인 맨담을 성장주라고 생각해서 샀다가 오판이었음을 깨닫고 판 적이 있다. 그러나 팔았을 때의 주가는 매수가의 2배 이상이었다. '애초에 성장하지 못하는 회사의 주가가 30퍼센트나 오를 리가 없잖아?'라고 생각할지도 모르는데, 그렇지 않다. EPS가 증가하지 않아도 PER이 5배에서 6.5배가 되는 일은 흔하게 일어난다.

앞서 소개한 공식에 대입해보자. 가령 순현금이 제로이고 PER이 5배라면 매년 이익이 18.4퍼센트씩 감소하리라는 것이 주가에 반영되어 있다. 한편 PER이 6.5배라면 매년의 이익 감소 폭은 13.7퍼센트다. 그래서 이익이 횡보인데 주가가 30퍼센트 오르더라도 전혀 이상한 일이 아닌 것이다.

저평가 소형주의 주가는 2배 이상이 될 가능성을 숨기고 있다. 그럼에도 30퍼센트가 올랐을 때 이익을 확정하고 만족하는 사람에게는 이 투자법을 권하지 않는다. 어디까지나 실적을 어떻게 전망하느냐에 달려 있지만, 최소 2배는 노려야 한다. 주식을 자주 사고파는 것이 취미인 사람도 이런 가치 투자는 적성에 맞지 않을 것이다.

자금이 조금 여유 있다면 10종목을 100만 엔어치씩 총 1,000만 엔을 사자. 그 정도 금액이라면 사기도 쉽고 팔 때도 어려움이 없을 것이다. 물론 한꺼번에 100만 엔어치를 사지 말고 며칠에 걸쳐 조금씩 사는 편이 좋을지도 모르지만, 이것은 매도 잔량에 달려 있다(신 NISA에는 연간 비과세 한도액이 있으므로 주의하기 바란다).

펀더멘털 분석에 관해서는 분명 개인 투자자보다 우리 같은 기관 투자자가 조금이나마 우위성이 있을지 모른다. 그러나 기관 투자자는 한 종목을 1억 엔 같은 규모로 사들이기 때문에 마켓 임팩트가 매우 커진다. 우리도 소형주에 집중 투자하는 까닭에 한 종목의 투자 금액이 10억 엔인 경우가 흔하다. 매수 또는 매도를 할 때의 마켓 임팩트 크기를 생각하면 **저평가 소형주 투자의 경우에는 개인 투자자가 더 유리하지 않을까 싶다.**

주식 투자에 '재능' 같은 것은 없다

특히 초보자인 사람에게 하고 싶은 이야기인데, 처음에는 종목을 잘 고르지 못해 만족스러운 리턴을 얻지 못하는 사람도 있을 것이다. 아니, 손실을 볼지도 모른다(지금까지 소개한 전략을 실천한다면 어지간해서는 손해를 보지 않지만). 그러나 걱정하지 않아도 된다. 인간을 세 종류로 구분해보자.

1. 자신이 저지른 잘못에서 배움을 얻는 사람
2. 타인이 저지른 잘못을 남의 일로 생각하지 않고 자신의 일로 여기며 배움을 얻는 사람
3. 자신이 저지른 잘못에서 배움을 얻지 못하는 사람

도박 의존증인 사람 등은 3번에 해당할 것이다. 2번은 이상적이지만 해당하는 사람이 거의 없다. 나를 포함한 대부분은 자신이 실패했을 때 비로소 깨닫기 마련이다.

여기에서 중요한 포인트는 두 가지다. 첫째, 초보자는 가령 여유자금이 400만 엔이라면 앞서 소개한 방법으로 '200만 엔'만 투자해보라는 것이다. 아직 직업이 있어 다른 수입이 있다면 300만 엔도 괜찮다(다시 한번 말하지만, 신 NISA의 연간 비과세 한도액을 주의하기 바란다). 어쨌든 **'수중에 있는 돈을 모두 주식에 쏟아붓지 않는'** 것이 중요하다. 만에 하나 주식시장이 폭락했을 때 주식을 살 돈을 조금은 남겨둬야 한다.

둘째, **'첫 종목을 선정할 때 진지하게 생각한다'**라는 것이다. 진지하게 생각한 아이디어라면 나중에 실패했을 때 '정말 자신 있었는데 대체 무엇이 문제였던 걸까?'라고 곰곰이 생각하게 되기 때문이다. 바로 이것이 '배움'을 얻는다는 것이다. 첫 종목 선정을 적당히 하면 실패해도 배움을 얻지 못한다. 그러니 실패를 두려워하지 말기 바란다. 계속 배움을 얻어 나가면 점점 감이 생겨 종목 선정에 능숙해질 것이다.

10종목에 투자하라고 말했지만 꼭 10종목일 필요는 없다. 7종목이어도 상관없다. 다만 한두 종목에만 투자하면 돈을 버는 감각을 파악하지 못할 수도 있다. 두 종목 모두 이익이 나면 '혹시 내게 주식 투자의 재능이 있는 것이 아닐까?'라고 생각할지도 모르기 때문이다. 이는 굉장히 위험한 일이다. 주식 투자에 '재능' 같은 것은 존재하지 않는다. 10종목에 투자하면 이익이 나는 종목도 있고 이익이 나지 않는 종목도 있을 테니 주식시장에 대한 감각을 갈고닦기가 용이할 것이다.

한 번 더 이야기할 테니 새겨듣기 바란다. **주식 투자에 '재능' 같은 것은 존재하지 않는다. 오로지 '자신의 실패에서 얼마나 배움을 얻었는가'가 있을 뿐**이다.

성장주 투자와 가치 투자의 차이

지금부터는 투자 철학에 따라 몇 가지 투자 방법을 설명해보겠다.

1. 성장주 투자 vs. 가치 투자
2. 추세 추종 투자 vs. 추세 역행 투자
3. 하향식 접근법 vs. 상향식 접근법

먼저 '성장주 투자 vs. 가치 투자'에 관해 살펴보자. 성장주 투자는 이익 혹은 매출액이 기세 좋게 오르고 있는 회사에 투자하는 것이다. 그런 회사는 일반적으로 PER이 높을 때가 많다. 30배라든가, 40배라든가……. 적자를 보고 있더라도 매출액이 크게 증가하고 있다면 성장주다.

가치 투자는 다양한 밸류에이션 중에서 한두 가지 지표를 보고 저평가 상태인 주식에 투자하는 것이다. 일반적으로는 PER, PBR이 낮은 종목에 대한 투자, 다시 말해 현재로서는 저성장이라고 생각되고 있는 회사에 대한 투자다.

지금 '당신들은 저평가 소형 성장주에 투자하고 있잖아. 그건 성장주 투자야, 가치 투자야?'라고 생각했을지도 모르겠다. 답은 가치 투자다. 대략적인 이미지를 이야기하면, 우리가 상대하는 저평가주의 유니버스(투자 대상)는 1,000종목 정도이며, 그중 성장주는 50종목 정도다. 그래서 사들인 시점에 포트폴리오를 보면 대부분이 가치주다. 애초에 종목을 고를 때 저평가주 목록에서 선택하므로 역시 가치 투자라고 생각한다.

우리는 인기가 많아져 주가가 급등하고 있는 주식은 절대 사지 않으며, 모두가 인정하는 키엔스(자동 제어 장치, 계측 기기, 정보 기기, 광학·전자 현미경 등을 개발·판매하는 전기 기기 회사-옮긴이) 같은 초우량주도 산 적이 없다(공매도도 해본 적이 없다). 키엔스는 훨씬 전부터 평가가 높은 회사로, 과거에 PER이 낮아진 적이 단 한 번도 없다. 우리는 그런 주식은 건드리지도 않는다.

노파심에서 말하지만, 이 책에 적혀 있는 것은 '우리의 투자 방법'일 뿐이다. 주식 투자 방법은 그 밖에도 얼마든지 있다.

마더스(그로스)는 최악의 시장

지금까지 소형주의 가치 투자와 성장주 투자에 대해 이야기했다. 여기에서 말하는 소형주는 점두 등록주로, 현재의 시장 구분으로는 스탠더드 종목이다. 이것과 프라임 시장에서 기관 투자자의 관심을 받지 못하고 있는 중소형주가 우리가 타깃으로 삼는 가치 투자의 유니버스다. 그중에서 성장주를 찾아내는 것이다.

그렇다면 마더스 시장, 지금으로 치면 그로스 시장은 어떨까? **마더스 시장은 1999년 11월에 설립된 이래 한 번도 저평가됐던 적이 없다. 내실이 부족한 것에 비해서는 PER이 높은 종목이 많은 최악의 시장이다.** 적자에 허덕이는 바이오주 등 조사해볼 가치도 없는 주식이 너무 많다.

개중에는 성공한 뒤에도 마더스 시장에 머무르고 있는 회사도 있지만, 그런 회사는 IPO 당시부터 이미 성장주로서 높은 평가를 받았기 때문에 저평가된 주식에 투자하는 우리로서는 손을 댈 수 없었다. 마더스 시장에 성장주가 얼마나 있을지 제대로 조사해본 적은 없지만, 저평가된 주식이 적은 것은 분명하다.

마더스 시장에 상장한 회사는 대부분 일본 국내 고객을 상대로 비즈니스를 하는데, 일본 국내는 인구 감소로 미래가 밝지 않다. 따라서 어떤 시점에 외국으로 도약하지 않으면 성장을 계속할 수 없다. 그러나 마더스 시장에 있는 많은 서비스업 계열의 회사 중에 해외에 진출할 수 있는 회사는 거의 없다고 생각한다. 그래서 많은 회사가 현재는 성장하고 있더라도 조만간 성장이 멈추지 않을까 싶다.

소형주에 관해서는 처음부터 이익 감소가 PER에 반영되어 있는 스탠더드 시장의 저PER 종목이 더 유망하다고 생각한다. '그로스(성장) 시장'이라는 명칭은 진짜 블랙 유머다. 물론 성장주도 있기는 하겠지만, '성장해야 했지만 성장하지 못한 회사'의 수가 압도적으로 많을 것이다. 게다가 그런 종목들은 '마치 성장주인 듯' PER이 높다.

과거에는 우리도 마더스 시장의 회사를 주시했었다. 그러나 지금은 거의 살펴보지 않는다. 물론 좋은 투자 아이디어가 숨어 있을 가능성이 아예 없는 것은 아니지만, 그것을 조사해 찾아내는 건 너무나도 효율성이 떨어지는 일이라고 생각한다.

가치 투자자의 바람직한 모습은 무엇일까

가치 투자는 '보유한 자산 가치에 비해 시가총액이 낮은 회사에 투자하는 것'이라고도 정의할 수 있다. 혹은 '고정 자산의 가치가 올바르게 평가되어 있다면 간이적으로 PBR이 낮은 주식에 투자한다'라고 바꿔 말해도 무방할 것이다. 주가가 낮은 이유는 보통 '기업의 수익이 성장하지 않아서'라고 생각되기 때문이다. 본래는 2,000엔의 가치가 있는 주식이 1,000엔에 거래되고 있으니 2배가 될 잠재력이 있다는 것이다.

다만 그대로 내버려두면 몇 년이 지나도 1,000엔에 머물러 있을지 모른다. 2,000엔이 되는 데 2년이 걸린다면 연간 41퍼센트의 리턴이지만, 5년이 걸린다면 연간 15퍼센트의 리턴이 된다.

PER이 낮은 저평가주에 투자하면 앞서 설명했듯 현금이 점점 쌓이므로 순현금을 기준으로 삼았을 때의 저평가는 점점 증폭된다. 그만큼 나중에 크게 주가가 상승할 잠재성도 커진다. 반면 PBR이 낮은 저평가주에 투자하는 경우에는 앞으로도 PBR이 낮은 상태를 유지하고 주가는 오르지 않을지도 모른다(앞에서 설명한 가치 함정). 그럴 경우, 투자자가 회사 측에 고정 자산을 매각해 배당을 늘리도록 압력을 넣고 그것이 실현된다면 주가가 상승할 수도 있다.

기업의 가치를 주가에 반영하도록 경영진에 압력을 가하는 투자자를 '행동주의 투자자'라고 하는데, PBR이 낮은 종목을 노리는 가치 투자는 행동주의 투자자에게 적합한 투자 방법이라고 말할 수 있다. 한편 우리는 투자 대상인 회사에 압력을 가한 적이 거의 없었다. 그래서 가치 투자자로서는 어중간하다고 생각해 PBR이 낮은 종목을 표적으로 삼는 가치 투자를 하지 않았다. 우리처럼 PER과 순현금 비율에 의존하는 것은 편한 방법이지만, 자산 가치를 올바르게 감정해 저평가주를 발굴하는 본격적인 가치 투자자라고는 말할 수 없을 것이다. 나는 '궁극의 가치 투자자는 행동주의 투자자일 필요가 있다'라고 생각한다.

현재 일본의 주식시장은 전 세계 행동주의 투자자들의 주목을 받고 있다. 저평가주가 많은 것이 가장 큰 이유인데, 기업 지배 구조(거버넌스) 강화의 흐름으로 기업은 점점 주주의 정당한 의견을 무시할 수 없게 되어 가고 있다. 1980년대의 일본 기업은 주주를 무시하며 기본적으로 아무것도 하지 않았다.

그러나 지금은 다르다. 생각해보면 기업 지배 구조가 없었던 1980년대 같은 시대에는 '회사 또는 회사가 만들어내는 이익'이 누구의 것인지 알지 못했다. 배당만큼은 주주의 것이었지만 배당 성향이 낮았기 때문이다. 그래서 PER이나 PBR 등을 말해도 아무 의미가 없었다. 현재는 기업 지배 구조가 과거와 정반대가 되어 증배나 자사주 매입을 하는 회사의 수가 비약적으로 증가했고, 그 덕분에 마침내 '회사는 주주의 것이구나'라고 실감할 수 있게 됐다.

나는 기업 지배 구조의 개선과 행동주의 투자자들의 활약으로 일본 주식시장에서 '가치 투자'의 우위성이 '성장주 투자'에 비해 상대적으로 높아졌다고 생각한다. 최근 들어 성장주의 수가 늘어났다는 생각도 들지 않으므로 이 흐름은 당분간 계속될 것이다.

추세 추종 투자와 추세 역행 투자

추세 추종 투자는 '상승장을 따라간다', '주가가 떨어지기 시작하면 판다'라는 이미지다. 한편 추세 역행 투자는 '주가가 폭락했을 때 산다', '인기 없는 저평가주를 바닥에서 사 모은다' 혹은 반대로 '주가가 정점을 찍었을 때 공매도를 노린다' 같은 이미지다.

우리는 머리끝부터 발끝까지 명명백백한 추세 역행 투자자다. **추세 역행 투자의 특징 중 하나는 주식을 사면 처음에는 반드시 손해를 본다는 것이다.** 소형주의 경우에는 유동 주식이 사라질 때까지 계속 사들이면 표면적으로는 손해를 보지 않지만, 대형주는 그렇지 않다. 추세 역행 투자자는 바닥 근처에서 주식을 사지만, 산 가격이 정확히 바닥일 확률은 매우 낮다. 요컨대 주식을 산 뒤에 주가가 더 하락할 가능성이 큰 것이다. 그러나 장기적으로 보면 바닥에서 사든 바닥 근처에서 사든 별 차이가 없다. 3년 후에 3,000엔이 될 주식을 1,000엔에 사든 1,050엔에 사든 큰 차이는 나지 않는다.

이처럼 바닥에서 줍는 추세 역행적인 투자를 생각하는 개인 투자자에게 하고 싶은 말은 두 가지다.

1. 산 뒤에 주가가 더 떨어지더라도 끙끙 앓지 않길 바란다. 당연한 일이 일어났을 뿐이다.
2. 주가가 20~30퍼센트 오른 정도로는 팔지 말길 바란다.

상향식 접근법과 하향식 접근법

상향식 접근법은 자산 가치나 실적 상승률을 한 회사 한 회사 조사하는 방법이다. 가치 투자의 경우 대부분 상향식 접근법이라고 생각한다. 물론 한 회사 한 회사 조사해 성장주를 찾는 경우에는 성장주 투자도 되지만.

소형주는 각 회사의 차이가 현저하기에 한 회사 한 회사를 일일이 조사해야 한다. 여기에 오너 경영자도 하나같이 개성이 강해 같은 업계라도 성장하는 회사와 성장하지 못하는 회사가 있다. 앞서 이야기했듯 성장의 원천은 오너 사장의 근성과 능력이기 때문이다. 사장을 만나 이야기를 들어보는 것이 가장 손쉬운 방법이다. 물론 개인 투자자는 사장을 직접 만나는 것이 불가능에 가깝지만, 회사 홈페이지를 보면 꽤 많은 것을 알 수 있다. 사장의 말도 실려 있고, 중기 경영 계획 등을 보면 사장의 의욕이 어느 정도인지 짐작할 수 있다 (일반적으로 계획에 구체성이 없다면 실천할 의욕이 없는 경우가 많다). 또한

SNS에 정보를 발신하는 사장도 있다.

여러분이 잘 알고 있고 많은 애널리스트가 주시하고 있는 대형주의 경우에는 회사를 방문해 IR 담당과 대화를 나눈다 해도 유익한 정보를 얻을 가능성이 적다. 소니나 도요타를 1년에 걸쳐 조사한다 해도 결국 아무런 도움이 되지 않을 것이다. **상향식 접근법을 생각한다면 대형주보다 소형주를 조사하는 편이 압도적으로 유익하다.**

상향식 접근법의 반대는 하향식 접근법이다. 거시 지표, 가령 '금리'가 오를 것이라고 판단했을 때 금리 인상의 혜택을 볼 회사를 찾아 (일반적으로) 복수의 주식에 투자하는 방법이다. 살 종목을 결정할 때, 그 주식이 저평가 상태인지 어떤지는 딱히 중요하지 않다. 이 경우의 관심사는 '금리 상승의 혜택을 얼마나 받을 수 있는가'다. 익스포저 exposure, 즉 회사의 매출액이나 이익이 그 주제와 얼마나 관련되어 있는가가 중요한 것이다.

주식시장에서 인기가 오를 테마를 한발 먼저 예측해 이익을 낸다는 접근법도 '하향식'이다. 이런 운용은 속도 싸움이다. 한 종목씩 꼼꼼히 조사했다가는 해당 테마의 인기가 식고 다른 테마로 넘어가버리기 때문이다. 일찌감치 사들였다가 그 주제가 가장 각광받을 때 팔아야 한다.

가령 '반도체'가 테마라면 '르네사스 일렉트로닉스(6723)'나 '소시오넥스트(6526)'의 익스포저는 100퍼센트다. 매출액의 100퍼센트가 반도체이기 때문이다. 주식시장의 표현을 빌리면 '퓨어플레이 (테마가 된 사업에 전념하는 회사)'다.

그러나 반도체의 재료를 만드는 회사라면 여러 가지 사업을 하고 있는 경우가 많으며, 그럴 경우에는 '이 회사의 매출액 중 몇 퍼센트가 반도체와 관련되어 있을까'를 생각하게 된다. 그것이 가령 30퍼센트라면 익스포저는 30퍼센트다. 익스포저가 높은 종목을 한발 빠르게 사 모으는 것이 이익을 내는 비결이다.

우리는 하향식 접근법에는 소질이 없다. 저평가주에 집착하는 습관이 있어 '같은 익스포저라면 저평가주에 투자해야 하지 않을까' 같은 쓸데없는 생각을 하게 된다. 하향식 접근법을 구사하는 투자자의 논리는 이렇다. 같은 익스포저의 주식이 있는데 하나는 PER이 20배이고 다른 하나는 30배라면 이렇게 생각하는 것이다.

'하지만 PER이 다른 데는 어떤 명확한 이유가 있을 거야. PER은 누구나 알고 있는 거잖아. 누구나 알고 있는 것은 주가에 이미 반영되어 있을 테니 신경 쓸 필요가 없어. 하지만 다음 테마가 반도체라는 것은 아직 주가에 반영되어 있지 않아.'

일리 있는 논리다. 이 논리를 보면 하향식 접근법으로도 충분히 돈을 벌 수 있을 법하다. 다만 우리는 테마를 찾는 데 소질이 없다.

일본에서 무엇인가가 테마가 되면 반드시 등장하는 테마형 투자신탁은 어떨까? 이것은 최악이다. 테마가 유행하기 전에 사들였다가 테마의 절정기에 파는 것이 아니라 절정기에 투자신탁을 만들어 천장에서 테마주를 사들이기 때문이다.

현재의 테마는 'AI'일 것이다. 우리도 거시 경제에 관해 생각할 때가 있고, 테마에도 관심이 있다. 다만 그것은 테마형 투자신탁이 만들어졌을 때 그에 맞춰 '공매도' 후보를 찾을 때다.

"한 회사 한 회사를 꼼꼼히 조사한다"라고 말하면 매우 합리적인 것처럼 들리지만, 상향식 접근법에도 문제점이 있다. 굉장히 훌륭한 회사에는 투자하기가 매우 어렵다는 것이다. 자신의 머리로 확실히 이해하지 않고서 투자할 수 없기 때문에, 가령 경영자의 머리가 너무 좋으면 손을 댈 엄두도 내지 못한다. 소프트뱅크의 손정의 회장이 좋은 예다. 두뇌 수준이 너무나도 다른 까닭에 나로서는 그가 무슨 생각을 하고 있는지 짐작조차 할 수가 없다. 일본 주식은 아니지만 테슬라의 일론 머스크도 마찬가지다. 그래서 나는 내가 미국인이었다 해도 테슬라의 주식은 절대 사지 않았을 것이라고 생각한다.

한편 나보다 머리가 상당히 나쁠 거라 생각되는 사람이 사장인 회사의 주식 역시 살 마음이 들지 않는다(당연한 말이지만 사장이 바보인 회사의 주식은 사고 싶지 않다). 그렇다 보니 내가 투자하는 회사의 사장을 보면 하나같이 나와 수준이 비슷하다.

다시 한번 말하지만, 이것은 소형주의 이야기다. 대형주는 상관없다. 나의 수준을 100으로 놓는다면 내가 투자하고 있는 소형주 사장의 수준은 대체로 70~130인 듯하다. 자신이 이해할 수 있는 사장은 자신과 비슷한 경향이 있다.

하루는 펀드의 롱 포지션 목록을 살펴보다가 이런 생각이 들었다.

'마치 내 얼굴을 거울로 들여다보고 있는 것 같군.'

그런 까닭에 상향식 접근법으로 종목을 선정할 때면 아무래도 '나와 닮은 사장'에 대해 강력한 바이어스가 걸리게 된다.

상향식 접근법 신자

내가 왜 상향식 접근법의 강렬한 신봉자인지 생각해봤다. 나는 예전부터 내 눈으로 직접 확인해야 비로소 수긍하는 성격이었는데, 대체 언제부터 그랬는지 과거의 일을 떠올려 보기로 했다.

나의 아버지는 공부하는 것을 참 좋아했지만 중학교밖에 졸업하지 못했다. 이야기가 조금 길어질 것 같은데, 나의 할아버지는 친구의 권유로 아직 어린 아들(아버지)을 일본에 남겨둔 채 아내(할머니)와 함께 만주로 건너가 별사탕 공장의 지배인으로 일했다. 제2차 세계대전이 끝나자 소련군이 만주를 점령했는데, 이때 소련군이 관동군의 간부에게 "민간인을 노동력으로 제공한다면 너희는 건드리지 않겠다"라고 약속해 할아버지를 비롯한 민간인 남성들은 느닷없이 군대에 편입되고 말았다. 민간인을 징용하는 것은 제네바 조약으로 금지되어 있었기 때문에 소련군에 노동력으로 제공하기 위해 군인으로 만들어버린 것이다. 위기감을 느끼고 도망친 민간인도 있었지만, 할아버지는 관동군의 명령대로 군대에 편입됐고, 포로가 되어 시베리아로 보내졌다.

할머니는 배를 타고 일본으로 돌아오셨다. 나는 할머니 손에서 자랐기에 어렸을 때부터 만주 이야기를 자주 들었다. "소련군의 전차는 집채만큼 컸단다", "근처에 살던 단골 의사 선생님이 소련군에게 총을 맞고 돌아가셨지", "젊은 여자들은 소련군에게 괴롭힘을 당하지 않으려고 머리를 빡빡 밀고 남자 옷을 입었단다"와 같은 이야기였다.

나는 할머니가 눈물을 흘리는 모습을 본 적이 없다. 그러나 만주에서 일본으로 돌아왔을 때 도착지인 마이즈루시의 항구가 보이자 쏟아지는 눈물을 멈출 수가 없었다고 하셨다. 남편이 소련군에게 끌려간 것에 대한 원통함 때문인지, 살아서 일본으로 돌아와 자식을 만날 수 있게 된 것에 대한 기쁨 때문인지는 알 수 없지만, 아마도 그 모든 감정이 한꺼번에 복받쳤던 것이 아닐까 싶다. 어린 나이에도 할머니의 심정을 진지하게 생각했던 기억이 난다.

　할아버지는 시베리아의 탄광에서 일하게 됐다. 그러던 어느 날, 소련군에게 삽으로 얼굴을 구타당해 이가 부러졌고, 그로 인해 배급을 받은 딱딱한 빵을 먹지 못하게 됐다고 한다. 그 결과 영양실조로 몸이 약해졌고, 엎친 데 덮친 격으로 다른 병까지 찾아왔는데, 농가의 여성이 딱딱한 빵을 말랑말랑한 빵과 교환해준 덕분에 간신히 목숨을 부지하다 몇 년 후에 일본으로 돌아오셨다. 그러나 이미 병이 심각한 상태였기에 그로부터 2개월 후에 할머니가 지켜보시는 가운데 눈을 감으셨다.

　할머니는 소련군을 굉장히 무서워했지만, 미워하지는 않으셨다. 오히려 남편이 죽지 않고 일본으로 돌아올 수 있게 해준 것을 감사하게 생각하셨다. 빵을 교환해준 농가의 여성이 증오의 연쇄를 끊어준 것인지도 모른다.

　가장을 잃은 가정에서 자란 아비지는 어쩔 수 없이 신학을 포기하고 국철에 취직을 했다. 그러나 아버지는 공부를 매우 좋아하는 분이었기에 서양 책을 능숙하게 읽을 정도로 독학으로 영어를 공부했다.

아버지는 밖에서는 술을 한 방울도 마시지 않았다. 내게는 형이 한 명 있었는데, 나와 형을 어떻게든 대학교에 보내기 위해 절약하고, 또 절약했다. 그것이 아버지 인생의 목적이었다. 그렇게도 공부를 좋아하는 분이었으니, 진학하지 못한 한이 가슴에 사무쳤으리라.

아버지는 내게 화를 낸 적이 한 번도 없었다. 아버지는 말수가 적은 분이어서, 내가 어렸을 때는 할머니가 종종 아버지의 기분을 대신 이야기해주셨다. 나는 초등학교 1, 2학년 때까지만 해도 주의가 산만해 다른 사람의 이야기를 잠자코 듣지 못했고, 성적도 최악이었다. 수학과 과학만 '수'였고, 나머지는 모두 '양'이었다. 이에 대해 할머니는 내게 이렇게 말씀하셨다.

"아버지는 네 수학과 과학 성적이 좋아 굉장히 기뻐했단다."

나는 그런 아버지를 정말로 좋아했다. 두 아들에게 당신의 꿈을 맡기고 열심히 일하시는 아버지를 존경했다. 자녀가 있다면 형편없는 성적표를 가져왔더라도 잘한 부분을 찾아내 칭찬해주기 바란다. 그 기억은 평생 잊히지 않을 것이다. 나는 이 나이가 되어서도 그때 느꼈던 기쁨을 기억하고 있다.

그런데 초등학교 몇 학년 때였는지 정확히 기억나지 않지만 충격적인 경험을 했다. 한 교사가 "네가 존경하는 사람은 누구니?"라고 물어보기에 "아버지예요"라고 대답했다. 그러자 교사가 웃음을 터뜨리며 "다른 사람은 없어? 역사책에 나오는 인물이라든지 말이야"라고 말했다. 나는 너무 화가 나 눈물이 났다. 내가 너무나도 좋아하는 아버지가 무시당했다는 기분이 들었기 때문이다.

그때부터 이렇게 생각하게 됐다. '무엇이 옳은지는 내 눈으로 확인하고 내가 직접 결정하자. 교사가 하는 말이 옳은지도 내가 판단할 거야. 다른 사람이 하는 말을 안일하게 믿지 않겠어'라고.

주식 투자와 확률론

이제 다시 투자 이야기로 돌아가자. 주식 투자에는 불확실성이 동반된다. 확실히 이익을 낼 수 있는 투자 같은 것은 이 세상에 존재하지 않는다. 그저 이익을 낼 확률을 점점 높일 뿐이다.

그렇다고 해서 주식 투자를 하기 위해 어려운 확률 공부를 할 필요는 없다. 개인 투자자가 주식 투자로 돈을 벌기 위해 확률론을 공부하는 것은 시간 낭비다. 이과 계열을 전공한 사람이 취미로 공부하는 거라면 몰라도, 그럴 시간이 있으면 자신이 흥미를 느낀 회사의 홈페이지를 조금이라도 더 들여다보는 편이 훨씬 낫다고 생각한다.

물론 확률을 친근하게 느낄 수 있게 되는 것은 좋은 일이다. 사물을 확률적으로 생각함으로써 자신의 바이어스를 어느 정도 배제할 수 있을지도 모른다. 세상의 수많은 바이어스를 간파하면 돈을 벌 방법을 찾아낼 수 있을지도 모르며, 애초에 자신에게 큰 바이어스가 걸려 있으면 누군가의 호구가 될 수도 있다.

다만 그렇게까지 대단한 확률 지식은 필요하지 않다. 가령 어떤 공장에서 제품을 만들기 위해 일곱 공정을 거친다고 가정하자. 각 공정에서 불량이 발생할 확률은 10퍼센트인데, 한 공정에서라도 불량이 발생하면 완성된 상품은 '불량품'이라고 가정한다. 각 공정이 완전히 독립되어 있다면(즉, 어떤 공정에서 불량품이 나오더라도 다음 공정에서 불량품이 나올 확률에 영향을 미치지 않는다면) 최종 제품이 불량품일 확률은 100퍼센트-(100퍼센트-10퍼센트)[7]=52.2퍼센트가 된다. 이 정도의 확률 지식이면 충분하다.

우리는 충분히 조사를 해 올바른 확률을 구한 다음 투자를 해야 할까? 반드시 그렇지는 않다. 조사 과정에서 주가가 오르면 실패이기 때문이다.

그렇다면 대략적으로 70퍼센트는 확실하다고 생각했을 때 사야 할까? 아니면 60퍼센트? 이는 그것이 얼마나 큰 기회인가에 따라 다를 것이다. 가령 롱의 후보로서 조사 중인 회사가 있을 때 "이익을 낼 확률이 70퍼센트는 될 것 같군. 하지만 조금 더 조사해보자"라는 단계에 주식시장이 폭락하면서 그 주식도 크게 떨어졌다고 생각해보자. 하락한 만큼 주가가 상승할 잠재력이 커졌으므로 당연히 사야 한다. 앞서 이야기했듯 기대 수익이 크면 그만큼 조사가 대략적이더라도 허용되는 것이다. 충분한 조사는 우리 같은 프로에게도 무리다. 그런 것을 했다가는 기회를 놓치기 일쑤이기에 원활하게 운용이 되지 않는다.

베이지언적 발상

우리는 몇몇 종목에 대해 '이 종목은 롱으로 하고 싶다', '이 종목은 숏으로 하고 싶다'라는 아이디어를 항상 지니고 있다. 그 아이디어의 현실성은 하루하루 정보가 추가됨에 따라 변화한다. 이 세상에 확실한 것은 많지 않다. 우리는 '아마도 이럴 것이다'라는 막연한 확률을 전제로 생활하고 있다.

새로운 사실이 추가되어 기존의 확률이 변화했을 때, 변화한 뒤의 확률을 '사후 확률'이라고 부른다. 이처럼 **새로운 사실을 도입하면서 자신의 생각을 조정해나가는 것을 '베이지언적 발상'이라고 한다.**

베이지언적 발상의 예를 소개하도록 하겠다. 다만 여기에서 소개하는 예들은 확률을 본격적으로 공부하기 위한 예가 아니다. 새로운 사실을 어떻게 자신의 판단에 도입해나가야 할지 그 이미지를 어렴풋이나마 파악한다면 그것으로 충분하다.

[예 1] 주사위

제1장에서 이야기한 '조작된 주사위'의 예를 생각해보자. 주사위 100개 중에 항상 6이 나오도록 조작된 주사위가 하나 섞여 있다. 다른 99개는 정상적인 주사위다. 물론 겉모습만 봐서는 절대 구별할 수 없다.

주사위를 무작위로 하나 집어 들었을 때, 그것이 조작된 주사위일 확률은 100분의 1이다. 그리고 집어 든 주사위를 굴렸는데 6이 나왔다고 가정하자. 이 주사위가 조작된 주사위일 확률은 어떻게 될까?

- 정상적인 주사위를 집어 들었을 확률 99퍼센트, 게다가 6의 눈이 나올 확률 16.5%(99%×1/6)
- 조작된 주사위를 집어 들었을 확률 1퍼센트, 게다가 6의 눈이 나올 확률 1%(1%×100%)

이 두 경우 중 하나가 실제로 일어난다. 어느 쪽이 확률이 높을까? 두 확률을 안분해 조작된 주사위일 사후 확률을 계산해보면 다음과 같다.

$$1\% \times 1/(99\%/6 + 1\% \times 1) = 5.7\%$$

6이 한 번 나온 정도로는 '정상적인 주사위인데 우연히 6이 나왔을 확률'이 압도적으로 높은 것이다. 그렇다면 두 번 연속 6이 나왔을 경우는 어떨까?

$$1\% \times 1/(99\%/6/6 + 1\% \times 1) = 26.7\%$$

아직도 조작된 주사위일 확률이 더 낮다.

여담인데, 이는 채용 면접에서 질문용으로도 사용할 수 있다. "대략적이라도 좋으니 조작된 주사위일 확률을 대답해주십시오"라고 요청했을 때 가령 70퍼센트라고 대답했다면 그 사람은 탈락이다.

생각해보자. 주사위 100개 중에서 우연히 조작된 주사위를 선택할 확률은 100분의 1이다. 한편 정상적인 주사위를 굴렸을 때 두 번 연속 6이 나올 확률은 36분의 1이다(정확히는 99퍼센트×36분의 1). 그 둘 중 어느 쪽이 더 일어나기 어려운 일이냐는 질문인데, 적어도 50퍼센트 이하의 숫자를 말하지 않으면 곤란하다. 참고로, 세 번 연속 6이 나왔다면 조작된 주사위일 확률은 68.6퍼센트가 된다.

이 주사위의 예를 성장주 투자에 대입해보자. 1,000종목의 성장주 유니버스에 성장주가 50종목 있다고 가정한다. '성장주'는 매년 10퍼센트씩 이익이 성장한다. '비성장주'의 이익은 10퍼센트 증가할 확률과 10퍼센트 감소할 확률이 각각 2분의 1이다. 이것이 매년 주사위를 굴리듯이 반복된다.

이 경우, 2년 연속 이익 증가를 기록한 회사가 성장주일 확률은 얼마나 될까? 주사위의 예와 똑같이 계산해보면 고작 17.4퍼센트다.

그렇다면 3년 연속 10퍼센트 이익 증가를 기록한 회사는 어떨까? 29.6퍼센트다. 10퍼센트의 이익 증가가 3년이나 계속됐다면 당연히 주가도 상당히 오를 것이다(3년 연속 10퍼센트 이익 증가를 달성했음에도 주가가 오르지 않는 종목은 어지간히 매력이 없는 중소 부동산 회사 정도일 것이다). 다만 그럼에도 성장주일 확률은 아직 3분의 1도 안 되는 것이다. 이것이야말로 카운터인튜이티브라는 생각이 들지 않는가?

이것을 어떻게 해석할지는 사람마다 다르겠지만, 내 해석은 '실적이 계속 성장하는 것을 확인한 뒤에 투자하는 건 바보짓이다'라는 것이다. 당연히 비성장주를 살 수도 있다는 위험성을 동반하지만, 이익이 증가하기 전부터 이익이 증가할 것을 예상하고(혹은 이익 증가가 아직 사람들의 주목을 받지 못한 단계에) 성장주에 투자하지 않으면 기대 리턴은 낮아진다.

다만 오해하지 말아야 할 것이 있다. 이것은 얼리 스테이지(초기 단계)의 벤처 비즈니스에 투자하는 것과는 완전히 다른 개념이다. 저평가 소형주라는 것은 흑자가 이어져 부자가 된 회사다. 벤처 기업의 얼리 스테이지와는 정반대다. 그래서 개인 투자자가 설령 판단을 잘못해 저평가 소형주의 유니버스에서 비성장주를 샀더라도 손해를 볼 확률은 매우 낮다. 투자 금액이 한 종목당 100만 엔 정도라면 마켓 임팩트도 거의 없다.

[예 2] 교통사고

이 사례는 너무나도 유명해 여러분도 알고 있을지 모르겠기에 내용을 조금 덧붙였다.

한 마을에 두 개의 택시 회사가 있다. A사는 검은색 택시를 80대 보유하고 있고, B사는 빨간색 택시를 20대 보유하고 있다. 이 마을에는 A사와 B사의 택시 외에 다른 자동차가 없다고 가정하자.

어느 날 밤, 교통사고가 일어났다. A사와 B사 중 어떤 회사의 택시가 일으킨 사고인지는 알 수 없다. 다른 정보가 전혀 없다면 확률적으로는 A사 80퍼센트, B사 20퍼센트다. 이것을 사전 확률로 삼는다.

그런데 "빨간색 택시가 사고를 일으키는 것을 봤다"라는 증언이 나왔다고 가정하자. 다만 한밤중의 목격 정보이기에 정말로 빨간색 택시를 봤는지는 확실하지 않다. 실험 결과, 이 목격자가 '검은색 택시를 올바르게 검은색 택시라고 말할 확률 70퍼센트, 빨간색 택시라고 말할 확률 30퍼센트', '빨간색 택시를 올바르게 빨간색 택시라고 말할 확률 70퍼센트, 검은색 택시라고 말할 확률 30퍼센트'였다. 이 증언을 바탕으로 사고를 일으킨 택시가 B사의 택시일 확률을 계산해보면 다음과 같다.

- 목격자는 검은색 택시를 봤다. 그러나 잘못 인식해 빨간색 택시라고 말했다.

$$80\% \times 30\% = 24\%$$

- 목격자는 빨간색 택시를 봤다. 그리고 올바르게 인식해 빨간색 택시라고 말했다.

$$20\% \times 70\% = 14\%$$

두 경우 중 하나는 실제로 일어난 일이다. B사의 빨간색 택시가 사고를 일으켰을 사후 확률은 다음과 같다.

$$20\% \times 70\% / (20\% \times 70\% + 80\% \times 30\%) = 36.8\%$$

빨간색 택시가 사고를 일으켰다고 증언했음에도 B사의 빨간색 택시가 사고를 일으켰을 확률은 50퍼센트를 넘지 못하는 것이다. 다만 사전 확률인 20퍼센트보다는 높아졌다.

그런데 또 다른 사람이 등장해 "빨간색 택시가 사고를 일으키는 것을 봤다"라고 증언했다면 어떻게 될까? 베이지언적 발상의 좋은 점은 사후 확률을 사전 확률로 치환해 얼마든지 연속적으로 계산해나갈 수 있다는 것이다. 그렇게 계산해보면 57.6퍼센트가 된다.

그렇다면 그 후에 세 번째 목격자가 등장해 "검은색 택시가 사고를 일으키는 것을 봤다"라고 증언했다면 어떻게 될까? 결론부터 말하면, 두 번째 목격자와 세 번째 목격자의 증언이 상쇄되어 B사의 택시가 사고를 일으켰을 확률은 첫 번째 목격자의 증언 후인 36.8퍼센트로 돌아간다.

네 번째 목격자가 등장해 "검은색 택시가 사고를 일으켰다"라고 말한다면 빨간색 두 명, 검은색 두 명이 되어 본래의 확률인 20퍼센트로 돌아간다. 증언의 순서를 바꿔도 확률은 전혀 달라지지 않는다. 입력되는 정보의 순서가 바뀌어도 사후 확률은 바뀌지 않는다는 것은 매우 중요한 포인트다.

이것도 조금은 카운터인튜이티브가 아닐까 싶다. 대부분의 사람은 목격자 세 명이 연속으로 빨간색 택시가 사고를 낸 것을 봤다고 말했다면 네 번째 목격자가 검은색 택시가 사고를 냈다고 말해도 '저 사람이 잘못 봤겠지'라고 생각한다. 인간은 정보가 입력된 순서에 좌우되기 쉽다는 의미인지도 모른다.

[예 3] 진단 시약

진단에는 '민감도 sensitivity'와 '특이도 specificity'라는 개념이 있다. 민감도는 진짜 양성자 중 몇 퍼센트를 양성으로 진단하느냐, 특이도는 진짜 음성자 중 몇 퍼센트를 음성으로 진단하느냐의 확률이다.

1억 명 중 1만 명이 앓고 있는 병(이환율 0.01퍼센트)이 있다. 그리고 그 병을 진단하는 진단 시약의 민감도가 90퍼센트, 특이도가 99퍼센트라고 가정하자. 이 정도면 매우 우수한 진단 시약으로, 잘못된 진단을 거의 하지 않는 수준이다.

[표 7]

	양성으로 진단	음성으로 진단
민감도 90%	진양성 9,000명	위음성 1,000명
특이도 99%	위양성 999,900명	진음성 98,990,100명

이제 이 진단 시약을 사용해 진단한 결과 '음성'으로 판정된 사람의 이환율을 계산해보자. 여기에서 '진양성'은 양성을 올바르게 양성으로 진단한 수, '위양성'은 음성인데 양성으로 잘못 진단한 수다.

진단 결과 양성으로 판정된 사람이 '실제로 병에 걸렸을 확률'은 다음과 같다.

$$9{,}000/(999{,}900+9{,}000)=0.89\%$$

진단하기 전 사전 확률로는 이환율이 0.01퍼센트였으므로, 검사 결과 "당신이 병에 걸렸을 확률은 평균적인 사람의 89배입니다"라는 말을 들으면 '아, 그렇구나'라고 생각할 것이다. 그런데 "당신이 이 병에 걸렸을 확률은 0.89퍼센트입니다"라는 말을 들었다면 어떨까? '확률이 1퍼센트도 안 되는데 대체 뭘 어쩌라는 거야?'라는 생각이 들지 않을까? 이처럼 정확한 진단 시약을 사용했더라도 양성으로 진단됐을 때 실제로 병에 걸렸을 가능성은 1퍼센트 이하'라니 너무나도 카운터인튜이티브라는 생각이 들지 않는가?

이 사례처럼, 이환율이 낮은 병의 경우 진단 시약의 특이도가 100퍼센트에 가깝지 않으면 의미가 없다. 코로나19의 PCR 검사는 민감도가 70퍼센트, 특이도가 99.9퍼센트였으므로 일단 전원이 검사를 받는 의미는 있었던 셈이다. 다만 양성자를 30퍼센트나 간과하는 진단이라고 하면 어떤 생각이 드는가? 간과된 사람들이 평범하게 생활하면서 바이러스를 뿌리고 다니는 것이다(특이도가 99퍼센트라고 쓴 곳도 있는데, 그래서는 위양성이 너무 많기 때문에 전원이 검사를 받는 의미가 없다. 특이도가 99퍼센트라면 열이 난 사람이나 밀접 접촉자 등 모집단의 이환율을 높인 뒤에 검사를 진행해야 한다).

이 사례의 '양성으로 진단한다'를 '성장주를 찾아낸다'라고 치환하면 투자 세계에서도 사용할 수 있는 개념이 된다. 확률론적인 계산은 아니지만, 우리가 하는 저평가 소형주 투자의 이미지를 이 형태로 설명해보도록 하겠다.

저평가 소형주의 유니버스에 1,000종목이 있다고 가정하자. 그 속에 성장주가 50종목 숨어 있다. 100억 엔의 펀드를 운용한다고 가정했을 때, 몇 종목을 사야 할까? 우리의 방식은 성장주라고 생각한 소형주의 대량 매수다. 당연히 마켓 임팩트가 크기 때문에 살 때는 주가가 오르고, 팔 때는 내려간다.

[표 8]
• 2억 엔씩 50종목을 매수하는 경우

진짜 성장주	20	간과한 성장주	30
가짜 성장주	30	비성장주	920

• 5,000만 엔씩 200종목을 매수하는 경우

진짜 성장주	45	간과한 성장주	5
가짜 성장주	155	비성장주	795

100억 엔의 펀드로 2억 엔씩 50종목을 샀을 경우와 5,000만 엔씩 200종목을 샀을 경우를 비교해보자(어디까지나 나의 이미지다). 진짜 성장주+가짜 성장주가 매수한 종목의 수다. 가짜 성장주라는 것은 성장주로 오판하고 산 비성장주를 뜻한다. 50종목을 2억 엔씩 산 쪽의 민감도는 40퍼센트다. 요컨대 성장주라고 판단한 종목 중에 정말로 성장주였던 종목의 수는 20종목에 불과하며, 나머지 30종목의 성장주는 놓친 것이다.

이 민감도를 높이고자 매수 종목을 잔뜩 늘리면(200종목) 분명히 민감도는 90퍼센트까지 올라간다. 그러나 특이도는 97퍼센트에서 84퍼센트로 크게 하락한다. 성장주를 놓치지 않으려 하면 특이도가 하락해 비성장주를 잔뜩 사들이게 되는 것이다. '성장주를 하나

더 찾아내 사기 위해 얼마나 많은 비성장주를 성장주로 오인하고 사야 하는가'라는 이른바 '한계 비용'은 찾아낸 성장주가 50종목에 가까워질수록 급속히 상승한다.

그렇다면 이 두 가지 투자 방법 중 어느 쪽이 더 많은 이익을 가져다줄까? 내 나름대로 설명해보도록 하겠다. 먼저 성장주의 리턴을 50퍼센트, 비성장주의 리턴을 제로로 놓자. 또한 2억 엔씩 사는 쪽의 마켓 임팩트는 성장주와 가짜 성장주 모두 3퍼센트라고 가정한다. 성장주의 경우, 나중에 기관 투자자들이 매수에 참가하므로 팔 때의 마켓 임팩트는 제로가 된다. 반면 가짜 성장주는 여전히 거래량이 적기 때문에 팔 때의 마켓 임팩트도 살 때와 마찬가지로 3퍼센트라고 가정한다. 한편 5,000만 엔씩 사는 쪽은 살 때도 팔 때도 마켓 임팩트가 제로라고 가정한다.

- 50종목 2억 엔의 경우

$$2억\ 엔 \times 20 \times (50\% - 3\%) - (2억\ 엔 \times 30 \times 6\%) = 15.2억\ 엔$$

- 200종목 5,000만 엔의 경우

$$0.5억\ 엔 \times 45 \times 50\% = 11.25억\ 엔$$

이처럼 50종목, 2억 엔 쪽이 마켓 임팩트를 가정해도 이익이 커진다. 즉, 우리가 프로 운용자에게 추천하는 방법은 '만약 성장주를 발견했다고 느꼈다면 과감하게 사라'라는 것이다. 성장주의 수는 많지 않으며, 간과하는 경우도 많을 것이다. 그러므로 적은 기회를 놓치지 말고 과감하게 승부하는 것이 좋다.

우리는 그런 방법으로 마켓 임팩트라는 커다란 희생을 치르면서 운용해왔다. 그러나 개인 투자자는 운용 자금이 어지간히 많지 않는 한, 이런 고민을 할 필요가 없다. 저평가주 중에 성장주처럼 보이는 것을 10종목 정도 찾아내 투자하면 그만이다.

[예 4] 은행 강도

베이지언적 발상은 굉장히 중요하다. 그러나 교재를 읽어 보면 매우 지루하고, 인터넷을 검색했을 때 나오는 예도 하나같이 재미가 없다. 지금까지 소개한 예도 너무 평범해 재미가 없었을 것이다. 그래서 확률론적으로는(수학적으로는) 불완전하지만 그나마 조금은 재미있는 예를 소개해보려고 한다.

한 마을에서 은행 강도 사건이 발생했다. 범인은 A시 또는 B시 중 한 곳으로 도망쳤다. 얼마 뒤 범인의 사진이 실린 현상 수배 포스터가 배포됐다. 그 범인은 과거에 A시에서 살았다. 친구도 있을 테니 경찰은 분명 그가 A시로 도망쳤을 거라 판단했다. 그러나 만에 하나 어떤 사정이 있어 B시로 도망쳤을 가능성도 배제할 수는 없다.

경찰은 범인이 숨어 있을 사전 확률을 'A시 90퍼센트, B시 10퍼센트'로 설정했다. 이때 목격자의 증언을 바탕으로 확률이 어떻게 변할지 베이지언적으로 생각해보자.

A시와 B시 모두 인구는 1만 명이고, 이 중 이른바 외지인은 100

명씩 있다고 가정하자. 범인은 이 100명 중에 숨어 있을 것이다.

A시에서 "범인을 봤다"라는 목격자의 증언이 나왔다. 목격자 A씨의 민감도, 즉 '범인을 보고 올바르게 범인이라고 말했을 확률'은 50퍼센트다. 요컨대 실제로 범인을 봤어도 절반의 확률로 범인임을 깨닫지 못하고 넘어간다는 말이다. 한편 특이도, 즉 '범인이 아닌 사람을 올바르게 범인이 아니라고 말할 확률'은 99.5퍼센트다. 다시 말해 이 목격자는 0.5퍼센트의 확률로 범인이 아닌 사람을 범인이라고 착각할 수도 있다. 또한 목격자는 자신이 범인을 봤다고 생각했으면 반드시 경찰에 신고한다고 가정한다.

범인이 숨어 있을 사전 확률은 A시가 90퍼센트, B시가 10퍼센트였다. 또한 범인은 설령 A시에 있다 해도 지금은 외지인이므로 100명 중 한 명이다. 그러므로 우연히 본 사람이 범인이었을 확률은 100분의 1이다(라고 가정하자). 게다가 범인이 A시에 있을 확률은 90퍼센트일 뿐이므로 목격자가 범인을 만났을 확률은 0.9퍼센트다. 반대로 범인이 아닌 다른 사람을 만났을 확률은 99.1퍼센트다. 그렇다면 확률은 다음과 같다.

[표 9]

- **A시에서 목격: A시 90퍼센트, B시 10퍼센트의 사전 확률**

범인을 만났을 확률 0.9%	
범인이 아닌 사람을 만났을 확률 99.1%	
범인이라고 올바르게 증언 0.45%	범인을 봤지만 깨닫지 못함 0.45%
범인이라고 착각해 증언 0.50%	범인이 아니라고 올바르게 판단 98.60%

목격자가 "범인을 봤다"라고 말했으므로, 이 중 실제로 일어난 일은 '범인을 범인이라고 올바르게 증언(0.45퍼센트)', 아니면 '범인이 아닌 사람을 범인이라고 착각해 증언(0.50퍼센트)' 중 하나다. 확률을 안분해 계산하면 다음과 같다.

> **범인을 범인이라고 올바르게 증언했을 확률**
> 0.45/(0.45+0.50)=47.4%

요컨대 목격자 A의 증언의 정확도는 47.4퍼센트다. 범인은 47.4퍼센트의 확률로 A시에 있는 것이다.

한편 잘못된 증언일 확률은 100퍼센트-47.4퍼센트=52.6퍼센트다. 다만 잘못된 증언이었다고 해서 범인이 A시에 없다고는 단언할 수 없다. 잘못된 증언이었을 경우에도 범인이 A시에 숨어 있을 확률은 사전 확률과 같은 90퍼센트다(사실은 아주 약간 감소하지만, 번거로우니 사전 확률인 90퍼센트로 계산하겠다).

목격 증언이 틀렸을 경우는 90퍼센트의 사전 확률로 돌아가 52.6%×0.9=47.3%가 범인이 A시에 있을 확률이 된다. 그리고 각각의 확률을 더하면 47.4퍼센트+47.3퍼센트=94.7퍼센트다. 이것이 증언을 통해 도출된, 범인이 A시에 숨어 있을 확률이다.

이 증언의 결과로 범인이 A시에 숨어 있을 가능성이 4.7퍼센트만큼 높아졌다. 또한 B시에 숨어 있을 가능성은 5.3퍼센트 감소했다.

그렇다면 이번에는 A시가 아닌 B시에서 범인을 목격했다는 증언이 나왔을 경우를 생각해보자. 목격자 B씨의 민감도와 특이도는 A씨와 똑같다고 가정하고 계산하도록 하겠다.

[표 10]
- B시에서 목격: A시 90퍼센트, B시 10퍼센트의 사전 확률

범인을 만났을 확률 0.1%	
범인이 아닌 사람을 만났을 확률 99.9%	
범인이라고 올바르게 증언 0.05%	범인을 봤지만 깨닫지 못함 0.05%
범인이라고 착각해 증언 0.50%	범인이 아니라고 올바르게 판단 98.40%

목격자 B씨의 증언의 정확도를 앞에서와 같은 방법으로 계산하면 0.05/(0.05+0.5)이므로 고작 9.1퍼센트밖에 안 된다. 범인을 봤다고 말해도 그 사람이 진짜 범인일 확률은 10분의 1도 안 되는 것이다.

그렇다면 이런 증언은 거짓말일 것이라고 생각하고 무시해야 할까? 앞에서와 똑같은 방법으로 계산해보면 범인이 B시에 숨어 있을 가능성은 18.2퍼센트로, 사전 확률인 10퍼센트를 크게 웃돈다. 이것은 굉장히 카운터인튜이티브한 결과다. 거짓말이라고 생각되는 증언이 이렇게까지 확률을 크게 바꿔놓을 거라고 누가 생각이나 하겠는가.

이렇게 되면 정확도가 50퍼센트에 가까운 A씨의 목격 증언보다 정확도가 10퍼센트도 안 되는 B씨의 목격 증언이 더 의미 있는 정보일 수 있다. 만약 사전 확률을 바탕으로 A시에 조사원 9명, B시

에 1명을 파견한 상태라면 A시에서 한 명을 B시로 보내야 할지도 모른다.

B시에서 목격자가 나와 사후 확률이 A시 81.8퍼센트, B시 18.2퍼센트가 된 뒤에 이번에는 A시에서 목격자가 나왔다면 어떻게 될까? 이번에는 사전 확률을 A시 81.8퍼센트, B시 18.2퍼센트로 놓고 똑같은 방법으로 계산한다. 그러면 사후 확률은 다시 A시 90퍼센트, B시 10퍼센트로 돌아간다. 이 또한 상당히 카운터인튜이티브한 결과다. 정확도가 50퍼센트에 가까운 A씨의 증언이 정확도가 10퍼센트도 안 되는 B씨의 증언을 상쇄하고 끝인 것이다! 뭐, 그렇게 되도록 계산하고 있는 것이 아니냐고 하면 할 말이 없지만.

그렇다면 B시에서 추가 목격 증언이 나올 경우에는 어떻게 될까? 당연히 범인이 B시에 숨어 있을 사후 확률은 상승한다. B시에서 목격 정보가 연속적으로 나오면 범인이 B시에 있을 확률은 점점 100퍼센트에 가까워지며, 사전 확률은 아무래도 상관없게 되어 간다. 이것은 사전 확률이 아무리 부정확하더라도 추가로 들어오는 정보를 통해 올바른 방향으로 수정되어 감을 보여준다.

지금까지 이야기한 베이지언적 발상에는 맹점이 있다. **어떤 사건의 사전 확률을 0퍼센트 또는 100퍼센트로 놓으면 사전 확률을 수정해나간다는 베이지언적 발상이 전혀 기능하지 않게 된다**는 것이다. 가령 교통사고의 예에서 애초에 마을의 택시가 전부 검은색이었다면 아무리 목격자가 "빨간색 택시였다"라고 주장한다 해도 사람들은 검은색을 빨간색으로 잘못 봤다고 판단할 것이다.

그러나 어쩌면 사실은 빨간색 택시를 보유한 '회사'가 없을 뿐일지도 모른다. 실제로는 등록되지 않은 '개인 소유'의 빨간색 택시가 있을 가능성도 있다. 만약 1퍼센트라도 빨간색 택시가 존재하고 "빨간색 택시였다"라는 증언이 계속 나오면 빨간색 택시가 사고를 일으켰을 확률이 50퍼센트 이상이 될 것이다.

유익한 정보를 활용하려면 '무조건 이렇다고 확신할', '절대적인 자신감이 있을' 경우라도 그 확률은 '100퍼센트'가 아니라 '95퍼센트'라고 생각해야 한다. 안 그러면 베이지언적 발상이 기능하지 못해 나중에 나오는 유익한 정보를 전부 부정하게 된다.

나는 형사 드라마를 굉장히 좋아한다. 일본의 형사 드라마에는 가령 2시간짜리일 경우 초반 30분 사이에 살인 사건 용의자가 몇 명 등장한다. 그리고 1시간이 지날 즈음에는 알리바이가 증명되거나 살해당하거나 해 용의자가 한 명으로 압축된다. 그러나 체포 직전에 그 용의자가 누군가에게 살해당하고, 수사는 원점으로 돌아간다. 그러면 형사는 이렇게 말한다.

"어쩌면 우리는 터무니없는 착각을 하고 있었는지도 모르겠어."

이 형사는 다른 시나리오도 염두에 두고 있었기에 발상을 전환할 수 있었던 것이다.

은행 강도의 예에서 고집스러운 형사가 "오랫동안 형사 생활을 한 나의 감인데, 범인은 분명 A시에 숨어 있어. 100퍼센트야. 틀림없어"라고 계속 주장한다면 어떻게 될까? B시에서 목격 정보가 속출해도 "다른 사람을 잘못 봤을 거야"라고 말하며 사전 확률을 바꾸려 하지 않을 것이다. 그러다 결국 B시에서 범인이 체포된다며

"그 사람은 범인이 아니야"라고 말할지도 모른다. 그래서 부하 형사가 "무슨 근거로 범인이 아니라고 하시는 겁니까?"라고 물으면 "그야 진범은 A시에 숨어 있으니까. B시에서 잡힐 리가 없어"라고 대답한다.

이 고집불통 형사는 형사 드라마에서 자신이 100퍼센트 범인이라고 믿었던 용의자가 살해당하면 뭐라고 말할까? "이건 타살로 가장한 자살이야"라고 하려나?

다른 예도 생각해보겠다. 한 사이비 종교에 세뇌된 사람이 있는데, 아직 99퍼센트만 세뇌됐고 1퍼센트는 의구심을 품고 있다고 가정하자. 언론에서 비판적인 보도가 나올 때마다 이 사람은 그 1퍼센트의 의구심을 조금씩 확대해나갈 수 있을지도 모른다. 그러나 100퍼센트 완전히 세뇌됐다면 '언론이 하는 말은 전부 거짓말이야'라고 생각할 것이다.

환경 운동가 중에도 그런 사람이 존재할 수 있다. 자신이 듣고 싶지 않은 사실이나 의견(예를 들면 화성에서도 온난화가 진행되고 있다든가)이 나오면 "그건 거짓말이야!" 혹은 "관계가 없는 이야기야!"라고 화를 낼지도 모른다. 그런 사람에게 "무슨 근거로 그렇게 말하는 거죠?"라고 물으면 "인간이 배출한 이산화탄소가 온난화를 일으키고 있다는 것은 과학적으로 증명된 사실이야"라고 대답할 것이다.

주식 투자처럼 확률론적으로 생각해야 하는 게임에서 '단정'은 금물이다. 단정하는 순간 그 후에 나올 유익한 정보를 놓치기 쉬워진다. 누군가가 '이 회사는 절대 성장하지 못해'라고 생각한다고 가정하자. 반면에 당신은 '5퍼센트 정도는 성장할 가능성이 있지 않을까?'라고 생각하고 있다. 그러면 세상은 이 회사에 관한 새로운 정보에 관심을 보이지 않는다. 그러나 조금이라도 가능성이 있다고 느낀 사람은 그 정보의 중요성을 깨닫고 진지하게 분석할지도 모른다. 그리고 분석 결과 좋은 투자 아이디어라는 결론이 나온다면 큰 리턴으로 이어질 가능성도 있다. 아무리 낮은 확률이라 해도 제로는 아니라고 생각하면 '그 밖의 수많은 사람과는 다른 견해'가 생겨나는 것이다.

은행 강도 목격자의 예에서는 의외의 정보, 아마도 거짓말일 것으로 생각되는 정보가 매우 큰 가치를 지니고 있었다. **자신이 듣고 싶지 않은 정보나 정확도가 낮은 부정확한 정보도 얼마든지 자신에게 중요한 의미가 있을 수 있다.**

주식 투자 세계에서 확률을 수학적으로 정의할 수 있는 경우는 거의 없다. 주식의 움직임을 수학적으로 처리해 초과 리턴(알파)을 얻으려 하는 이른바 '퀀트 운용'이라는 시도는 전부는 아닐지언정 대부분 실패했다.

― 제4장 ―

주식만 들고 있으면 지옥에서도 살아남을 수 있다

― 25년 동안 걸어온 길

K1 펀드의 운용 스타일 변천사

이 책의 첫머리에서도 이야기했지만, 'K1 펀드'는 우리 타워투자자문이 운용하는 펀드 중 하나로, 일본 주식의 롱·숏 운용을 하는 주력 펀드다. 처음에는 '저평가주의 롱과 고평가주의 숏을 조합해 주식시장이 상승하든 하락하든 이익이 나는 시장 중립적인 펀드'라고 마케팅했다. 주식시장이 상승하든 하락하든 이익이 나는 펀드는 고객에게 인기가 많다.

초창기에는 저평가된 소형주가 많았다. 반면 외국인 투자자나 일본의 기관 투자자들에게 인기가 많은 대형주는 고평가 상태였다. 그래서 '소형주 롱·대형주 숏'이라는 시장 중립에 가까운 운용이 됐다. 일본의 투자신탁이 기피하는 소형주를 롱하고 그들의 대표 종목을 숏하는, 간단히 말하면 그들과는 정반대의 운용을 시도한 것이다. 숏이 롱에 비해 리스크가 크다는 것은 잘 알고 있었기에, 대략적으로 말하면 NAV(펀드의 순자산)에 대해 롱 90퍼센트·숏 70퍼센트 정도였던 것으로 기억한다.

처음 1년 동안은 매우 순조로웠다. 하지만 이후의 결과는 비참했다. 단기적인 시점에서 보면 대형주와 소형주의 움직임은 연동되지 않는다. 그래서 '주식시장이 상승하든 하락하든 이익이 날 것이다'라는 생각과 달리, 실제로는 주식시장이 상승하든 하락하든 손해를 보는 경우가 다반사였다. 전혀 '시장 중립적인 펀드'가 아니었던 것이다.

주식시장이 반전될 때는 특히 끔찍했다. 주식시장이 반전될 때면 투자자들은 주가 지수 선물, 특히 닛케이 225의 선물을 많이 산다. 그래서 지수에 채용된 대형주부터 주가가 오르며, 소형주는 보통 굉장히 늦게 오르기 시작한다. 한동안 전혀 오르지 않을 때도 있다. 그런 까닭에 주식시장이 반전될 때면 항상 큰 손실이 발생했다.

뒤에서 자세히 설명하겠지만, 숏으로 몇 차례 큰 손해를 본 뒤로는 숏을 항상 유지한다는 전략을 폐기했다. 애초에 K1 펀드는 저평가주 중에 롱 종목을 타깃으로 삼기에 헤지가 필요하지 않다. 우리는 '주식시장이 바닥에 가까워졌다고 판단하면 숏을 제로로 만든다'라는 방법으로 전환했다.

숏은 리스크가 크기에 NAV의 70퍼센트는 너무 많다. 25년 동안 펀드를 운용하면서 무작정 롱·숏 운용(그것도 상당히 엉성한 롱·숏 운용이었다)을 했던 기간은 처음의 10년 정도였고, 이후에는 가끔 숏도 하는 헤지펀드가 됐다.

운용 스타일이 초기와 달라지는 것을 '스타일 드리프트(운용 스타일이 표류하다)'라고 부르며, 일반적으로는 좋지 않은 일로 여긴다. 그러나 시행착오 끝에 우리가 도달한 결론이었다. 나는 '가끔 숏도

하는 헤지펀드'야말로 현시점에서 일본 주식 헤지펀드의 이상적인 모습이라고 생각한다. 단, 주가의 수준이나 기업의 펀더멘털, 주식 시장을 둘러싼 프레임워크가 크게 바뀐다면 이상적인 모습도 그에 맞춰 달라질 것이다.

펀드의 기간별 운용 성적

우리의 주력 펀드인 K1 펀드의 역사는 25년이다. 너무나도 긴 역사이기에 기간을 나눠 기간별로 실적을 설명하도록 하겠다. 운용 스타일은 바뀌었어도 지금까지 이야기한 운용 철학 자체는 전혀 바뀌지 않았다. 지금까지 추상적으로 설명한 운용 철학이 실천을 통해 어떻게 효과를 발휘했는지 혹은 비극을 불러왔는지 숨김없이 구체적으로 이야기하겠다.

'25년이나 운용했는데 고작 이것뿐이야?'라고 생각한 사람도 있을지 모르지만, 우리는 롱도 숏도 열심히 거래하기 때문에 모든 거래를 일일이 설명하기는 불가능하다. 여기에서는 커다란 흐름만 소개하고, 특필해야 할 거래에 관해서는 이후에서 자세히 소개하도록 하겠다.

[표 11] K1 펀드의 퍼포먼스(단위: 억 엔)

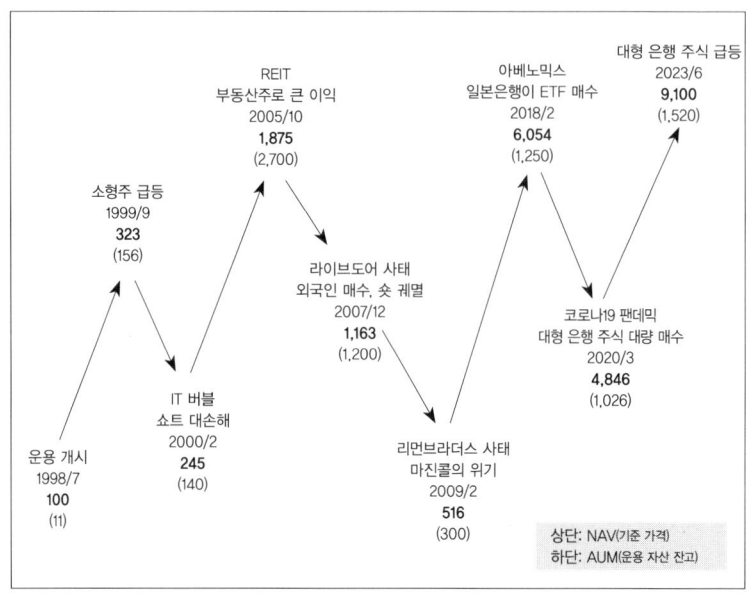

1998년 7월~1999년 9월

"파티가 시작됐으니 우리는 그만 돌아가자고."

1998년 7월 펀드 운용을 시작하기 직전, 업무를 보기 위해 센다이에 갔다가 그대로 야간열차를 타고 삿포로로 향했다. 목적지는 가구 회사인 '니토리'였다.

전해인 1997년 11월에 홋카이도 척식 은행이 파산했다. 따라서 홋카이도 척식 은행이 안정 주주로서 보유하고 있었던 니토리의 주식 80만 주는 언젠가 처분될 것이 분명했다. 홋카이도의 경제는 침체에 빠져 바닥으로 떨어졌고, 주거래 은행이었던 니토리의 주식도 거의 휴지 조각이나 다름없는 가격에 거래되고 있었다(정확히 말하면 거래량은 제로에 가까웠다). 삿포로증권거래소 단독 상장이기에 기관 투자자들이 살 상황도 아니어서 매각은 어려울 것으로 예상됐다.

아침에 삿포로에 도착한 나는 니토리에 가 IR 담당자를 인터뷰했다. 분명 홋카이도의 경제는 바닥이었고 니토리의 기존 점포 매출액도 마이너스였지만, 간토 지역에 출점한 세 점포의 매출은 매우 호조였다. 가구 업계는 분산이 심한 시장이다. 작은 가구 업체만 잔뜩 있을 뿐, 점유율이 높은 회사는 없다. 당시 기관 투자자들에게 인기가 있었던 오쓰카 가구조차 시장점유율이 5퍼센트도 되지 않았다. 또한 제조와 소매를 함께하는 가구 회사는 니토리뿐이고, 다른 가구 회사는 도매상으로부터 사들인 가구를 점포에 진열할 뿐이었다.

니토리는 인도네시아에 자사의 공장을 소유하고 있었으며, 중국에서는 제조사들 속으로 파고들어가 가구 제조 지도도 하고 있었다. 나는 니토리가 경쟁력을 갖췄으며, 시장의 구조를 봤을 때 점유율을 확대할 가능성이 크다고 생각했다.

즉시 홋카이도 척식 은행이 보유한 주식을 사들여야겠다고 생각해 교섭에 들어갔다. 그들은 대부분은 팔 곳이 이미 정해졌고, 20만 주만 팔 수 있다고 했다. 나는 기회라고 생각해 이렇게 말했다.

"그 20만 주를 전부 사겠습니다."

6억 엔으로 출발한 K1 펀드에는 '한 종목이 NAV의 25퍼센트를 넘겨서는 안 된다(단기적이라면 넘겨도 상관없지만)'라는 규약이 있는데, 당시 니토리의 주가는 750엔 정도였기에 20만 주면 1억 5,000만 엔으로, 딱 25퍼센트가 됐다. 너무나도 절묘한 우연의 일치여서, 기이한 인연을 느꼈다.

투자 심리가 가장 나쁠 때(홋카이도의 경제가 바닥일 때) 샀기에 주가는 1년 후에 3배가 됐고, 2003년에는 6배가 됐다(운용 자산도 급속히 늘어난 덕에 펀드의 규약인 275퍼센트 규칙에 저촉되는 일 없이 계속 보유할 수 있었다). 내 기억이 옳다면 2004년에 10배가 됐을 때 전부 매각했을 것이다. 지금까지 보유하고 있었다면 100배 이상이 됐겠지만, 2003년에 이미 도쿄증권거래소 1부 상장 종목이었고, 복수의 애널리스트가 주시하는 기관 투자자 종목이 되어 있었다.

우리의 역할은 기관 투자자가 거들떠보지도 않는 숨겨진 저평가 소형 성장주를 찾아내 대량으로 투자하는 것인데(적어도 펀드를 시작할 때는 그랬다), 니토리에 대한 우리의 역할은 2003년에 이미 끝난 상태였던 것이다. 나는 부하 직원에게 니토리 주식의 매각을 지시하면서 이렇게 말했다.

"파티가 시작됐으니 우리는 그만 돌아가자고."

니토리 아키오 사장과는 도쿄에서 딱 한 번 1 대 1로 만난 적이 있다. 그때 저녁 식사를 제안했는데, 그는 "증권 회사나 투자자의 접대는 받지 않네"라고 완강하게 거절했다. 하지만 나는 포기하지 않았다. "저희가 만나 달라고 부탁했으니 저녁 식사비 정도는 내게 해주십시오"라고 끈덕지게 부탁한 끝에 "1,000엔 미만이라면"이라는 조건으로 겨우 승낙을 받아냈다. 그래서 어쩔 수 없이 그가 묵고 있는 호텔에서 스파게티를 먹었다. 술도 없이.

아키오 사장의 말 중에 인상적이었던 것이 있다.

"'이 사람이다'라는 생각이 드는 우수한 인재를 발견했다면 지구 끝까지라도 쫓아가 반드시 우리 회사에서 일하게 하는 것! 이것이 사장이 해야 할 일이라네."

나는 니토리는 계속 성장할 것이라고 확신했다. 그러나 아키오 사장은 투자자와 만나는 것을 무척이나 싫어했다. 결산 설명회조차 개최한 적이 없을 정도였다. 그 이유를 물었더니 "실적이 상승한 뒤에 주가가 따라서 오르면 되는 것일 뿐, 실적 상승이 기대되느니 어쩌니 하면서 주가가 오르는 것은 원치 않네. 기대감으로 주가가 먼저 오르면 주가가 나를 몰아붙이는 것 같아 기분이 나쁘단 말이지"라는 답이 돌아왔다.

그러나 대주주인 나로서는 그 말에 수긍하고 넘어갈 수가 없었다. 나는 친하게 지내는 애널리스트와 의논해 어떻게든 아키오 사장이 결산 설명회를 개최하도록 끈질기게 설득했다. 그렇게 결국 결산 설명회를 개최하게 하는 데 성공했다. 하지만 워낙 솔직한 분위기에 설명회에서 발언을 할 때마다 가슴이 조마조마했다.

"우리 회사는 고객의 클레임이 워낙 많아, 그 클레임을 이곳에서 일일이 소개하기에는 시간이 모자랍니다. 그러니 굉장히 드문 고객의 칭찬만을 소개하겠습니다"와 같은 발언이 이어졌다. 마지막에 "다음 설명회는 언제로 예정하고 계십니까?"라는 투자자의 질문에 "이번이 마지막입니다"라고 대답했을 때는 나도 크게 당황했다.

운용을 시작하고 몇 년 동안, 롱 포지션은 기본적으로 소형주가 중심이었다. 당시의 영업용 자료를 보면 이렇게 적혀 있다.

'저희는 노무라 투자신탁이나 대형 기관 투자자와 정반대의 운용을 합니다.'

요컨대 그들이 보유하지 않은 소형주를 사고 그들이 보유한 대표적인 대형주를 공매도하는 전략을 충실히 실행해 나름의 성과를 낸 것이다.

니토리 외에는 '맨담'과 '에스케이 화연' 등에 투자했다. 맨담의 경우는 나의 오판이었다. 남성용 케어 용품은 여성용과 달리 경쟁이 적고, 시대적으로도 청결하고 깔끔한 남성이 선호되는 분위기로 변하고 있었기에 고성장할 것이라 생각했다. 그래서 주가가 800엔이었을 때 샀는데, '성장주가 아니구나'라고 깨닫고 1년 만에 일찌감치 처분했다. 매각했을 때의 주가는 2,000엔이 조금 안 되는 수준이었다.

몇 년 전에 맨담의 임원이 IR 담당과 함께 타워투자자문에 프레젠테이션을 하러 왔을 때 이런 말을 했다.

"현재의 맨담은 한 세대 전의 이미지가 너무 강해 지금의 젊은이들에게는 인기가 별로 없습니다. '으~~~음 맨담!'은 이제 너무 구닥다리 아닙니까?"

'으~~~음 맨담!'은 한참 전에 유행했던 찰스 브론슨의 광고다. 그때 나는 옛 향수를 느끼는 동시에, 목소리도 분위기도 딱 광고 그대로여서 내심 깜짝 놀랐다. '혹시 저게 맨담의 임원이 되기 위한 조건인 건가?'라는 생각까지 들었다.

에스케이 화연은 오사카의 도료 회사다. 제조부터 판매까지 일괄적으로 관리하는 재미있는 비즈니스 모델이어서 전부터 주목하고 있었다. 사장은 고령이지만 근성이 넘치는 분으로, "우리 회사는 영원히 성장할 거요"라고 말씀하셨다. 순현금 비율이 높은 엄청나게 저평가된 종목이어서 주가가 800엔대에 샀는데, 1년 후에는

2,000엔이 되어 있었다.

소형주 투자는 운용 자금이 적은 편이 유리하다

K1 펀드가 1년 만에 3배로 성장한 건 단순히 니토리의 운용 성적이 좋아서가 아니다. 펀드를 시작했을 때 소형주가 전체적으로 바닥에 가까워 니토리 이외의 종목도 운용 성적이 좋았다. 극단적으로 저평가된 주식에 투자한 까닭에 설령 성장주가 아니었더라도 2배 상승 정도는 우스웠다.

앞서 '베이지언적 발상'을 소개할 때 100억 엔을 소형주 50종목에 각각 2억 엔씩 투자하는 경우를 예로 들었는데, 펀드 운용을 시작한 첫해에는 거의 그런 식의 이상적인 소형주 투자를 했다. 그런데 운용 자산이 300억 엔이 되면 50종목에만 투자할 경우 한 종목당 평균 6억 엔이 되어 마켓 임팩트가 매우 커진다. 게다가 애초에 6억 엔어치나 살 수 있는 소형주 자체가 그리 많지 않기에 소형주 50종목만으로 자산을 운용하는 것은 사실상 불가능하다.

운용 자산이 불어나면 중형주 또는 대형주에 투자하거나 투자하는 소형주의 종목 수를 늘려야 하는데, 앞서 이야기했듯 투자하는 종목의 수를 늘릴수록 '특이도'가 낮아진다. 요컨대 성장주가 아닌 종목을 '성장주이기를 바라면서' 잔뜩 사들이게 되는 것이다. 그래서 나는 일본의 소형주만으로 운용할 경우 펀드의 적정 규모는 100억 엔 정도라고 생각한다.

K1 펀드는 소형주 펀드가 아니지만, 소형주를 전략의 중핵으로 삼아왔다. 따라서 운용을 시작한 지 1년 뒤에는 이미 AUM이 적정 규모에 도달했고, 이후에는 적정 규모를 크게 웃도는 규모로 운용을 했다.

기본적으로 소형주 펀드의 운용 성적은 AUM이 커질수록 악화된다. 소형주로 펀드를 운용할 때는 AUM 규모가 작은 편이 좋다. 이 점을 생각하면 소형주 투자는 기관 투자자보다 개인 투자자가 압도적으로 유리하다. 헤지펀드를 새로 시작한다면 AUM이 적은 동안에 소형주로 운용 수익률 기록을 세워두는 것이 마케팅을 용이하게 만드는 가장 좋은 방법이다.

1999년 9월~2000년 2월
IT 버블, 기술주의 숏으로 큰 손해를 보다

'소형주 매수·일본 대형 투자신탁의 대표적인 포트폴리오 편입 대형주 숏'이 성공하는 이유는 대형 투자신탁의 운용 성적이 나쁘기 때문이다. 투자자를 모집하면 자산이 급격히 불어나 자신들이 주가를 끌어올리게 되는데, 그러면 영업 사원은 조금 이익을 본 고객의 투자신탁을 즉시 해약시키고 다른 펀드로 갈아타도록 유도한다. 갈아탈 때 3퍼센트의 판매 수수료가 또 들어오기 때문이다.

이렇게 해약이 이어지면 대표적인 포트폴리오 편입 종목의 주가는 슬금슬금 하락한다. 요컨대 일본의 대형 투자신탁은 처음에 그들이 사는 종목의 주가를 끌어올려 절호의 공매도 타이밍을 제공해주고, 이후에 해약으로 보유 주식을 계속 매각함으로써 주가를 떨어뜨려 공매도가 이익이 나도록 도와주는 것이다.

나는 이것이 헤지펀드에 최고의 전략이라고 생각했다. 특히 테마형의 대형 투자신탁은 가장 먹음직스러운 '먹잇감'이라고 생각했다. 테마는 시간의 흐름과 함께 바뀌므로 포트폴리오 편입 종목은 결국 팔려 하락할 수밖에 없기 때문이다.

1999년 후반이 되자 미국발 IT 버블이 시작됐다. 나는 이것을 롱·숏 운용의 절호의 기회로 판단하고, 특히 숏으로 큰 이익을 내자고 생각했다. 당시 다이와 증권의 '디지털 정보 통신 혁명 펀드'가 큰 인기여서 돈이 계속 모여들고 있었다. 디지털 정보 통신 혁명 펀드는 1999년 9월에 설립됐는데, 295억 엔에 출발한 이 투자신탁은 같은 해 11월에 3,700억 엔을 돌파하며 괴물급 펀드로 급성장했다. 일본의 IT 주식도 미국의 IT 주식이 상승하면서 덩달아 폭등해, PER이 200배가 넘는 믿을 수 없는 밸류에이션 종목도 등장했다.

'대형 투자신탁에도 돈이 대량으로 흘러들어 주가가 계속 오르고 있는 지금이 기회야!'라고 판단한 나는 1999년 11월에 자신 있게 방아쇠를 당겼다. 리스크를 회피하기 위해 가격이 오를 때마다 신중하게 추가로 공매도를 해 포지션을 늘릴 생각이었다.

'조금 이른 시기에 너무 많이 공매도를 했나?'라고 생각하고 있는데, 이듬해인 2000년 2월에 노무라 증권이 '노무라 일본 주식 전략 펀드'를 출시했다. 1조 엔 규모의 펀드였다. '다이와가 4,000억 엔이라면 노무라는 당연히 1조 엔 정도를 노리겠지'라고 깨달았지만, 이미 뒤늦은 깨달음이었다.

여기에 닛케이 225 지수 구성 종목의 교체가 결정타를 날렸다. 우리가 공매도하고 있었던 '아드반테스트' 등 하이테크 종목이 새로 편입된 것이다. 주가는 더 빠른 속도로 상승하기 시작해, 더는 숏 포지션을 유지하기가 불가능한 상황에 이르렀다.

특히 중심적인 숏 종목이었던 NTT 데이터의 주식은 연일 신고가를 경신했다. 필사적으로 환매수를 했지만, 공매도했던 주식을 환매수해도 환매수한 양보다 주가 상승 폭이 더 커 금액을 기준으로 봤을 때 포지션이 줄어들지 않았다. 이런 상황이 며칠 동안 계속되자 '이대로 K1 펀드가 파산하는 것은 아닐까?'라는 공포심을 느낄 수밖에 없었다. 이때의 기억은 지금도 트라우마로 남아 있다.

때마침 타워투자자문을 찾아온 인도인 투자자에게 "IT 버블은 머지않아 정점을 찍을 겁니다. 지금이야말로 절호의 숏 기회입니다!"라고 필사적으로 호소했지만, "Are you desperate?(지금 매달리는 거요?)"라는 한마디만이 돌아왔다. 내게는 'IT 버블로 큰 손해를 본 멍청이'라는 꼬리표가 붙었고, 평가가 크게 하락했다.

나는 살아남기 위해 필사적으로 주식을 환매수해 숏 포지션을 줄였다. 다만 숏 포지션을 완전히 청산할 생각은 추호도 없었.

무리가 되지 않는 범위에서 어느 정도는 남기려 했다. 노무라의 전략 펀드는 IT 버블의 상징이며, 이것이 정점이 되리라는 것은 명백했기 때문이다. 노무라 일본 주식 전략 펀드가 출범한 시기는 2000년 2월로, K1 펀드의 수익률이 바닥을 찍은 시기와 완전히 일치했다. 전략 펀드가 출범한 지 1개월 뒤인 3월, 일본의 주식시장은 정점을 찍은 뒤 하이테크 종목을 중심으로 폭락하기 시작했다. 주식시장은 2005년까지 침체를 거듭했고, 공매도는 계속 이익을 냈다.

이때의 반성은 '나는 어리석게도 타이밍을 잘못 잡았다. 노무라를 고려하지 않았다. 3개월만 더 숏 포지션을 유지했다면 큰 이익을 냈을 텐데……'였다. 요컨대 나는 IT 버블기의 공매도로 큰 손실을 냈으면서도 공매도의 진정한 공포를 아직 이해하지 못했던 것이다. 이것이 나중에 엄청난 참사를 불러왔다.

2000년 2월~2005년 10월
REIT, 부동산 투자 자문 회사에 투자해 크게 약진하다

남겨뒀던 IT 기업주의 숏으로 이익을 보기는 했지만, 버블이 정점에 가까워질 때 환매수를 해 발생한 실현 손실을 메울 정도는 아니었다. 이 시기에 이익을 가져다준 것은 REIT를 포함한 부동산주였다. 2003년부터 신축 오피스 빌딩이 대량으로 준공됨에 따라 공급 초과로 공실률이 증가해 부동산 업계가 어려움에 빠질 것이라는 이른바 '2003년 문제'는 2003년이 되자 더는 의식되지 않게 됐고, REIT와 부동산주 펀드가 대약진을 시작했다. 우리는 IPO를 한, 신용력이 떨어지지만 그만큼 수익률이 높은 중견 부동산 회사가 스폰서인 REIT에도 손을 댔다. 2005년에 상장한 '조인트 REIT'도 상장 첫날부터 적극적으로 사들였다. REIT의 운용에 관해서는 제5장에서 자세히 설명하도록 하겠다.

또한 REIT 이외에 저평가 부동산주에도 투자했다. 대표적인 종목은 부동산 투자 자문 회사인 '케네딕스'와 '다빈치 어드바이저스'였다. 이 두 회사는 부동산 가격이 상승세로 전환될 때 REIT에 판매할 부동산을 대량으로 보유하고 있었다. 그래서 자본 차익 덕분에 실적은 매우 호조였지만, 이익의 대부분이 부동산 매각이었기에 오래는 가지 못할 일과성 이익으로 인식되어 IPO 이후 한동안 주가가 오르지 않았다. 고성장을 하고 있음에도 PER은 10배 정도로, 결코 고평가가 아니었다.

나도 성장이 오래 지속되리라고는 생각하지 않았지만, 그래도 3년 정도는 이어질 거라 내다봤다. 그래서 이 두 종목의 대주주가 됐다. 기발행 주식 수의 20~30퍼센트까지도 보유했던 것으로 기억한다. 그리고 얼마 후 기관 투자자들이 이 종목들의 급성장세에 주목하면서 주가가 급등했고, PER도 상승했다. 우리는 주가가 매수가의 3~4배 정도가 됐을 때 전량 매각했다. 이 두 종목으로 각각 약 100억 엔씩, 총 200억 엔 정도의 이익을 냈다.

이 시기에 우리가 운용하는 세 펀드의 롱 실현 이익은 다 합쳐 1,600억 엔에 이르렀다. 한편 같은 시기의 일본 주식시장은 바닥 다지기 상태(주가가 바닥권에서 오르내리기를 반복하는 상태)가 이어지고 있었다. 상황이 그렇다 보니 K1 펀드의 호성적은 투자자들의 눈길을 끌었고, 연금 기금이 속속 펀드에 유입됐다. 2005년(2004년분의 납세액)에는 내가 마지막 부자 순위에서 1위에 올라 '부자 순위 1위에 오른 월급쟁이 부장'이라는 제목으로 보도됐다.

그 결과 이 시기에 타워투자자문이 영업 사원을 다수 보유하고 있었기도 한 탓에 자금 유입을 막을 수 없게 되어 AUM이 급속히 팽창했다. 그래서 성장주로 생각되는 소형주를 닥치는 대로 사들이다 보니 성장주 발굴의 '특이도'가 급속히 저하됐다.

여담이지만, 부자 순위 1위에 오르면 이런저런 일이 일어난다. 하루는 전직 모델이라는 키가 크고 늘씬한 여성이 불쑥 찾아와 "5,000만 엔을 가져왔으니 맡아주세요"라고 말했다. 커다란 선글라스를 끼고 있어 누군지는 알아보지 못했지만, 어쨌든 안으로 들이지 않고 안내 데스크에서 거절하고 돌려보냈다.

또 언젠가는 M&A 전문가라는 사람이 찾아와 "당신이 대주주로 있는 회사의 주식을 사고 싶다는 사람이 있습니다. 팔 생각이 있나요?"라고 물어보았다. 수상한 사람과 얽히고 싶지 않아 "당신이 M&A 쪽에서 유명하다면 증권 업계에 잘 아는 사람이 있을 것 아닙니까. 어떤 증권 회사든 상관없으니 참고할 수 있도록 당신에 관해 물어볼 수 있는 누군가를 소개해주십시오. 이야기는 그 후에 합시다"라고 말했다. 그러자 그는 이미 세상을 떠난 사람의 이름을 댔고, 그 순간 그가 사기꾼임을 알아챘다.

2005년 10월~2007년 12월
소형주 폭락과 외국인 매수로 인한 숏 궤멸로 큰 손해를 보다

2003년부터 외국인이 일본 주식을 적극적으로 사들이기 시작했다. '일본이 잃어버린 10년의 터널을 빠져나왔다'라는 생각 때문인 듯했는데, 바이 재팬Buy Japan이 될 만한 기업 실적의 펀더멘털적인 변화는 딱히 보이지 않았다. 그래서 나는 '그들은 변덕이 심하니 일본 주식을 3조 엔 정도 사고 나면 열기가 식겠지'라고 대수롭지 않게 생각했다. 일본을 방문하는 외국인 투자자들도 급격히 증가해 우리 회사를 찾아오는 방문객도 크게 늘었다. 그러나 이야기를 들어봐도 도무지 이해가 되지 않았다. '지금의 일본과 외국인들이 거들떠보지도 않았던 3년 전의 일본이 대체 뭐가 다른 거지? 이 사람들 바보 아니야?'라고 생각하며 고평가 상태가 된 대형주의 숏을 주가가 상승함에 따라 늘려 나갔다.

그러나 주가는 계속 상승했다. 2005년에 1만 2,000엔대였던 닛케이 225 지수가 2007년에는 1만 8,000엔대에 도달했다. 외국인 투자자들은 우리의 생각과 달리 2003년부터 2007년까지 5년 동안 일본 주식을 36조 엔이나 순매수했다. 우리는 너무 일찍부터 숏의 양을 늘렸던 탓에, 주가가 오르자 순식간에 숏이 NAV의 100퍼센트라는 위험 수위에 도달하고 말았다.

숏·NAV 비율(운용 자산에 대한 공매도의 비율)은 '숏한 종목의 주가가 오른다', '숏으로 손실이 나 NAV가 감소한다'라는 양 측면에서 (분모와 분자 양쪽에 악영향을 미치기 때문에) 급속히 상승한다. 당시의 롱·숏 비율은 롱 120퍼센트, 숏 100퍼센트였다. 주가 상승으로 레버리지가 팽창해 위험한 상태였다.

게다가 2006년 1월에는 분식 결산 혐의로 라이브도어의 호리에다카후미 사장이 체포되면서 소형주가 폭락했고, 이에 따라 K1 펀드의 롱 포지션도 피해를 입었다. 롱·숏 양쪽에서 손실이 발생하는 최악의 결과였다.

외국인 투자자의 매수로 주가가 천장에 가까워진 것은 알고 있었기에 숏은 유지하고 싶었지만, 마진콜을 피하기 위해 천장 부근에서 환매수할 수밖에 없었다. (마진콜은 일본의 신용 거래에서 말하는 '추가 증거금'과 같은 것이다. 주가의 등락으로 증거금이 부족해지면 프라임 브로커가 추가 입금을 요구한다. 만약 여기에 응하지 못하면 강제로 청산되며, 그러면 펀드는 파산하거나 파산에 가까운 상황에 몰린다).

결국 2006년 1월부터 2008년의 리먼브라더스 사태까지 숏으로 입은 실현 손실은 세 펀드를 합쳐 600억 엔에 이르렀다. 그 후 전략을 수정해 숏으로 이익을 보게 됐지만, 그럼에도 전부 만회하지 못했을 만큼 손실이 컸다. 자세한 고찰은 제7장에서 이어나가도록 하겠다. 이처럼 K1 펀드는 리먼브라더스 사태가 발생하기 전에 이미 상당히 피폐해진 상태였다.

2007년 12월~2009년 2월
지옥 같았던 리먼브라더스 사태

이어서 발생한 리먼브라더스 사태는 우리에게 치명타를 날렸다. 그 피해는 막대했다. 케네디스, 다빈치, 일본 빌딩 펀드, 재팬 리얼 에스테이트 등은 이미 매각한 뒤였지만, 부동산 섹터에는 아직 저평가된 종목이 많아 그런 종목들에 차례차례 투자해왔기에 리먼브라더스 사태 전에도 롱 포지션에 부동산주가 많았다.

리먼브라더스 사태는 금융 위기다. 금융이 망가지면 부동산 섹터는 괴멸적인 타격을 입는다. 우리의 펀드도 이 부분에서 큰 타격을 받았다. 우리가 대주주로 있었던 부동산 관련주 중 세 회사가 도산했고, 한 회사는 ADR(재판 외 분쟁 해결 절차)에 들어갔다. 각각 기발행 주식의 49퍼센트, 35퍼센트, 10퍼센트, 20퍼센트를 보유하고 있었는데, ADR 외에는 가치가 0이 돼버려 타격이 컸다. 아주 대략적으로 말하면, 상장한 중소 부동산 회사 중에서 자기 자본 비율이 15퍼센트 이하인 회사는 도산했고, 15~20퍼센트인 회사는 ADR, 20~30퍼센트인 회사는 그대로 살아남았으며, 30퍼센트 이상은 점유율을 확대했다. 워런 버핏은 "썰물이 되면 누가 팬티를 입지 않았는지 알 수 있다"라는 유명한 말을 남겼는데, 이때는 '썰물이 되면 누가 죽었는지 알 수 있는' 상황이었다.

또다시 우리에게 마진콜 위기가 찾아왔다. 이번 위기는 IT 버블 때와는 비교도 안 될 만큼 심각했다. 헤지펀드 운용은 스트레스를 많이 받는 일이다. 이 책에는 일일이 적지 않았지만, 운용에 실패해 마음이 꺾인 경험이 수십 번 있었다. 그럴 때 나의 해결법은 드라마 〈필살 청부인〉의 주제곡을 들으면서 '그래! 다음에는 실패하지 않을 거야!'라고 다짐하는 것이었는데, 리먼브라더스 사태 때는 음악을 들을 생각조차 들지 않았다. 몸무게도 3킬로그램이 빠졌다. 마진에 여유가 없어지면 펀드는 손쉽게 파산하기 때문에 롱·숏 모두 포지션을 줄일 생각으로 머릿속이 복잡했다. 수익률을 생각할 여유 따위는 없었으며, 현금화할 수 있는 것은 닥치는 대로 현금화해야 하는 상황이었다.

여기에 엎친 데 덮친 격으로 프라임 브로커인 GS가 마진을 변경하고 싶다고 연락했다. 그전까지는 담보로 삼은 롱 포지션의 주식 100에 대해 50의 돈을 빌릴 수 있었는데, 그것을 30으로 줄이고 싶다는 것이었다. 그러나 당장 그렇게 했다가는 담보 부족으로 펀드가 파산할 수밖에 없었기에 유예 시간을 얻어 몇 개월에 걸쳐 단계적으로 50을 30으로 줄인다는 데 합의했다(GS도 금융 위기 속에서 펀딩 비용이 대폭 상승해 질식할 것 같은 상황이었기에 자신의 BS를 축소해야 했다. 헤지펀드에 돈을 빌려줄 여유가 없었던 것이다. 다만 그렇다고 해서 헤지펀드로부터 자금을 빼내면 우량 고객인 헤지펀드들이 픽픽 쓰러지고 만다. 소송의 위험성도 생각했을 것이다. 자신들도 살아야 하는 상황에서 최대한 양보해 '고객이 무리 없이 단계적으로 레버리지를 낮출 수 있게 하는' 프로다운 선택을 했다고 생각한다).

이것만으로도 커다란 위기 상황인데, 여기에 노도와도 같은 '해약' 러시가 추가타로 날아왔다. 병자가 비틀거리면서 간신히 걷고 있는데 자동차에 연속으로 세 번 치인 꼴이었다. 2004년과 2005년에 대량으로 유입됐던 연금 기금을 중심으로 펀드 고객의 해약이 줄을 이어, 우리는 약 절반의 투자자를 잃었다. 그야말로 'Easy come, easy go(쉽게 얻은 것은 쉽게 잃는다)'였다.

천장을 찍었던 2005년 10월부터 바닥인 2009년 2월 사이에 NAV는 72퍼센트, AUM은 89퍼센트 하락했다. 무슨 수를 써서라도 포지션을 줄이는 것이 최우선 과제였다. 숏 포지션의 대형주는 손절(공매도한 종목의 주가가 상승해 손실을 입자 그 이상 손실이 커지는 것을 막기 위해 환매수해 포지션을 청산하는 것)해 대부분 환매수한 상태였지만, 나머지 포지션도 즉시 환매수해 숏 포지션을 거의 제로로 만들었다.

소형주가 많은 롱 포지션의 경우, 한꺼번에 팔면 폭락해 내 목을 내가 조르게 된다. 그래서 우리는 자사주 매입을 열심히 부탁하는 방법을 선택했다. 마지막에는 내가 은행에 저금해뒀던 약 30억 엔을 펀드에 쏟아부었다. 그로 인해 나의 전 재산에 가까운 금액이 펀드에 들어갔다. 하지만 이는 펀드 매니저로서 당연히 져야 할 책임이었다. 이런 상황에서도 우리를 믿고 남아준 고객들이 있어 혼신의 힘을 다해 펀드를 존속시켜야 했다.

이때 나는 이 어려운 상황을 아내에게 어떻게 말해야 할지 고민했다. 재산의 상당 부분을 펀드에 쏟아부었다고 알려야 했다. 아내도 내가 리먼브라더스 사태로 어려운 상황에 처했음을 어느 정도는 이해하고 있겠지만, 주식시장이 바닥을 찍고 있는 상태에서 재산을 리스크에 노출시킨 것을 과연 용서해줄까? 이번 승부에 실패한다면 펀드는 파산할 것이고, 나는 두 번 다시 금융 업계에서 일할 수 없게 될 것이 분명했다.

저녁 식사 후, 술을 조금 마신 나는 아내에게 솔직히 털어놓기로 결심했다. 아내는 주방에서 설거지를 하고 있었는데, 이어폰을 끼고 음악을 듣고 있어서인지 내 목소리가 들리지 않는 듯했다. 나는 아내에게 가까이 다가가 큰 목소리로 아내를 불렀다. 아내는 이어폰을 빼고 내 이야기를 들은 뒤 이렇게 말했다.

"당신, 지난주에도 똑같은 말을 하지 않았어요?"

우리가 위기에 빠진 이유를 정리하면 이렇다.

1. 리먼브라더스 사태가 발생하기 전에 이미 숏으로 큰 손실을 입어 NAV가 크게 감소한 상태였다. 그 결과 NAV에 대한 롱 포지션의 비율이 크게 증가해 마진에 여유가 없어졌다.

2. 펀드의 투자자 중 절반이 해약했다.
3. 프라임 브로커로부터 마진 규칙을 변경(주식의 담보 가치 인하)한다는 통지를 받았다.
4. 리먼브라더스 사태로 소형주의 주가가 더욱 하락했다.

이 무렵 나는 이런 꿈을 꿨다. 죽어서 지옥에 떨어졌는데, 염라대왕이 내게 "하고 싶은 말이 있는가?"라고 물었다. 나는 "이것이 저의 포트폴리오입니다"라고 말하며 염라대왕에게 보유 종목의 목록을 들이밀었다. 그러자 염라대왕은 "네놈의 운용 방식은 롱·숏 운영이 아니었더냐? 그런데 이 목록에는 롱만 잔뜩 있고 숏은 없구나. 내가 본 것이 맞느냐?"라고 힐문했다. 나는 '망했네……'라고 생각하며 고개를 숙인 채 작게 끄덕였다. 염라대왕은 한동안 목록을 들여다보더니 이렇게 말했다.

"네놈은 아직 죽을 때가 아니다."

나는 롱만 잔뜩 보유하고 숏 포지션은 제로인 채로 리먼브라더스 사태를 버텨낸다면 반드시 큰 이익을 낼 수 있을 거라 생각했다. 물론 운용 성적이 폭락 전의 수준까지 회복될지 어떨지는 자신이 없었지만. 또한 주가가 조금 오르더라도 펀드가 보유한 소형주가 극단적인 저평가 상태였기에 한동안은 숏으로 헤지할 필요가 없다고 생각했다.

'숏은 당분간 생각할 필요가 없어. 롱에 전념하자.'

이 방침으로 리먼브라더스 사태를 헤쳐 나가려 했다. 그래서 리먼브라더스 사태로 주가가 침체를 벗어나지 못하고 있음에도 마진콜을 회피한 시점에 정신적으로는 안정을 되찾았다.

그렇게까지 자신이 있었던 이유는 돌발성 불황의 경우 반드시 그 후에 V자 회복을 하고, 특히 제조업은 오히려 위기 이전을 능가할 기세로 성장하기 때문이었다. 그로 인해 강렬한 상승장이 시작될 것이 명백했다.

이것은 단순한 예로 설명이 가능하다. 가령 평상시에 매년 200개씩 팔리는 상품을 생각해보자. 소매점이나 유통점에는 1년분의 재고 200개가 있다고 가정한다. 제조사의 생산 수량도 연간 200개다. 리먼브라더스 사태로 판매량이 절반인 100개가 됐다. 그러면 필요한 재고의 양도 1년분의 판매량과 마찬가지로 100개가 되므로 제조사의 생산량은 제로가 된다.

이듬해에는 수요가 전혀 회복되지 않아 판매량이 여전히 100개라 해도 생산량은 제로에서 100배로 늘어난다. 그리고 다음 해에 수요가 리먼브라더스 사태 이전의 수준인 200개까지 회복되자 그에 따라 재고의 필요량도 200개로 늘어나게 됐다. 따라서 제조사의 생산량은 '수요분 200개+재고 재축적분 100개', 즉 300개가 된다. 이것이 돌발성 불황이 발생했다가 이후에 회복되는 메커니즘이다.

주식시장이 바닥권에 있을 때 연금 기금 담당자들을 찾아다니며 "지금 해약하는 건 어리석은 선택입니다. 시장은 반등할 것이고, 저희 펀드의 NAV는 최소 2배가 될 겁니다"라고 설득했는데, 실제로는 2018년 2월 바닥이었을 때를 기준으로 12배가 됐다. 무엇을 사든 이익이 나는 시대가 찾아온 것인데, 우리는 특히 친숙한 REIT에 주목해 바닥 가격으로 사 모았다.

일반적으로 돌발성 폭락은 시장이 금방 급반등하기 때문에 '매수' 기회가 일순간에 불과하다. 뒤에서 다시 이야기하겠지만, 코로나19 팬데믹 때도 절호의 매수 기회는 2020년 3월 19일 14시부터 장이 마감될 때까지 1시간뿐이었다. 가령 장중에 북한이 미사일 한 발을 잘못 발사해 그것이 일본 본토에 떨어지더라도 주식시장이 폭락하는 시간은 15분 정도일 것이다. 2011년에 동일본 대지진으로 원자력 발전소 사고가 일어났을 때도 폭락했던 주가가 순식간에 제자리로 돌아왔다.

그러나 리먼브라더스 사태 때는 상당히 오랫동안 주가가 바닥을 다지고 있었기 때문에 거의 바닥 가격으로 차분하게 사 모을 수 있었다('마진콜의 위기 속에서 용케도 살 돈이 있었구나' 하고 생각하는 사람도 있을지 모르겠는데, 중소형 REIT를 비롯한 저평가 소형주의 주가가 엄청나게 하락했던 까닭에 기발행 주식의 10퍼센트를 살 때조차도 돈은 그다지 필요가 없었다).

이렇게 해서 우리는 벼랑 끝에서 살아남았고, 그 후 큰 리턴을 얻었다. 그 이유를 정리해보면 다음과 같다.

1. 연금 기금은 80퍼센트가 해약했지만 개인 투자자의 해약은 지극히 적었다. 타워투자자문은 증권업 라이선스를 보유하고 있어 직접 영업이 가능했기에, 이때 우리 회사의 사장과 영업사원들이 개인 고객을 찾아가 "지금 해약하면 나중에 후회할 겁니다"라고 설득했다(외부 증권 회사를 경유해 펀드를 판매했다면 개인 투자자의 해약으로 괴멸적인 피해를 입었을 것이다).
2. 펀드의 롱 포지션은 순현금 비율이 높은 종목이 많아 '자사

주 매입 요청'에 다수가 응했다.
3. 기요하라 개인에게 빚이 없고, 우리 펀드 이외의 자산은 은행의 보통예금뿐이었으며, 부동산 투자 등 다른 곳에 쓸데없는 투자를 하지 않았다. 그래서 위기가 찾아왔을 때 그 예금의 대부분을 펀드에 쏟아부을 수 있었다.
4. 주가가 바닥 부근일 때 숏 포지션을 제로로 만들어 포트폴리오를 단순화했다 (이해가 되지 않을 텐데 제7장에서 다시 설명하도록 하겠다).

지옥과도 같은 상황에서 나는 조지 소로스가 했던 말을 떠올렸다. 그리고 이렇게 생각했다.

'내가 해야 할 일은 믿고 떠나지 않은 고객들을 위해 최고의 운용 성적을 지향하는 거야. 신규 고객의 자금은 높은 운용 성적을 지향하는 데 방해가 될 뿐이야.'

소로스가 말한 의도와는 다분히 어감이 다르다고 생각하지만, 나는 이렇게 내 멋대로 해석했다. 그래서 이후에는 신규 고객의 자금을 일절 받지 않았다.

2009년 2월~2018년 2월
아베노믹스 장세, 일본은행의 ETF 매입 덕에 큰 이익을 내다

우리가 꽉 붙잡고 놓아주지 않았던 그리고 바닥에서 대량으로 추가 구입했던 신용력이 없는 중소형 REIT는 신용력을 회복하고 폭등했다. 다른 소형주도 순조롭게 주가가 상승했다. 이 시기에 '아베노믹스 장세'라는 말이 유행했는데, 솔직히 말하면 나는 그것이 무슨 소리인지 잘 이해하지 못했고, 지금도 이해하지 못한다. 그러나 같은 시기에 일본은행의 ETF 매입이 시장에 좋은 영향을 미친 것은 분명하다.

다음은 2009년 4월 말의 월간 운용 보고서다. 같은 해 2월은 K1 펀드의 바닥이었고, 4월은 여기에서 33퍼센트를 회복해 한숨 돌린 상황이었던 것으로 기억한다. 주가가 오른 것도 있어 REIT에 대한 투자가 롱 포지션 전체의 무려 43퍼센트를 차지하고 있었다.

[타워 K1 펀드 월간 운용 보고서]

2009년 4월 말의 NAV 687.57(전월 대비 +13.6%)

2009년 4월 말의 NAV는 3월 말과 비교했을 때 13.6퍼센트 플러스가 됐습니다. 3월 말까지 일본 주식을 대량으로 순매도했던 외국인 투자자들의 매도세도 4월에 들어서는 거의 멈췄습니다. 4월 후반부터 발표되기 시작한 결산들은 내용이 좋지 않았지만, 이미 대부분 시장에 반영된 상태였기에 새로운 악재가 되지는 않았습니다.

시장은 오히려 경기가 바닥을 칠 것이라는 기대감에 경기에 민감한 종목을 중심으로 계속 상승하고 있어 닛케이 225 지수, 닛케이 자스닥 평균이 각각 8.9퍼센트, 2.3퍼센트 상승했습니다. 저희

펀드의 운용 성적은 롱 포지션인 REIT와 기타 소형주의 주가가 전반적으로 상승한 덕분에 지수를 웃돌았습니다.

저희 펀드에서는 일반적으로 '신용 리스크가 높다'라는 평가를 받고 있는 '일본 커머셜(3229)'과 '일본 레지덴셜(8962)' 같은 REIT에 대해 '실제 리스크는 신용 평가 기관의 판단이나 시장 가격이 반영된 리스크보다 크게 낮다'라는 독자적인 분석을 바탕으로 투자를 계속해왔습니다. 상기한 두 REIT의 운용 회사의 모기업인 '퍼시픽 홀딩스'는 도산했지만, 우리는 스폰서 기업의 도산을 매우 긍정적인 일로 생각해 폭락한 REIT를 추가로 매수했습니다.

최근의 주가 조정적인 추이를 바탕으로 판단했을 때, 드디어 시장도 그 사실을 깨닫기 시작한 듯합니다. 실제로 새로운 스폰서가 정식으로 결정되면 '현재 수익률이 높다', 다시 말해 '신용 리스크가 높다'라고 일반에 인식되고 있는 REIT의 주가가 지속적으로 상승할 것으로 생각됩니다. 현재 저희 펀드의 롱 포지션에서 REIT가 차지하는 비율은 43퍼센트가 됐습니다.

현재의 실적을 기준으로 향후 2년 정도의 실적 회복을 예상하고 있지만, 어지간히 낙관적으로 흘러가지 않는 한, 대부분의 대형주의 밸류에이션이 PER로 봤을 때 저평가로 전환될 가능성은 매우 낮습니다. 실적이 본격적으로 회복되기까지 주가가 지나치게 반등하면 반락해버릴 위험이 있습니다.

저희는 외국인 투자자들의 본격적인 일본 주식 매도가 3월 시점에 종료됐다고 판단하고 있으며, 경기 회복에 대한 기대감이 조금이라도 생긴다면 외국인 투자자들이 경기에 민감한 일본 주식의 비중을 계속 기존보다 낮은 비율로 유지하기는 어려울 것으로 보고 있습니다.

현재 대형 수출 종목의 가장 큰 리스크는 환율 정도라고 생각합니다. 따라서 숏 포지션에 관해서는 특별한 아이디어가 없는 한, 포지션을 크게 늘리지 않으려고 합니다. 저평가된 소형주에 관해서는 지속적으로 매수를 해나갈 예정입니다.

이 시기에는 대형주에도 투자를 했지만, 그것은 장기 투자가 아니라 이벤트 드리븐(어떤 사건이 일어났을 때 혹은 일어날 것으로 예상했을 때 단기적으로 매매해 이익을 내는 전략)이었다. 대형주의 이벤트 드리븐 투자는 전부 크게 성공했는데, 다음과 같은 매매가 있었다.

- 2011년 올림푸스

제6장에서 자세히 설명하겠다.

- 2012년 JAL(일본항공)

JAL은 도산으로 채무가 면제되어 재무상태표가 깔끔해진 상태로 재상장했지만, 도산한 회사라는 이유에서 기관 투자자들에게 백안시되고 있었다. JAL의 주식과 채권을 보유했다가 큰 손해를 본 기관 투자자가 많았기 때문이다. 또한 민주당 정권에서 회사 재건의 성공 사례가 됐기에 자민당 의원들은 JAL에 대해 나쁜 말만 했다. 잡지에도 JAL을 비판하는 기사가 꽤 실렸다. 그래서 심한 네거티브 바이어스가 걸릴 것 같았다.

기관 투자자들은 기본적으로 'ANA(전일본공수)의 주식만 보유하고 있으면 된다'라고 생각했다. 그러나 PER을 봐도, 순현금 비율을 봐도 JAL이 압도적으로 저평가되어 있었다. 우리는 IPO 때 최대한으로 청약했지만, 받을 수 있는 주식의 수는 얼마 되지 않았다. 상장일에도 여전히 인기가 없어 상장 후 며칠 동안 시장에서 최대한 사모았다. 그 후 몇 달이 지나자 JAL이 크게 저평가됐음을 시장이 인식하게 되어 주가가 급상승했고, 우리는 큰 리턴을 얻을 수 있었다.

- **2013년 도시바**

분식 결산으로 도시바의 주가가 폭락했을 때 대량으로 사들였다. 그 후 주가가 올랐을 때 매각했는데, 전부 팔기 전에 원자력 발전 사업에서 엄청난 손실을 계상하는 바람에 또다시 폭락했다. 결국 이익은 줄어들었지만, 그래도 일단은 대성공이었다.

- **2016년 UT 그룹**

제6장에서 자세히 설명하겠다.

- **2017년 닛토쿠 엔지니어링**

2017년에 실적을 하향 수정하면서 주가가 하락했다. 그러나 이 회사는 전기 자동차EV의 최고 유력 종목이다. 모터의 코일을 감는 기계(권선기)를 만드는 회사이기에 본래 주가에 프리미엄이 크게 붙는 것이 당연한 종목이었다. 그런 종목이 실적의 하향 수정으로 PER이 10배 가까이 내려갔다. 이 주식을 1,200엔에 샀는데, 그 후 순식간에 5,000엔을 넘겼다.

이와 같이 롱 포지션에서 파상적인 성공이 이어졌다. 이 시기에 패스트리테일링(유니클로)의 숏으로 큰 손해를 봤지만(뒤에서 다시 이야기하겠다), 롱으로 얻은 이익이 매우 컸기에 '대승리'로 끝났다. 숏도 유니클로 이후에는 연전연승이었다.

2018년 2월~2020년 3월
코로나19 팬데믹으로 폭락, 대형 은행 주식 대량 매수

2017년 여름, 나는 인두암 수술을 받아 목소리를 잃었다. 일을 계속할 수 있을지 고민됐지만, 부하 직원들의 도움을 받으며 한동안은 어떻게든 버텨보기로 결심했다.

2020년 2월 코로나19의 영향으로 주식시장은 조금씩 하락했다. 그리고 3월 19일 목요일 오후 2시, 마침내 바닥이 뚫렸다. 팬데믹의 공포로 투자자들이 패닉을 일으킨 것이다. 양동이에 큰 구멍이 뚫린 듯이 단숨에 대량의 주식이 투매됐다.

나는 본능적으로 '이건 천재일우의 기회야. 살 수 있을 만큼 사모으자'라고 생각하고 움직였다. 인류가 아무리 비참한 상황에 놓이든, 시장이 그것을 반영해 폭락했다면 '사는' 수밖에 없다. 극단적인 예로, 소행성이 지구에 충돌해 인류가 멸망할지도 모를 때 숏을 하는 것은 아무런 의미가 없다. 예상이 적중하면 인류는 멸망할 테니까. 그러나 싼 가격에 롱을 해놓으면 궤도가 어긋나 인류가 살아남았을 때 주가가 몇 배로 뛰어 큰 이익을 낼 수 있다. 일본이 핵 공격을 받았을 경우에도 숏이 아니라 롱이 정답이다(물론 주가가 크게 내렸을 때의 이야기다).

꿈속에서 염라대왕이 내게 하고 싶었던 말도 그런 것이 아니었을까 싶다(이 장의 제목인 '주식만 들고 있으면 지옥에서도 살아남을 수 있다'는 '지옥에 떨어져도 유망한 주식을 팔지 않고 들고 있으면 다시 기어오를 수 있다'라는 의미다).

즉시 마진을 계산해보니, 숏이 제로라면 롱 포지션을 NAV의 140퍼센트 정도까지 늘릴 수 있었다. 그래도 여유는 둬야 하기에 나는 2시부터 장이 마감될 때까지 1시간 동안 롱을 NAV의 130퍼센트로 늘리기로 했다(30퍼센트는 돈을 빌려 주식을 산다는 의미). 배당 수익률이 무시무시하게 높아진 대형 은행 주식을 중심으로 다른 대형주도 사들였고, 하한가에서 올라올 생각을 하지 않는 REIT도 몇 종목 사들였다.

그런데 당시 나는 REIT에 관해 완전히 문외한이었다. K1 펀드의 롱 포지션에 오래전부터 투자하고 있었던 REIT가 세 종목 있기는 했지만, 그냥 방치하고 있었던 까닭에 내 머릿속에는 REIT에 관한 지식이 전혀 없었다. 그래서 하한가가 된 종목들을 보면서 나 역시 반대의 의미에서 패닉에 빠졌다.

'어떤 REIT를 사야 할지 도무지 모르겠어!'

긴급히 다이와 증권 출신이자 SMBC 닛코 증권의 REIT 애널리스트인 도리이 히로시에게 부탁해 밸류에이션 시트를 받았다. 하지만 지식이 없다 보니 읽어도 무슨 소리인지 알 수가 없었다. 결국 '일단 포트폴리오에 호텔이 들어 있지 않은 REIT를 사자!'라고 생각했다. 호텔은 큰 적자를 볼 것 같았기 때문이다. 시간이 없었기에 그것을 확인하는 데만 열중했다.

도리이에게 '사면 좋은 REIT를 빨리 알려주십시오'라고 이메일을 보냈더니 '상업 시설의 REIT가 수익률이 매력적일 것입니다'라는 답장이 돌아왔다. 그래서 대량의 매물이 있었던 프론티어 REIT(8964)를 사야겠다고 생각했다. 보유한 가장 큰 물건이 대형 쇼핑몰인 '이온 몰 나고야 돔 앞'이었는데, 때마침 부하 직원 중 한 명이 나고야 출신이어서 "여기 장사 잘되냐?"라고 물어보니 "네, 거기 장사 잘됩니다"라고 대답하기에 즉시 매물을 전량 사들였다.

그 1시간은 진검승부였다. 생각하는 힘보다 반사 신경이 중요한 시간이었다. 내가 예전에 읽었던 《미국 해군사》라는 책에 '유능한 사령관과 평범한 사령관의 차이는 고작 10초 정도다'라는 문장이 나오는데, 딱 그런 분위기였다. 장이 마감되자 몸에서 힘이 빠져나가며 넋이 나간 상태가 됐다. 기본적으로 우리는 지정가 주문을 넣어 사기 때문에 거래가 체결되지 않은 주문도 많아 결국 NAV의 26퍼센트 정도밖에 사지 못했지만, 극단적으로 낮은 가격에 살 수 있었기에 매우 만족스러웠다.

그 결과 3월 말에는 롱 포지션이 NAV의 113퍼센트(2월 말 시점에는 87퍼센트), 숏 포지션이 0퍼센트(2월 말 시점에는 14퍼센트)가 됐다. 그리고 다음 주 월요일 첫 거래 후 몇 분 정도는 패닉의 여운이 남아 있었지만, 그 뒤로는 예상대로 REIT가 매수세로 바뀌었다. 나는 매수 주문을 넣었지만 거의 사지 못하고 끝났다. 시장은 급격히 반전됐다.

이 무렵에는 '주가 지수 선물 매수·현물주 공매도'라는 이른바 차익 거래의 신용 매도 잔고도 믿을 수 없을 만큼 부풀어 있었다. 외국인 투자자들이 주가 지수 선물을 대량으로 팔고 있었다. 현물주도 투매됐지만 선물 정도의 양은 아니었던 것이다(이에 관해서는 이 장의 마지막에서 자세히 설명하도록 하겠다). 일본 주식은 펀더멘털 측면에서도 초저평가된 상태였고, 기술적인 측면에서도 미증유의 매수 신호였다. 우리가 주식시장이 크게 상승하리라고 예측하는 것이 당연한 상황이었다.

다음은 그때의 월간 운용 보고서다. 우리가 코로나19를 상당히 낙관적으로 바라보고 있었음을 엿볼 수 있다.

[타워 K1 펀드 월간 운용 보고서]

2020년 3월 말의 NAV 6,299.98달러(전월 대비 -10.4%)

엔화 표시 지수: 4,816.17(전월 대비 -11.0%)

2020년 3월 말의 NAV는 2월 말에 비해 -10.4퍼센트가 됐습니다. 이번 달에 접어들면서 신종 코로나 바이러스 감염증이 상당히 심한 '팬데믹'이 될 것이 분명해짐에 따라 유럽뿐 아니라 북아메리카에서도 막대한 피해가 예상되기 시작했습니다. 게다가 3월 말 현재, 감염자 수와 사망자 수는 발생원이 된 중국을 제외하면 감소세로 돌아서기는커녕 여전히 증가세가 계속되고 있습니다. 일본도 월말에 걸쳐 수도권에서 감염자 수가 폭발적으로 증가할 조짐이 보이고 있습니다.

외국인 투자자들은 2월 말부터 일본 주식을 현물과 선물 모두 대량으로 순매도하고 있습니다. 한 달 동안 닛케이 225 지수는 10.5퍼센트, 닛케이 자스닥 평균은 10.4퍼센트, 마더스 지수는 11.5퍼센트 하락했습니다.

저희는 2월 말에 이번 팬데믹의 세계적인 피해를 '과소평가'하고 있었으며, 그 결과 롱 포지션을 너무 일찍부터 늘리는 잘못된 판단을 했습니다. 그러나 저희는 이번 팬데믹이 올해의 어떤 시점에 정점을 찍을 것이며, 감염자 수가 감소세로 돌아섬에 따라 세계의 경제 활동도 회복될 것이라고 생각합니다.

주식시장은 감염자 수가 계속 증가하더라도 그 증가율이 감소세로 돌아선다면 그것을 호재로 여겨 급반등할 것입니다. 그래서 저희는 그때를 대비해 이번 달에 고배당의 대형 은행주와 REIT를 중심으로 롱 포지션을 적극적으로 늘렸습니다. 과거의 폭락 사례를 봐도 주식시장은 실물 경제가 바닥을 찍기 상당히 이전에 바닥을 찍었습니다.

또한 숏 포지션은 이번 달에 전부 환매수해 제로가 됐습니다. 롱 포지션은 이번 달의 적극적인 매수를 통해 이미 NAV를 초과한 상태입니다. 현재 대략적으로 100~115퍼센트 사이인데, 주식시장이 또다시 크게 하락한다면 롱 포지션을 더욱 늘려 120퍼센트까지 높일 계획입니다.

저희는 일본의 주식시장이 크게 상승할 것이라고 예측하고 있습니다. 이런 '매수 기회'는 앞으로 영원히 찾아오지 않을지도 모른다는 생각까지 하고 있습니다. 그 기회를 살리기 위해 저희는 롱 포지션을 최대한으로 취하려 합니다. 확실한 증거는 없지만, 저희는 시장의 바닥이 3월 13일에서 19일 사이에 찾아올 것이라 생각합니다. 이 기간은 거래량도 급증하며 셀링 클라이맥스가 될 것입니다.

차익 거래의 신용 매도 잔고도 3월 16일에 과거 최고치를 갱신했지만, 그 뒤로는 계속 감소하고 있습니다. 증권 회사에서 개인 투자자가 개설한 계좌의 수도 극적으로 증가하고 있습니다. 앞으로도 외국인 투자자들이 계속해서 일본 주식을 매도할 가능성은 있지만, 나쁜 소식에는 어느 정도 '면역'이 생겼기에 패닉적인 매도는 일어나지 않을 것입니다.

사실 나는 2020년 3월 19일 이전부터 '대형주도 상당히 저평가 상태가 됐구나', '이 정도로 저평가 상태라면 롱은 소형주를 고집할 필요가 없지 않을까?'라고 느끼고 있었다. 일본의 주식시장은 소형주뿐 아니라 대형주까지 저평가 상태가 되어 있었다.

1980년대에 4퍼센트였던 장기 금리는 2019년 말에는 0.1퍼센트가 되어 있었다. 1980년대에는 공모 증자, 전환 사채, 신주 인수권부 사채 남발로 주식의 공급이 확대됐지만, 지금은 증배·자사주 매입이 당연해졌으며 공모 증자 등의 신주 공급은 거의 없다. 그럼에도 PER은 1980년대보다 상당히 낮았다.

나는 조만간 일본 주식이 사고 싶어도 살 수 없는 '쇼티지(공급이 줄어 구매자의 수요를 충족시키지 못하는 상태)'가 될 것이라고 생각했다. 일본의 투자자가 환율 리스크를 짊어지지 않고 투자하려 한다면 '일본 주식밖에 없다', '일본 주식에 투자하지 않는 것은 바보짓이다'라는 생각에 팬데믹 이전부터 스미토모 상사와 마키노밀링머신, 미쓰이화학 같은 대형주에 투자했다.

대형 은행도 '상당히 저평가 상태가 됐구나'라고 생각해 조금씩 조사를 시작한 상태였다. 대형 은행에는 성장성이 없다. 이익을 늘리려면 비용을 절감하는 수밖에 없는데, 미쓰비시 UFJ 은행 같은 곳을 보면 진심으로 비용 절감에 힘쓰고 있다는 생각이 들지 않는다. 미쓰비시 UFJ 은행은 나의 주거래 은행으로, 매우 훌륭하고 신뢰할 수 있는 곳이다. 나는 이 은행과 평생 거래하고 싶다. 이곳에 돈을 맡긴 동안에는 그 어떤 문제도 일어나지 않을 것이라고 생각한다.

다만 비용 절감 측면에서는 조금 아쉬운 점이 있다. 은행원이 갖고 있는 DX 단말기는 쓸데없이 번거로울 뿐 효율화에 기여하고 있는지 도무지 모르겠고, 터치 패널에 서명하는 시스템은 내가 한 서명으로 보이지 않을 정도로 글자가 엉망이 된다.

하루는 내 담당 은행원이 찾아와서는 이렇게 말했다.

"이전 담당자가 고객님에게 '은행이 리스크가 있는 상품을 추천하는 것을 허락한다'라는 내용의 동의서를 받았는데, 사실은 그전 담당자도 똑같은 동의서를 받아 동의서가 두 장이 됐습니다. 한 장은 파기하려 하니 파기에 동의한다는 동의서에 서명해주시겠습니까?"

이것이 무슨 코미디란 말인가? 동의서가 두 장인 것이 무슨 큰 문제라고 굳이 약속을 잡고 나를 만나러 온 건지 모르겠다. 게다가 새로운 은행장은 "본사를 새로 짓겠다"라는, 내 귀가 의심될 정도의 잠꼬대 같은 소리나 하고 있고 말이다. 예전 일이지만 일본은행에 들어간 대학 동창에게 "미쓰비시 UFJ 은행은 한 명이 할 일을 세 명이 하더라"라는 말을 들은 적이 있다.

그렇다면 미쓰이 스미토모 은행은 어떨까? 나는 이 은행은 이미 비용 절감을 상당히 진행하지 않았나 생각한다(그런 의미에서는 매우 훌륭하다). 따라서 앞으로 더 비용을 절감할 여지는 많지 않을 것이다.

미즈호 은행은 시스템 장애 등 나로서는 잘 알지 못하는 부분이 많기 때문에 대형 은행 3사 중에서는 포지션을 적게 취했다. 재무상태표도 세 은행 중에서 가장 좋지 않아 보였고, 자사주 매입을 실시할 확률이 가장 낮아 보였다.

그렇다면 앞으로 핀테크에 시장을 빼앗길 것 같은 대형 은행의 주식을 왜 산 것일까? 그 이유는 다음과 같다.

1. 대형 은행의 경영자들은 자신들의 주가가 너무 낮다고 생각해 어떻게든 주가를 끌어올리고자 애쓰고 있다. 1990년대에 주주에게 피해를 입혔던 것도 아직 기억하고 있다. 그래서 증배나 자사주 매입을 기대할 수 있다.
2. 금융에서 가장 중요한 것은 안전과 신뢰다. 소액의 자금은 핀테크로 넘어가더라도 거액의 자금은 쉽게 넘어가지 않을 것이다.
3. 은행 업계는 저금리로 예대 마진(금리차)이 압축되어 전체적으로 어려운 상황이다. 대형 은행보다 지방 은행이 더 힘들다. 지방 은행 중에 위기에 몰린 곳도 있다(물론 여유가 있는 우량 지방 은행도 많다). 그런 지방 은행의 파산을 막아야 하기 때문에 은행 업계에 불리한 정책을 실시하기 어렵다. 구로다 하루히코 일본은행 총재는 자리에서 물러나기 전에 10년 만기 국채 금리의 유도 목표를 상한 0.5퍼센트로 끌어올렸다. 그 이유에 대한 일반적인 해석은 '엔화 약세로 발생할 인플레이션에 대한 우려'였지만, 비명을 지르고 있는 '지방 은행의 구제'라는 의미도 크지 않았을까 싶다.
4. 금리는 지금이 바닥이다. 앞으로는 오를 수밖에 없다. 다만 단기 금리는 일본의 주택담보대출 중 대부분이 변동 금리인 점을 생각하면 오르기 어렵다. 금리가 오른다면 장기 쪽(10년 만기 국채 수익률이라든가)일 것이다. 요컨대 정상 수익률(장기 채권의 수익률이 단기 채권의 수익률보다 높은 것-옮긴이)을 유지하면서 점점 높여 나갈 것이기에 은행 업계에는 이상적이다.

세 번째의 지방 은행 이야기는 여러분이 상상하는 것보다 더 중요할지도 모른다. 대부분의 투자자가 '지방 은행 같은 건 아무래도 상관없어. 전혀 흥미 없다고'라고 생각하겠지만, 시골에서 은행의 존재감은 매우 크다. 지방 은행의 은행장은 대체로 그 지역의 자민당 국회의원과 막역한 사이이기도 해 만약 국회의원의 비밀 계좌가 존재한다면 틀림없이 대형 은행이 아니라 지방 은행에 있을 것이다.

예전부터 나는 '개인번호카드(일본의 IC 카드 신분증. 전자 인증서 기능도 내장되어 있다-옮긴이)를 도입했는데, 왜 금융기관의 계좌를 연결하는 통합 작업을 하지 않는 걸까?'라는 의문을 갖고 있었다. 일본의 국세청은 절대적인 힘을 지니고 있다. 통합 작업만 마친다면 내 재산 같은 것은 클릭 한 번으로 전부 드러난다. 국세청의 업무가 굉장히 효율적이 되는 것이다. 게다가 어려운 작업도 아니다. 그럼에도 통합 작업을 하지 않고 있다는 것은 국세청을 능가하는 권력이 압력을 넣고 있다는 의미가 아닐까?

여담인데, 본래 대형 은행의 주식을 사려면 주변의 종목도 조사해야 한다. 생명보험이나 손해보험이 대형 은행보다 저평가 상태라면 그쪽을 사야 하기 때문이다. 그러나 생명보험이나 손해보험은 너무 어렵다. 예전부터 공부해보려 했지만 쉽지 않았다. 그래서 대형 은행의 주식도 좀처럼 손대지 못하고 있었는데, 폭락해버리는 바람에 '이제 그런 건 아무래도 상관없어', '일단 사고 생각하자'가 돼버렸다.

또한 IR을 방문해 이야기를 들으면 실망감을 넘어 '살 마음이 없어질' 가능성이 있어 일부러 조사도 하지 않았다(대형 은행의 IR 담당자는 솔직해서 낙관적인 이야기를 거의 하지 않는다).

2020년 3월 19일에 큰 승부를 할 수 있었던 이유는 펀드의 고객이 해약하지 않을 것이라는 자신감이 있어서였다. 물론 투자 규모가 큰 고객에게는 영업 사원이 찾아가 "지금 해약하면 이익을 놓치게 됩니다"라고 말했다. 리먼브라더스 사태로 고객의 절반을 잃은 것은 마음이 아팠지만, 그 결과 오히려 고객 기반이 견고해진 덕분에 주식시장이 패닉으로 폭락했을 때 큰 승부에 나설 수 있었다. 그런 의미에서 운용은 포트폴리오 매니저만의 일이 아니라, 영업 사원 그리고 고객과의 공동 작업이다.

되돌아보면, 개인 고객(개인이 경영하는 사업 회사에서 우리 펀드에 투자한 경우가 많지만)들은 하나같이 독특했다. 연금 기금 중에도 떠나지 않고 자리를 지켜준 고객들이 있는데, 그들 역시 전부 독특했다. 우리가 투자한 중소형주 사장들도 모두 독특해 굉장히 즐거운 시간을 보냈다.

한 번은 영업 사원이 도호쿠의 개인 투자자에게 이런 요청을 받았다.

"3월 말에 프리메이슨이 닛케이 225의 선물을 대량으로 매도해 일본의 주식시장을 망가뜨리려 한다는 소문이 있는데, 기요하라 씨에게 확인해줄 수 있나요?"

평범한 회사원이라면 이런 질문은 하지 않을 것이다.

2020년 3월~2023년 6월
대형 은행 주식 급등, 주가 전면 상승

2020년 4월에 접어들면서 여유가 생기자 '산 종목을 언제 팔아야 할까?'를 생각하기 시작했다. 이때 나는 앞으로 코로나19가 어떻게 될지 예상하고자 전 세계에서 발신되는 코로나19 관련 뉴스를 나름대로 열심히 분석했다. 앞서 '베이지언적 발상'을 소개했을 때 예로 들었던 진단 시약 이야기는 그때 공부한 것이다. 나는 이렇게 생각했다.

'인류가 고작 바이러스 따위에 패배할 리 없어. 조만간 복수의 백신이 완성될 거야. 최악의 상황이 벌어지더라도 집단 면역이 생기면 코로나19는 종식돼. 경제에 장기적으로 악영향을 미칠 일은 없어.'

변이체가 출현할 가능성은 꽤 크다고 생각했지만, 앞으로 2~3개월 후에 팬데믹이 끝날 거라 오판을 한 것이다. 팬데믹이 몇 웨이브씩 파상적으로 찾아올 것이라고는 꿈에도 생각하지 못했다.

일본 주식은 패닉이 진정되면서 회복되기 시작했지만, 대형주의 밸류에이션은 역사적으로 봐도 아직 크게 저평가된 상태였다. 2020년 3월에 9억 주까지 쌓였던 '선물 매수·현물주 공매도'의 차익 거래 잔고(뒤에서 자세히 설명하겠다)는 일단 6억 주까지 감소했다. 하지만 4월에 들어서자 또다시 증가세로 돌아서더니 10억 주를 넘겼고, 5월에는 11억 주를 돌파하며 정점을 찍었다. 어떤 계기만 만들어진다면 시장이 폭등할 수준의 증가세였다.

그래서 아직은 롱 포지션을 유지해야 한다고 생각했다. 3월 19일에 바닥에서 샀던 종목을 팔기는커녕 상승세가 둔한 대형 은행의 주식을 중심으로 매수를 더욱 늘렸다. 유일한 숏 포지션이었던 이온은 3월 중에 전부 되샀고(이에 관해서는 제7장에서 이야기하겠다), 그 뒤로 지금에 이르기까지 숏 포지션은 기본적으로 제로다(소규모 포지션은 있었지만). 그 결과 롱 포지션은 7월 말 시점에 NAV의 125퍼센트, 숏 포지션은 제로가 됐다. 주식시장이 폭락한 3월 19일 이전의 롱 포지션이 NAV의 89퍼센트였으니 38퍼센트 포인트 증가한 것이다.

4월이 끝날 무렵이 되자 코로나19의 세컨드 웨이브가 찾아왔다. 롱 포지션이 NAV를 초과한 상태였기에(돈을 빌려서까지 주식을 산 상태) 움찔하기는 했지만, 시장이라는 곳은 충격의 크기에 반응한다. 요컨대 악재에 익숙해지면 어지간한 악재로는 잘 하락하지 않게 되는 것이다. 내전이 벌어지고 있는 레바논에서 로켓탄이 날아와 근처에 연기가 나고 있는데, 카페 오픈테라스에서 태연하게 커피를 마시는 사람을 볼 수 있는 것도 인간은 익숙해지면 그 정도는 아무렇지 않게 여기기 때문이다. 그래서 세컨드 웨이브로 인해 퍼스트 웨이브 때보다 상황이 심각해지더라도 주가 하락은 한정적일 것이라고 생각했다.

그리고 내 머릿속에는 또 한 가지 새로운 생각이 떠올랐다. 팬데믹이 장기화되면 주식시장에 긍정적으로 작용할 수도 있다고 생각했다. 나는 이 아이디어를 경제 전문가 친구와 토론하기 위해 다음과 같은 이야기를 구상했다.

낚시꾼 A, 이발사 B의 이야기

한 나라에 A와 B라는 사람이 살고 있다. A는 낚시꾼으로, 매달 10만 엔어치의 물고기를 B에게 판매한다. B는 이발사다. A는 매달 10만 엔을 내고 B에게 머리를 깎는다. 이 나라에는 두 사람밖에 없기에 생활에 필요한 다른 것들은 모두 자급자족한다. 이발도 낚시도 비용은 들지 않는다. 요컨대 매출액이 전액 부가가치여서, 이 나라의 GDP는 20만 엔/월이다. 두 사람 모두 보유 자금으로 늘 10만 엔을 지니고 있다.

그런데 코로나19 팬데믹이 발생해 정부의 명령으로 이발소가 잠시 문을 닫게 됐다. 가게를 닫은 첫 달, B는 보유 자금을 사용해 10만 엔어치의 물고기를 샀다. 그러나 A는 이발소에 갈 수가 없다. 그러면 첫 달의 GDP는 10만 엔으로 반 토막이 난다. 둘째 달도 이발소가 문을 닫는다면 B는 자금이 없어 A에게 물고기를 살 수 없게 된다. 즉, 둘째 달의 GDP는 제로가 된다.

그래서 정부는 이발소가 문을 닫은 기간 동안 B에게 매달 10만 엔의 보조금을 줘 A의 물고기를 살 수 있게 했다. 그러면 GDP는 10만 엔/월을 유지할 수 있다. 보조금을 받은 B는 여유 자금 따윈 남기지 않고 그 돈을 전부 사용한다.

이번에는 A의 상황을 살펴보자. A는 돈을 쓰지 않기(못하기) 때문에 첫 달에 보유 자금이 20만 엔이 된다. 둘째 달에는 30만 엔이 되고, 셋째 달에는 40만 엔이 된다. 정부로부터 보조금을 받지 않는 A의 수중에 돈이 점점 쌓이는 것이다. 정부로부터 돈을 받는 B만을 바라보면 이 잉여 자금의 축적을 간과하게 된다.

물론 A에게 과세를 해 잉여 자금을 거둬 B에게 줄 보조금의 자금원으로 삼을 수는 있다. 그러나 이발소에 갈 수 없어 불편해진 마당에 세금까지 더 내야 한다면 A는 불합리하다고 생각할 것이다. 그래서 정치적으로 A에게 과세하기는 어렵다. 결국 A는 남은 돈의 일부를 주식 투자에 사용하게 될지도 모른다.

이렇게 생각하면 '팬데믹이 길어지는 것이 과연 주식시장에 나쁜 일인가' 하는 의문에 직면하게 된다. 굉장히 카운터인튜이티브한 상황이 아닌가?

이때 나는 '팬데믹이 장기화되면 주식시장에는 긍정적으로 작용할 것이다'라고 판단했다. '잉여 유동성 장세(돈이 남아돌아 주식시장으로 흘러드는 것)'가 반드시 찾아올 거라 생각한 것이다. 이러한 확신이 있었기에 그 후 수차례에 걸쳐 코로나19의 웨이브가 찾아왔음에도 대형 은행을 비롯한 수많은 대형주를 계속 보유할 수 있었다.

대형 은행의 주식을 전부 매각한 시기는 구로다 일본은행 총재가 10년 만기 국채 금리의 유도 목표를 상한 0.5퍼센트로 끌어올려 주가가 크게 상승한 2023년 3월 초였다. 그런데 전부 매각하고 불과 며칠 뒤에 미국 SVB(실리콘밸리 은행)의 파산으로 대형 은행 주식이 폭락하는 것이 아닌가? 그래서 또다시 사들였다. 그때 세상에는 '천운'이라는 것이 존재한다고 느꼈다.

주가 지수 선물의 차익 거래 잔고에 관해

여기까지가 25년 동안 우리가 해온 운용의 개요다. 마지막으로, 지금까지 몇 차례 언급했던 '주가 지수 선물의 차익 거래 잔고'에 관해 설명하고 이 장을 마치도록 하겠다. 이것은 우리가 중시하는 기술적 지표로, 단순하게 설명하면 이렇다.

단기 투자자(보통은 외국인 투자자)가 주식시장의 상승을 예상하고 주가 지수 선물을 대량으로 사들이면 선물 가격이 오른다. 보통은 현물주에도 매수 주문이 들어오므로 선물과 현물 모두 오르지만, 이따금 선물 가격은 기세 좋게 오르는 반면, 현물주는 상승세가 둔한 경우가 있다. 그러면 선물 가격이 이론 가격보다 높아진다.

이때 대형 증권 회사들은 자기 계정으로 '선물 매도·현물주 매수'의 차익 거래(아비트리지. 같은 가치를 지닌 상품에 가격 차이가 발생했을 경우, 상대적으로 비싼 상품을 공매도하고 싼 상품을 산다)를 실시한다. 주가 지수 선물은 3개월 후에 현물의 가격으로 결제된다. 요컨대 현물과 선물이 3개월마다 일치하게 되므로 증권 회사는 리스크가 거의 없는 차익 거래를 할 수 있는 것이다.

반대로 단기 투자자가 주식시장의 하락을 예상하면 주가 지수 선물을 파는데, 현물주 장기 투자자들은 그렇게 서둘러 팔지 않는 경우도 있다. 그럴 경우 선물 가격이 이론 가격을 밑돌게 되기 쉽다. 그러면 증권 회사는 '선물 매수·현물주 공매도'의 차익 거래를 실시한다.

이것은 어디까지나 '선물 투자자는 현물주 투자자에 비해 버티는 힘이 없는 투자자'일 것이 전제이지만, 차익 거래의 매수 잔고(현물주 매수·선물 매도)가 불어난다는 것은 단기 투자자들이 주식시장의 강세를 예상하고 선물을 마구 사들이는 데 비해 장기 투자자들은 그렇게까지 사들이고 있지 않음을 암시한다. 그리고 얼마 후에 그 사실을 깨달은 단기 투자자들은 포기하고 선물의 매수 포지션을 닫아버린다. 이와 동시에 차익 거래도 종료되며, 현물주는 매도된다.

요컨대 '선물 매도·현물주 매수'의 차익 거래가 쌓이면 그 후 반드시 반대 매매가 일어나 현물주가 매도되므로 기술적으로 '약세 신호'가 된다. 반대로 '선물 매수·현물주 공매도'의 포지션이 쌓이면 그 후 공매도한 현물주가 환매수되므로 '강세 신호'가 된다.

실제 숫자를 살펴보면 2010년까지 차익 거래는 '매수 잔고'가 압도적으로 많았고, '매도 잔고'는 많아야 1억 주 정도로 미미했다. 그럼에도 다소는 기술적 지표로서 의미가 있었다. 아마도 예전에는 차주 비용이 비싸 공매도를 하기가 어려웠기 때문이 아닐까 싶다.

그런데 2010년을 기점으로 '선물 매수·현물주 공매도' 포지션의 매도 잔고가 선물이 많이 팔렸을 때는 3억 주 정도까지 쌓이게 됐다. 패시브 펀드의 융성으로 차주 비용이 하락한 것도 한 가지 요인일 것이다.

2020년에 코로나19 팬데믹으로 선물이 대량 매도됐을 때는 매도 잔고가 비정상적으로 불어나 11억 주에 이르기도 했다. 이것은 '주식시장이 크게 하락할 거라 예상한 투자자들이 주가 지수 선물을 강렬하게 매도한 데 비해 현물주를 보유하고 있는 장기 투자자들은 단기 투자자들이 기대한 만큼 주식을 팔지 않았다'라는 것을 보여준다. 요컨대 강렬한 강세 신호였던 것이다.

나는 앞으로도 이 지표를 계속 모니터링할 생각이다. 그렇다면 여러분이 접할 수 있는 이 정보가 왜 시장을 예상하는 데 참고가 되는 것일까? 그런 정보는 시장에 이미 반영되어 있어야 정상이 아닐까?

지당한 생각이다. 이 지표가 도움이 되는 이유는 '이 지표가 너무나도 불완전하기 때문'이다. 증권 회사에는 차익 거래 잔고를 보고할 의무가 없다. 보고는 어디까지나 임의다. 공표된 숫자는 빙산의 일각에 불과하며, 실제 차익 잔고는 알 수 없다. 그래서 투자 전략가도, 닛케이 CNBC의 평론가도 이 지표를 그다지 강조하지 않는다. 따라서 현시점에서는 오히려 이 지표가 일종의 비전통적 정보원으로서 도움이 되는 것이다. 모두가 이 지표의 유익함을 깨닫고 진지하게 바라보기 시작하면 이 지표도 무용지물이 될 것이다.

— 제5장 —

REIT
— 떨어지는 칼날을 두 번 잡다

예상치 못한 IPO 20억 엔분 당첨

나는 메릴린치 일본 증권의 보고를 듣고 이렇게 소리쳤다.

"네? 지금 농담하신 거 아니죠?"

REIT는 Real Estate Investment Trust로, '부동산 투자신탁'을 뜻한다. 투자신탁이 복수의 부동산을 구매하고, 투자자는 그 투자신탁을 주식처럼 거래소에서 매매한다. 부동산 투자신탁은 부동산 회사와 달리 법인세가 부과되지 않는다. 부동산 회사가 부동산을 사고 투자자가 그 부동산 회사의 주식에 투자할 경우, 부동산 회사는 법인세를 내고 남은 이익으로 투자자에게 배당을 지급한다. 따라서 투자자는 부동산을 소유한 부동산 회사의 주식을 사기보다 법인세가 없는 REIT를 사는 편이 유리하다.

나는 REIT가 연금 운용이나 배당을 좋아하는 일본의 노년층 개인 투자자들에게 안성맞춤인 상품이라고 생각했다. 일본은 법인세율이 나름 높기 때문에 (당시는 지금보다 더 높았다) 부동산 시황의 전망과 상관없이 부동산 보유와 관련해 REIT의 점유율이 계속 높아질 거라 예상해 REIT가 탄생한 순간부터 기관 투자자들이 선호하는 에셋 클래스(정당한 투자 대상)가 될 것이라고 확신했다.

우리는 새롭게 발흥한 에셋 클래스를 일찍부터 주목하고 거대한 포지션을 구축했는데, 처음에는 큰 평가손을 냈지만, 그 후에는 K1 펀드의 운용 성적을 결정할 정도의 리턴을 벌어다줬다. 나중에 종목별로 개별적인 롱의 사례를 소개하겠지만, 그에 앞서 이 새로운 시장에 어떻게 도전했는지 이야기하려 한다.

2001년 9월 10일에는 REIT 시장의 첫 번째 주자인 미쓰이 부동산 계열의 일본 빌딩 펀드(8951)가 상장했다. 그리고 미쓰비시 지쇼 계열의 재팬 리얼 에스테이트(8952)가 뒤를 이었다. 이때는 금리도 상당히 낮아진 상태여서(아마도 10년 만기 국채의 수익률이 1퍼센트가 안 됐을 것이다), 나는 굉장히 적극적으로 사들였다.

일본 빌딩 펀드는 IPO 가격을 기준으로 수익률이 5퍼센트나 됐다. 그래서 일본 빌딩 펀드의 해외 주관사를 맡고 있었던 메릴린치 일본 증권에 청약을 했다. 일반적으로 IPO는 인기가 있어 헤지펀드가 후순위로 밀릴 때가 많기 때문에 많이는 배정받지 못한다. 그래서 나는 '이 IPO는 첫 REIT이니 최초를 좋아하는 일본인의 성향을 생각했을 때 인기가 많을 거야'라고 생각해 과감하게 주문을 넣었다. 어차피 안 될 거라 생각하면서 20억 엔 정도를 신청했던 것으로 기억한다. 운이 좋다면 2,000만 엔 정도는 받을 수 있지 않을까 기대했다.

그런데 메릴린치에서 전화를 걸어 "기요하라 씨! 20억 엔 전부 당첨됐습니다!"라고 하는 것이 아닌가. 그래서 "네? 지금 농담하신 거 아니죠?"라는 반응이 나왔던 것이다. '이걸 당첨됐다고 보는 게

맞나? 수렁에 빠진 건 아니겠지?' 하는 생각도 들었다.

나중에 들은 이야기이지만, 기관 투자자의 수요가 너무 적어 상장 후 개인이 매도한 물량을 기관 투자자들이 사들이지 않아 가격이 하락할 것 같다고 느낀 메릴린치의 영업 사원이 개인 고객의 청약을 전부 취소했다고 한다(훌륭한 영업 사원이다).

IPO에 20억 엔어치를 주문해 '전부 당첨된' 사례는 이전에도 없었고, 이후에도 없다. 내 예상은 100퍼센트 빗나갔다. 나는 '이걸로 대체 얼마나 손해를 보게 될까?'라는 생각에 눈앞이 캄캄해졌다. IPO 가격은 62만 5,000엔(1 대 2의 주식 분할을 했으므로 지금의 기준으로는 그 절반 가격이다)이었는데, 시초가는 같은 가격이었지만 금방 무너져 내렸다. 기관 투자자라는 매수 버팀목이 없기에 주가는 일직선으로 하락해, 2002년 1월 하순에는 일시적으로 48만 엔을 밑돌기도 했다. 배당은 안정적인데 주가가 하락했기 때문에 바닥 기준의 수익률은 6.8퍼센트나 됐다.

기관 투자자의 수요가 없었던 가장 큰 이유는 '2003년 문제' 때문이었다. 2003년에 수도권의 오피스 빌딩 공급이 늘어나 공실률이 상승하고, 그 결과 임대료가 하락할 거라 예상됐던 것이다. 여기에 REIT 시장의 종목 수가 적고 시가총액도 적다 보니 기관 투자자가 에셋 클래스로 인식하지 않았던 것도 큰 이유이지 않나 싶다. 애초에 퀵 단말기(니혼게이자이신문사의 그룹 회사가 제공하는 정보 단말기)를 두드려 봐도 수익률조차 표시되지 않았다. 세상의 인지도도 없었던 것이다.

나는 '2003년 문제'가 일과성 문제라고 생각하고 있었다. 일본 빌딩 펀드가 보유하고 있는 오피스 빌딩은 경쟁력이 있기에 큰 영향을 받지는 않을 거라 생각했다. 여기에 과장됐던 2003년 문제는 2003년이 되면 자연스럽게 소멸되고 오히려 주가가 반등하는 계기가 될 거라 내다봤다. 그래서 2003년 문제가 주가를 저평가 상태로 만든 원인이라면 지금 더 사둬야 한다고 판단해, 상장 후 주가가 하락한 REIT를 꾸준히 사들였다. 다음은 그 무렵의 월간 운용 보고서다.

[타워 K1 펀드 월간 운용 보고서]

2001년 12월 말의 NAV 378.5(전월 대비 +1.0%)

2001년 12월 말의 NAV는 11월 말에 비해 +1퍼센트로 거의 변화가 없습니다. 12월에는 노무라 종합 연구소(4307)를 포함해 30개 회사의 신규 주식 공개가 집중되어 소형주를 중심으로 개인 투자자의 격렬한 환금 매도가 발생해 수급이 악화됐습니다. 그 결과 닛케이 225 지수는 1.4퍼센트, 닛케이 점두주 지수(닛케이 자스닥 지수)는 2.8퍼센트 하락했습니다. 저희 펀드의 경우, 재무 체질이 나쁜 저위주가 폭락해 숏에서 약간 플러스가 됐지만 롱에서 중핵 포지션인 일본 빌딩 펀드(8951)의 하락이 커 그 플러스를 거의 상쇄해버렸습니다. 12월 말 현재 롱과 숏의 비율은 NAV에 대해 121퍼센트, 45퍼센트로 나타났습니다.

롱 포지션에서는 일본 빌딩 펀드(8951)에 대한 투자를 대폭 늘렸습니다. 숏에서는 피죤(7956), 마루젠(8236), 카시오 계산기(6952), 오리엔탈랜드(5661)를 전량 환매수하고, 미쓰비시 지쇼(8802), 사닉스(4651), 네트원 시스템즈(7518) 등의 포지션을 늘렸습니다.

12월은 일본 빌딩 펀드(8951)가 크게 하락하는 가운데 일관되게 추가 매수로 포지션을 늘렸습니다. 롱과 숏의 포지션이 과거에 비해 극단적으로 롱에 치우친 것은 그 때문입니다. 기관 투자자들이 아직 이 증권을 어떤 에셋 클래스로 분류해야 할지 감을 잡지 못하고 있는 상황인데, 연말에 걸쳐 개인 투자자의 환금 매도로 주가가 크게 하락했습니다.

수익률은 2002년 중에 7퍼센트를 넘길 것으로 생각되며, 저희는 연금 운용에 안성맞춤인 이 증권REIT이 가까운 미래에 크게 재평가될 것이라 생각하고 있습니다. 본래 주식에 비해 안정 추구형의 리스크가 낮은 증권이므로, REIT에 크게 투자한 결과 상승한 롱 포지션 전체를 같은 액수 주식의 숏 포지션을 늘려 헤지하는 것은 적절하지 않다고 판단했습니다(다만 미쓰비시 지쇼 등의 부동산주의 숏을 통해 조금은 헤지했습니다). 일본 빌딩 펀드(8951)를 비롯해 저희가 지금까지 열심히 매입한 종목군이 몇 종목은 도쿄증권거래소 1부로 변경이 지정되는 등 2002년에 꽃을 피울 거라 믿고 있습니다.

이 월간 운용 보고서에는 '수익률은 2002년 중에 7퍼센트를 넘길 것으로 생각된다'라고 적혀 있다. 그렇다면 왜 나는 그때까지 기다렸다가 싸게 사지 않았던 것일까? 그 이유는 '양의 승부'라고 생각했기 때문이다. 배당이 높으므로 많이 사두어도 리스크가 거의 없으니 최대한 많이 사자고 생각했다. 이듬해까지 기다렸다가 주가가 더 떨어져 수익률이 7퍼센트가 된 뒤에 사려고 하면 조금밖에 사지 못할지도 모른다. 그렇다면 살 수 있을 때 최대한 사고, 주가가 떨어지면 더 사는 것이 합리적이라고 판단했다.

그러나 아무리 사도 주가는 계속 떨어질 뿐이었다. 그 모습을 보고 있던 당시의 부하 직원이 내게 이렇게 물었다.

"모두가 팔고 있을 때 혼자 사고 계신데, 승산은 있는 건가요?"

나는 "그건 네가 잘못 생각하고 있는 거야"라고 답했다.

모두가 팔고 있는데 나 혼자만 사고 있는 것이 그렇게 잘못된 일일까? 이것은 경제학 교과서에서 말하는 '매수자 우위 시장'이다. 매수자가 독점적인 이윤을 얻는 것이다. 만약 문제가 있다면 나 이외에도 사들이고 있는 투자자가 아직 조금은 존재한다는 점일 것이다. 정말로 나만이 사들이고 있다면, 반드시 이익이 나는 낮은 가격에 사면 되므로 리스크가 존재하지 않는다.

주가가 하락해 손실을 내고는 있었지만, 기관 투자자의 매수가 거의 존재하지 않은 시점에 이미 우리는 "승리를 거뒀다"라고 말할 수 있었다. 이 장의 부제는 '떨어지는 칼날을 두 번 잡다'인데, 이는 '떨어지는 칼날은 잡지 마라'라는 주식 투자의 격언을 비튼 문장이다. 이 격언의 의미는 '폭락하고 있는 주식을 사지 마라. 주가가 바닥을 친 것을 확인한 뒤에 사라'라는 것인데, 이 격언은 틀렸다. 바닥 부근에서 사려고 하면 떨어지는 칼날을 잡아야 한다.

우리는 신규로 상장하는 REIT에도 적극적으로 투자했다. 한때는 롱 포지션의 70퍼센트 정도가 REIT였던 것으로 기억한다. 2002년 1월에 바닥을 친 일본 빌딩 펀드의 주가는 2002년 말이 되자 62만 2,000엔으로 거의 IPO 가격까지 회복됐고, 2003년 말에는 68만 8,000엔으로 시초가를 크게 웃돌았다. 물론 주가가 오를수록 K1 펀드의 수익도 점점 늘어났다.

2003년에 들어서자 '2003년 문제'라는 말도 더는 들리지 않았다. 그 후에도 주가는 순조롭게 상승해, 2004년 말에는 87만 4,000엔이 됐다. 우리는 'REIT의 수익률이 4퍼센트 밑으로 내려가면 매각한다'라는 계획을 세워뒀기에 일본 빌딩 펀드는 아마도 이 해에 전량 매각했을 것이다. 그 대신 수익률이 높고 규모가 작은 REIT나 REIT 시장의 확대로 수혜를 받을 부동산 투자 자문회사 또는 부동산 개발사의 주식을 대량 구입했다.

그 후에도 일본 빌딩 펀드는 주가가 계속 상승해, 2007년 7월에는 198만 엔을 기록했다. 이쯤 되면 거의 버블의 영역으로, 우리의 유니버스에서는 완전히 제외된다.

리먼브라더스 사태와 REIT의 폭락

REIT 버블이 한창일 때 리먼브라더스 사태가 발생했다. 리먼브라더스 사태는 2008년에 찾아와 전 세계 부동산 업계를 초토화시켰다. 일본에서도 수많은 중소 부동산 회사가 도산했고, REIT 시장도 폭락했다. 일본 빌딩 펀드도 2008년 10월에는 68만 9,000엔이 됐다. 정점에서 65퍼센트 하락한 것이다. 그러나 스폰서가 신용력이 있는 미쓰이 부동산이었던 일본 빌딩 펀드는 선방한 편이었다. 스폰서 기업의 신용력이 약한 REIT의 상황은 그야말로 비참했다.

우리는 2005년 7월에 상장한 '조인트 REIT'를 대량으로 보유하고 있었다. 조인트 REIT의 포트폴리오는 결코 나쁘지 않았다. 도쿄의 조난 지구(에도 성의 남쪽 지역이라는 뜻으로, 시나가와구, 메구로구, 오타구, 세타가야구, 시부야구, 미나토구를 가리킨다-옮긴이)를 중심으로 한 아파트 중심의 포트폴리오였기 때문이다. 스폰서 기업인 조인트 코퍼레이션이 아파트를 개발하고, 그것을 조인트 REIT가 사 포트폴리오에 편입하는 것이 비즈니스 모델이었다.

조인트 코퍼레이션의 비즈니스에 문제가 있었던 것은 아니다. 다만 성장을 너무 서두른 까닭에 BS가 비대해져 있었다. 당시의 자세한 숫자는 기억나지 않지만, 자기 자본 비율이 15퍼센트 정도였던 것 같다. 신용 불안설이 퍼지자 조인트 코퍼레이션의 주가는 폭락했고, 조인트 REIT의 주가도 함께 폭락했다. 역시 자세한 숫자는 기억나지 않지만, 바닥 가격을 기준으로 수익률이 30퍼센트 정도였을 것이다.

그런데 생각해보면 참 이상한 이야기다. REIT의 스폰서가 도산하든 말든 REIT의 내용 자체에는 영향이 없을 것이다. 조인트 REIT가 보유한 아파트에 사는 사람들이 꼬박꼬박 임대료를 낸다면 가치는 훼손되지 않을 것이기 때문이다. 나 역시 미나토구의 아파트에 살고 있지만, 리먼브라더스 사태가 발생했을 때도 임대료는 전혀 내려가지 않았다.

나는 '스폰서의 신용력이 약하고 가격 하락이 심한 REIT에 엄청난 기회가 숨어 있는 것이 아닐까?' 하고 생각했다. 문제는 REIT에 돈을 빌려준 금융기관이었다. 그들을 이해시키지 못하는 한, REIT 시장은 계속 불안정할 수밖에 없었다.

나는 다이와 증권(현재의 SMBC 닛코 증권)의 REIT 애널리스트인 도리이 히로시에게 의지하며 상황을 파악하려 했다. REIT가 폭락하자 애널리스트들도 당황해 스폰서 리스크가 이러쿵저러쿵 떠들어대기 시작했다. 개인적으로는 '그런 건 말하지 않아도 다들 안다고. 수익률이 30퍼센트나 된다면 당연히 스폰서 리스크가 있다는 뜻이잖아'라고 생각했지만.

애널리스트들은 조인트 REIT에 대해서도 '리스크가 큰 REIT'라는 이유에서 "위험하니 가까이 하지 마시오"라고 떠들었다. 애널리스트들이 위험하다고 떠들어대 금융기관이 겁을 먹고 자금 회수에 나서면 REIT는 정말로 죽을 수 있다. 죽어가는 사람에게 권총을 쏴 확인 사살을 하는 꼴인 것이다. '주식의 가치를 객관적으로 평가하는 것'이 애널리스트들의 일이니 어쩔 수 없기는 하지만.

다만 도리이는 달랐다. 붕괴 직전의 REIT 시장을 구하려 한 것이다. 그는 국토교통성과 금융청을 찾아가 "REIT 시장이 붕괴되면 일본의 부동산 시장은 괴멸적인 타격을 입을 것입니다"라고 말하며 공무원들을 열심히 설득했다. 리먼브라더스 사태 당시 수많은 중소 부동산 회사가 도산했다. 비관적인 감정이 시장을 뒤덮은 가운데, 결국 REIT가 'The last man standing(최후의 보루)'이 된 것이다. 도리이가 국토교통성의 관료와 어떤 대화를 나눴는지는 알 수 없다. 그러나 관료도 위기의식을 품고 있었던 것 같은 분위기는 어렴풋이 전해졌다.

그리고 2009년 9월에 '부동산 시장 안정화 펀드'가 창설됐다. 이는 REIT의 부채를 지원하는 목적의 펀드다. 이렇게 신속하게 대책이 나올 줄 몰랐기에 깜짝 놀랐다. 국토교통성과 금융청도 위기감을 느끼고 있었던 듯하다. 이것은 내 생각이지만, 특히 국토교통성의 관료들에게 'REIT는 우리가 고생해서 만들어낸 시장이야. 무너지는 것을 잠자코 지켜만 볼 수는 없어', 'REIT는 부동산 시장의 마지막 방위선이야. 이곳만큼은 어떻게든 사수하자'라는 강한 의지가 있었던 것이 아닐까 싶다.

2008년 10월에 REIT인 뉴시티 레지던스가 도산(상장이 폐지됐지만 그 후 다른 REIT와 합병해 결과적으로 투자자들은 이익을 봤다)하기도 해 국토교통성의 관료들은 전속력으로 대책을 내놓았을 것이다. 그야말로 훌륭한 대응이었다. '부동산 시장 안정화 펀드' 같은 것까지 만들 거라고는 상상도 하지 못했다.

나는 이렇게 생각했다.

'중소 부동산 회사들은 잇달아 도산하고 있어. 자기 자본 비율이 낮은 중소 부동산 회사는 그 수가 너무 많아 전부 구제하기는 불가능해. 그렇다고 REIT의 스폰서 기업만을 특별 취급해 구제하면 불공정 시비가 일어날 거야. 반면 REIT는 자기 자본 비율이 50퍼센트나 되니 구제하기가 수월해. 국토교통성이 구제하려 하는 것은 어디까지나 REIT이지 스폰서인 중소 부동산 회사가 아니야.'

나는 조인트 REIT의 스폰서였던 조인트 코퍼레이션이 도산할 거라 생각했다. 그것이 노림수였던 것이다. REIT의 스폰서가 도산하면 REIT는 스폰서 없이 공중에 붕 뜬 상태가 되는데, 이때 또다시 신용력이 없는 부동산 회사가 스폰서로 붙으면 불안이 전혀 해소되지 않는다. 그럼 정부(국토교통성)가 움직여 나름 제대로 된 스폰서를 붙여 주지 않을까? 이것이 나의 예상이었다.

그래서 나는 조인트 REIT는 물론이고, 신용력이 약하고 주가가 폭락한 다른 스폰서의 REIT를 철저히 사들였다. 그리고 내 예상대로 2009년 5월에 조인트 코퍼레이션이 도산했다. 이후 한동안 스폰서가 결정되지 않아 불안하기는 했지만, '부동산 시장 안정화 펀드'가 같은 해 9월에 발표되어 더는 걱정할 필요가 없어졌다.

이듬해인 2010년 3월에는 일본 최대의 부동산 개발 회사인 세키스이 하우스가 새로운 스폰서로 결정됐다. 최악의 스폰서에서 최고의 스폰서로 바뀐 것이다. 그야말로 9회말 역전 만루 홈런이었다. 주가는 순식간에 몇 배로 뛰었다. 신용력이 없다는 평가를 받았던 REIT의 주가는 전부 힘차게 회복했고, 일본의 부동산 시장은 살아났다.

나는 신용력이 없는 REIT를 바닥에서 사들였을 뿐이다. 위기를 구한 주인공은 재빨리 그리고 힘차게 행동한 도리이와 국토교통성, 금융청의 관료들이다. 나는 평생 그들에게 감사한 마음을 갖고 살아갈 것이다.

— 제6장 —

실천의 하이라이트

— 롱

제6장과 제7장에서는 제1~3장에서 이야기했던 투자 철학과 운용 방법에 입각해 구체적으로 어떻게 개별 종목을 매매해왔는지 소개하도록 하겠다.

HS 홀딩스(8699)

천당에서 지옥으로 굴러떨어졌다. 2020년 2월이었던 것으로 기억한다. 코로나19가 '에피데믹(유행)'에서 '팬데믹(범유행)'으로 이행하는 시기였다. 주식시장에도 암운이 드리우며 어두운 분위기가 감돌고 있었다.

그때 우리가 대주주였던 HS 홀딩스(이하 'HS사')를 대상으로 TOB가 시도됐다. HS사는 몽골의 칸 은행 등을 산하에 둔 지주 회사다(지주 회사란, 다른 회사의 주식을 보유해 지배하는 회사를 의미한다). TOB 가격에는 큰 프리미엄이 붙지 않았고, 기발행 주식 수의 50퍼센트만을 매수한다는 주문이었기에 큰 이익이 날 리 없었다. 다만 팔고 싶어도 팔 수 없을 정도의 대주주가 되어버려 이러지도 저러지도 못하는 상황이었기 때문에(기발행 주식의 25퍼센트 정도를 보유하고 있었다) 굉장한 행운으로 느껴졌다.

나는 '주식시장의 분위기도 나쁘고 코로나19 문제도 왠지 불길한데, 이것으로 자금을 만들어두면 주식시장이 폭락했을 때 주식을 대량으로 사들일 수 있을 거야. 타이밍이 정말 완벽하군'이라고 생각했다.

그런데 HS사가 우리에게 연락해 "주식을 팔지 말아주세요"라고 요청했다. 우리로서는 날벼락 같은 소리였다. 이야기를 들어 보니, 전년도인 2019년에 몽골의 은행법이 바뀌어 일본에 상장한 HS사의 주식을 매매하려면 몽골 중앙은행의 허가가 필요하고, 만약 허가 없이 매매를 하면 HS사가 보유한 칸 은행의 의결권과 배당 권리가 정지된다는 것이었다. HS사의 가치 중 80퍼센트 정도는 HS사가 주식의 50퍼센트를 보유하고 있는 몽골 최대 은행인 칸 은행의 가치다. 그러므로 그 권리를 몰수당한다면 이론적으로는 주가가 80퍼센트 하락하게 된다.

우리는 어떤 행동도 할 수 없게 됐다. 너무나도 불합리한 법률이기에 HS사에 상황을 확인해달라고 부탁했다. 그리고 동시에 주식의 매각 허가를 요청하는 서한을 써 HS사와 칸 은행을 경유해 몽골의 중앙은행에 보냈다.

절망적인 사실은 TOB를 시도한 기업도 사전에 몽골 중앙은행의 허가를 받지 않았다는 것이었다. 그들 역시 이러지도 저러지도 못하는 상황이 되어, TOB는 연기를 거듭했다.

우리는 매각 허가를 재촉하는 서한을 여러 차례 보냈지만, 답변은 오지 않았다. TOB를 시도한 기업도 허가를 받지 못해, 일본의 TOB 역사에 남을 전대미문의 멍청한 TOB가 수개월이나 계속됐다.

아마도 그해 6월이었을 것이다. 몽골 중앙은행에서 통지가 도착했다. 그런데 그것은 매각 '허가'가 아니라 매각 '명령'이었다. 'HS사의 주식을 위법적으로 취득했으니 2개월 안에 매각하라'라는 것이었다. 'HS사의 주식을 매수한 시기는 2006년으로, 그때는 아무런 문제가 없었다'라고 항의했지만 소용이 없었다. 그들은 칸 은행에 대해서는 무엇이든 할 수 있기 때문이다.

평소에 나는 주식 매매를 할 때 주가를 보면서 꼼꼼하게 지정가로 주문한다. 그러나 이때는 명령이었기 때문에 손해를 볼 것을 알면서도 주식을 시장에 투매했다. 이런 어이없는 상황에서 한시라도 빨리 벗어나고 싶었다.

이 주식을 산 것은 2006년의 라이브도어 사건으로 소형주(특히 마더스 상장 주식)가 폭락했을 때였다. 3,500엔이 넘었던 주식이 반 토막이 됐기에 사들였다. 그런데 산 뒤로도 계속 하락했다. 소형주를 하락 국면에서 살 때, 타이밍을 잘못 판단해 너무 일찍 사들였다면 보통은 더 떨어졌을 때 조금씩 추가 매수를 한다. 그러나 이때는 대량의 주식을 한꺼번에 사는 실수를 저질렀다. 나의 명백한 작전 미스였기에 그 후에는 매수를 자제하기로 했다.

주식을 전부 매각한 나는 이 일을 두 번 다시 떠올리지 않기로 했다. 그래서 내용에 부정확한 부분이 있을지도 모른다. 결국 TOB도 흐지부지되면서 어처구니없는 결말이 됐다. 이때 우리가 입은 손실은 세 펀드를 합쳐 89억 엔이었다. 한 종목의 손실로는 최대였다.

그러나 떠올리고 싶지 않다고 해서 정말로 떠올리지 않는 것은 무책임한 행동이다. 이 정도의 수업료를 냈다면 무엇인가를 배워야 한다.

첫 번째 교훈은 주가가 반 토막이 났다고 해서 반드시 저평가 상태는 아니라는 것이다. HS사의 주가는 신흥시장 열풍으로 거품이 끼어 있었다. 그런 주식을 폭락했다는 이유로 잔뜩 사들인 것은 엄청난 실수였다.

두 번째이자 더 중요한 교훈은 신흥국의 리스크를 고려해야 한다는 것이다. 몽골의 칸 은행이 회사 가치의 80퍼센트를 차지하고 있음에도 우리는 몽골이라는 나라에 대해 전혀 알지 못했으며, 알려고도 하지 않았다. 그저 HS사의 IR 담당자에게 간접적으로 이야기를 들었을 뿐이다. 태만했다는 비판을 받아도 할 말이 없다. 신흥국에는 선진국에서는 생각할 수 없는 리스크가 존재한다. 그것은 때때로 매우 불합리한 리스크다. 일반론적으로 이야기해보도록 하겠다.

애초에 외국인이 가난한 나라의 주요 산업의 대주주가 되어 큰돈을 버는 것은 커다란 리스크를 동반한다. 가령 중남미의 자원국가에서 비철 금속의 가격이 오르고, 무역 수지가 호전되었으며, 통화도 견실하다고 가정하자. 이것은 분명히 좋은 일이지만, 여당 정치가에게도 좋은 일인지는 미묘하다. 자원 가격이 오르면 광산회사는 이익이 난다. 이익이 나고 있음을 알면 광산 노동자들은 임금 인상을 요구한다. 노동자들이 파업을 하면 골치가 아파지고, 또한 해당 지역의 경제에도 공헌할 수 있으므로 회사는 임금을 인상한다. 지갑이 두둑해진 광산 노동자들은 거리로 몰려가 신나게 논다. 그것을 본 일반 시민들은 '광산 회사는 돈을 잘 버는구나. 그런데 우리에게는 아무런 혜택도 돌아오지 않네'라고 생각한다. 특히 인구의 대부분을 차지하는 농민은 환율이 강세가 되어 그들의 농산물이 수출 경쟁력을 잃어버리면 경우에 따라서는 가난해지기도 한다.

이 점에 주목한 좌파 후보는 "이 나라는 본래 풍요로웠는데, 외자계 기업 그리고 뇌물을 받아 사리사욕을 채우고 있는 정치가와 관료들에 의해 썩어가고 있다. 국민의 재산을 놈들에게서 되찾자!"라는 식으로 선거전에 임한다. 여기에 국민들이 동조해 좌파 정권이 탄생하는 것이다.

선거에서 승리한 좌파 후보는 광산 회사의 로열티를 인상하고, 퍼주기 정책을 펼친다. 그래서 '자원 가격이 올라 광산 회사가 큰 돈을 벌었다', '그 주주인 일본 기업도 이익이 났다'며 마냥 좋아만 할 수는 없는 것이다.

칸 은행도 몽골 최대의 은행이고, 게다가 경영이 지나치게 잘되고 있었기 때문에 주목받게 된 것이라고 생각한다. '몽골 최대의 민간 은행을 일본의 보잘것없는 회사가 좌지우지하게 둬도 되는 것인가'라고 생각하지 않았을까? HS사도 우리도 2019년에 은행법이 바뀌기 전에 어떤 행동을 해야 했던 것인지도 모른다.

올림푸스(7733)

2011년 10월 올림푸스에서 해임된 마이클 우드포드 사장이 분식 결산을 폭로했다. 그리고 이듬해 11월 10일, 도쿄증권거래소는 법정 기한 내에 상반기 중간 결산을 발표할 수 없음을 알게 되자 올림푸스를 '감리 종목'으로 지정했다. 12월 14일까지 관련 자료를 제출하지 못하면 상장 폐지될 것이고, 설령 제출한다 해도 분식 결산이 악질적이고 중대하다면 상장 폐지될 것이라는 소식에 주가는 폭락했다. 분식 결산이 발각되기 이전에 2,700엔이었던 주가는 단숨에 400엔 근처까지 떨어졌다.

11월 10일 밤, 나는 큰 도박에 나서기로 결심했다. 내일이면 아수라장이 될 것이 분명했다. 이 거래를 누구에게 맡겨야 할지 생각했는데, 도이치 증권의 여성 트레이더밖에 떠오르지 않았다. 그녀라면 거액의 주문을 적절히 처리해줄 것이라 생각했다. 이튿날인 11월 11일, 우리는 매수 주문이 없어 가격이 붙지 않은 채로 시작된 주식을 단번에 기발행 주식 수의 5퍼센트 가깝게 사들였다. 그런데 불길한 느낌에 오전장 중에 아주 조금 반등했을 때 전량을 처분해버렸다.

같은 날 오후, 미국의 유명 언론이 올림푸스에 관한 관측 기사를 내보냈다. 그 기사에는 '주모자 중 한 명인 A는 폭력단과 연줄이 있는지도 모른다'라는 문장이 있었다. 이에 오후장이 시작되자 주가는 더욱 폭락했다. 오전장에 전부 팔아버린 게 행운이었던 것이다. 이때 나는 '폭력단까지 나왔다면 이보다 더 큰 악재는 없겠군'이라는 생각에 기발행 주식 수의 5퍼센트 이상을 또다시 단번에 사들였다. 가격은 450엔 전후였던 것으로 기억한다.

사실 올림푸스의 분식 결산은 전부터 유명했다. 인베스트먼트 뱅커(투자은행부의 사원)라면 다들 알고 있었을 것이다. 나는 외자계인 모건스탠리 증권에 있을 때 알았다. 다만 내가 들은 '날리기(손실 계상을 뒤로 미루는 것)'의 액수는 500억 엔이었다. 그것이 설마 1,000억 엔 이상으로 불어났을 줄이야······.

이 문제는 이런 것이었다고 생각한다. 옛날에는 '날리기'가 합법이었다. 그래서 기본적으로 모든 증권 회사가 '날리기'를 도왔다. 그러나 어느덧 합법과 불법 사이의 회색 영역에 들어가게 되어 일본계 대형 증권 회사는 철수했지만, 외자계 증권 회사의 경우에는 아직 몇몇 회사가 남아 있었다. 내가 모건스탠리 증권에 있었을 때는 '회색 영역'의 시대였을 것이다. 프레젠테이션 자료에 '저희는 이 방식을 추천하지 않습니다. 만약 실행할 거라면 귀사의 고문 변호사와 상담해주십시오'라고 기입하면 아슬아슬하게 오케이인 시대였다. 그때 나는 올림푸스를 대상으로 작성한 500억 엔의 날리기에 관한 프레젠테이션 자료를 봤다. 담당자는 숨기려 하지도 않고 다들 보라는 식으로 책상 위에 올려뒀다. 지금 생각하면 무사태평한 시대였다.

내가 모건스탠리 증권을 떠난 뒤로는 회색 지대였던 시대도 끝나고 불법, 즉 '날리기'는 분식 결산이 되어갔다. 그렇게 되자 외자계 증권 회사도 '날리기'를 돕지 않게 됐다.

이 손실 은폐의 원인은 1980년대 후반의 일본 주식 버블에 있다.

버블 시대에는 '특금(특정 금전 신탁)'이라고 해서 증권 회사가 사업 회사나 금융기관으로부터 거액의 돈, 예를 들면 100억 엔을 맡아 주식으로 운용하는 것이 유행했다. 주식부장이 직접 보증 장사(당신이 손해를 보지 않게 하겠다고 약속하는 것)와 다름없는 짓을 한 것이다.

그러나 버블이 붕괴되자 거액의 손실이 발생했는데, 영업력이 있는 노무라 증권이나 다이와 증권, 닛코 증권은 고객이 클레임을 걸어도 "그건 당신 책임입니다"라는 식으로 퇴짜를 놓았고, 특금에 앞장섰던 임원을 퇴임시키는 것으로 마무리했다. 그러나 영업력이 없었던 야마이치 증권은 손해를 본 고객의 클레임을 그런 식으로 무시할 수 없었다. 그래서 자신들이 손실을 뒤집어쓰고 그것을 '날리기'로 은폐했지만, 결과는 도산이었다. 정확히 말하면 노무라 증권도 주요 고객은 손실을 일부 보전해줬다. 그러나 야마이치 증권에 비하면 금액이 미미했을 것이다.

거액의 손실을 끌어안은 사업 회사들은 대부분 어떻게든 그것을 숨기려 했다. 1990년대에는 외국에서의 사업 실패나 재고 처분 손실 등이 이상하게도 많았다는 생각이 들지 않은가? 게임 회사가 해외에서 재고의 평가손으로 수백억 엔을 계상한다든가……. 이 '해외'라는 것이 핵심이다. 사실은 그 특별 손실에 '특금의 처리'가 상당 부분 포함되어 있었을 것이다. 가장 웃겼던 사례는 한 레스토랑 체인이 말레이시아에서 새우 양식 사업 등의 실패로 200억 엔의 특별 손실을 계상한 것이었다. 대체 무엇을 어떻게 해야 새우 양식에서 200억 엔이나 되는 손실을 낼 수 있을까? 뭐, 감사 법인이 말레이시아의 새우 양식장까지 찾아가지는 않을 테니까…….

'날리기'가 명백한 불법이 되자 사업 회사들은 의지할 증권 회사가 없어졌다. 그런데 끝까지 철수하지 않은 고독한 늑대 같은 회사들이 '날리기'를 계속 도왔다. 문제는 이렇게 되면 판매자 우위 시장이 된다는 것이다. '날리기' 업자가 보수를 과도하게 요구해도 사업 회사는 달리 부탁할 곳이 없어 불평을 할 수 없다. 그렇게 해서 당시 500억 엔이었던 올림푸스의 손실이 '날리기'가 위법이 된 뒤 1,000억 엔 이상으로 급격히 불어난 것이 아닐까 싶다.

'날리기' 이야기가 길어졌는데, 다시 본론으로 돌아가자. 왜 우리는 올림푸스의 상장 폐지를 두려워하지 않았을까? 그 이유는 간단하다. 올림푸스에는 폭락으로 쪼그라든 시가총액의 몇 배나 되는 가치가 있었기 때문이다. 설령 상장이 폐지되더라도 그 가치가 사라지는 것은 아니므로 만에 하나 상장이 폐지되면 즉시 쟁탈전이 벌어질 거라 생각했다.

나는 올림푸스를 숏하기 위해 조사를 진행한 적이 있었다. 의료기기 개발사인 보스턴 사이언티픽이 내시경 비즈니스에 뛰어든다는 보도를 들었을 때였다. 그러나 아무리 조사해도 올림푸스의 내시경 비즈니스는 빈틈을 발견할 수 없을 만큼 기반이 견고했다. 보스턴 사이언티픽도 발표만 했을 뿐, 진심으로 내시경 비즈니스에 뛰어들 생각이 있는 건지 확신이 들지 않았다. 500억 엔의 날리기 손실을 고려해도 PER이 높다는 이유만으로는 숏을 할 근거가 빈약해 결국 단념했다. 요컨대 분식 결산으로 주가가 폭락한 시점에 이미 충분한 조사를 해놓은 상태였던 것이다.

또한 올림푸스의 분식 결산 뉴스가 쏟아지는 가운데, 피트니스

센터에서 스테어마스터(천국의 계단)를 하며 뉴스를 보고 있는데, 올림푸스의 해외 사업에 관한 특집 방송이 흘러나왔다. '러시아에 어떻게 내시경을 뿌리내릴 것인가' 같은 내용이었다. 그 순간 나는 '어라?'라고 생각했다. 상장이 폐지될지도 모르는 혼란스러운 상황에서 대체 누가 무슨 목적으로 이런 방송을 내보낸 것일까? 올림푸스? 그럴 리는 없었다. 설령 요청한다 해도 방송국에서 거절했을 것이다. 애초에 당시의 올림푸스에는 당사자 능력이 전혀 없었기 때문이다.

나는 '관료구나'라고 생각했다. 방송을 보니, 아무래도 올림푸스가 어떤 나라에 진출할 때 경제산업성과 손잡고 법인을 설립했던 모양이다(자세히는 알 수 없었지만). 그때 나는 관청은 올림푸스의 상장 폐지를 바라지 않는다는 것을 느꼈다.

다만 상장이 폐지되든 유지되든 '캐논이 TOB를 시도할 것이다'라고 내다봤다. 물론 근거가 있었다. 먼저, 캐논이 생활 과학 분야를 크게 확대하고 싶어 하는 것은 잘 알려진 사실이었다. 게다가 현재는 올림푸스의 경영진이 실체적으로 존재하지 않는 상황이기에 회사 차원에서 TOB에 반대할 수 있는 상태가 아니었다. 공정거래위원회가 태클을 걸 수 있는 카메라 사업은 어차피 적자 사업이니 공정위를 핑계로 팔아버리면 일석이조일 것이다.

그러나 캐논은 TOB를 시도하지 않았다. 이것은 나의 개인적인 추측인데, 캐논이 TOB를 시도하지 않은 건 미국에서 '주주 대표 소송'이 제기될 것을 지나치게 신경 썼기 때문이 아닐까 싶다. 나는 미국에서 주주 대표 소송이 제기될 가능성에 관해서는 그다지 걱정하지 않았다. 애초에 주주 대표 소송을 경영진이 아니라 회사에 제기하는 것은 의미가 없다. 기업은 주주의 것이므로 자신에게 소송을 제기하는 셈이 되기 때문이다.

결국 도쿄증권거래소는 2012년 1월에 올림푸스가 채무 초과 상태는 아니라는 점 등을 이유로 상장 유지를 결정했고, 주가는 급속히 반등했다. 우리는 1,200엔이 넘었을 때 주식을 전량 매각했다. 이벤트 드리븐형 투자였기에 딱히 오래 보유하고 싶지 않았고, 내게 '이 회사의 주요 고객은 병원인데, 병원을 대상으로 한 비즈니스에는 불투명한 돈의 흐름이 있을지도 모른다'라는 바이어스가 있었던 것도 하나의 이유였다. 그 후의 주가 상승을 생각하면 참으로 아쉬운 결정이었다.

분식 결산 소동이 한창일 때, 우리의 고객인 스위스 프라이빗 뱅크의 경영자 일가가 일본을 방문해 그들을 만났다. 당시 그들은 1년에 한 번 일본을 방문했는데, 내가 올림푸스를 대량으로 롱한 것에 큰 우려를 표명했다. 일본주 투자를 위해 고용했던 또 다른 헤지펀드는 올림푸스를 숏했던 모양이다. 그곳에서 올림푸스에 관해 부정적인 이야기를 들었을 테니 걱정하는 것도 이상한 일이 아니었다.

그래서 나는 "악재는 이미 다 드러났습니다. 이 이상 문제가 커지지는 않을 것이며, 주가는 강렬하게 반등할 것입니다"라고 말했다. 그 후 그들은 두 번 다시 일본에 오지 않았다. 올림푸스를 숏했던 헤지펀드를 해고했는지 어떤지는 알 수 없지만, 아무래도 '굳이 매년 일본에 오지 않아도 일본 주식은 기요하라에게 맡기면 되겠군'이라는 결론을 내린 모양이었다.

이 경영자 일가는 아버지가 투자한 K1 펀드를 훗날 세 아들에게 균등하게 상속했다. 일본에서는 펀드를 상속했다는 이야기를 들어본 적이 거의 없는데, 일단 신뢰하기 시작하면 대를 이어 관계를 유지하는 것이 스위스 프라이빗 뱅크의 문화인지도 모르겠다.

UT 그룹(2146)

UT 그룹은 제조업을 대상으로 한 파견 회사다. 이미 팔아버렸지만, 사장의 실력과 나이, 마음가짐, 업계의 구조(규모의 이익이 작용한다)를 생각하면 아직 더 성장할 수 있지 않을까 생각한다.

우리가 사장의 스몰 미팅에 처음으로 참가한 건 2010년이었다. 그 당시는 리먼브라더스 사태로 일본의 제조업이 일제히 파견 사원의 계약을 해지해 2009년 3월기에 100억 엔이 넘는 당기 손실이 발생하는 등 도저히 기관 투자자들이 투자할 수 있는 종목으로는 생각되지 않는 상태였다.

우리는 2012년에 UT 그룹의 주식을 처음 구매했다. 주가는 250엔, PER은 7.2배였다(분할 후인 현재의 기준). 리먼브라더스 사태 당시보다는 주가가 회복됐지만 아직 리먼브라더스 사태 이전의 4분의 1에 불과한 수준이어서, 성장성을 생각하면 충분히 싸다고 판단했다.

좀처럼 대량으로 살 수 없는 주식이었지만, 2012년에 일본의 센카쿠 열도 국유화가 원인이 되어 일어난 중국의 반일 시위와 일본 제품 불매 운동으로 피해를 입은 일본의 제조업계가 파견 사원의 계약을 해지함에 따라 주가가 하락했다. 우리는 기회라고 생각해 주식을 사들였다. 그 결과 2012년 12월에는 보유 주식의 수가 기발행 주식의 5퍼센트를 넘어서게 됐다.

그 후 주가는 순조롭게 상승하기 시작했는데, 갑자기 사건이 일어났다. 2016년 5월 결산 발표 때 15퍼센트의 희박화(주당 가치의 감소)를 동반하는, 시장 가격의 10퍼센트 이하의 신주 예약권을 임원들에게 발행한 것이다. 기존의 주주에게는 강렬한 악재였다. 750엔까지 순조롭게 상승하던 주가는 단숨에 400엔으로 폭락했다. 우리는 회사에 항의했지만 이미 엎질러진 물이었다.

그러나 주식을 사들이기 시작한 지 4년이 지나 파견업에 대한 이해도 깊어진 그 무렵에는 이 회사가 성장 기업임을 확신한 상태였다. 게다가 이런 갑작스러운 신주 예약권 발행은 그들에게 중기적인 실적에 대한 자신감이 있다는 의미가 아닐까 생각했다. 임원을 대상으로 신주를 발행해도 회사에는 돈이 거의 들어오지 않기 때문이다. 자금 조달이 목적은 아닌 것이다. 목적은 오직 한 가지, '임원이 이익을 내는 것'이라고 생각했다.

그래서 우리는 과감하게 주식을 더 사들이기로 결정했다. 신주 예약권을 발행하고 1개월 뒤, 기발행 주식 수의 16.7퍼센트까지 보유분을 늘린 우리는 414엔에서 매수를 종료했다. 더 사고 싶었지만 주가가 슬금슬금 상승해 더는 싼 가격에 살 수가 없었다.

우리가 유동 주식의 대부분을 사 모은 결과, 수요에 비해 공급이 부족해졌다. 그러자 주가가 좋은 실적에 반응하기 쉬워져 그 후에도 계속 상승했다. 그리고 2017년, 주가가 1,547엔이 되자 우리는 주식을 조금씩 매각하기 시작했다. 같은 해 11월에 전량을 매각했을 때는 주가는 3,010엔, PER은 34.5배가 되어 있었다. 이는 한 종목으로 100억 엔 이상을 벌어들인 성공 사례다. 밸류에이션의 사다리를 올랐다기보다 밸류에이션의 계단을 단숨에 뛰어오른 이미지라고 할까?

이 회사의 매력은 뭐니 뭐니 해도 사장의 '근성'과 '능력'일 것이다. 사장은 라이브도어 사태와 리먼브라더스 사태로 빈사 상태가 됐던 회사를 다시 일으켜 세운, 박력이 넘치는 분이다. 도산 등반에도 성공한 분이어서 체력도 넘쳐난다. 또한 당시 민주당 정권에서 파견 사업자를 강하게 비난하는 상황에서도 자민당으로 정권이 교체될 것을 내다보고 냉정하게 사업 전략을 책정했다.

이외의 매력을 꼽자면, 이 업계는 소형주의 장(제3장)에서 이야기했던 '양성 피드백이 작용하는' 곳이라는 점을 들 수 있다. 회사가 커질수록 성장에 탄력이 붙는다는 말이다. 사원의 가동률을 높이기 위해서도, 사원을 교육하기 위해서도 규모를 키우는 것이 중요하다. 또한 대기업은 '많은 인원을 준비할 수 있는 거대 파견업자'에게 집중적으로 발주하고 싶어 한다. 컴플라이언스가 철저한 것도 규모가 큰 업자가 유리한 이유다.

나는 UT 그룹의 주식을 사들일 때, 자동차 산업에도 주목하고 있었다. 전기 자동차가 대중화되면 많은 부품 회사는 미래를 예측하기가 어려워질 것이다. 자동차 제조사도 전례가 없을 정도의 불투명함에 고민에 빠질 것이다. 따라서 파견 수요가 증가할 것이라 생각했다. 또한 지금까지 자동차 업계의 주류였던 직접 고용의 '기간공'은 채용·관리가 번거롭기 때문에 조만간 파견으로 대체될 것이라 예상했다. '그룹 기업 내 파견 금지'라든가 '파견 사업자가 허가제로 바뀌었다' 같은 정책 변화도 UT 그룹에는 순풍이었다고 생각한다.

우리는 UT 그룹의 주식을 처음 사기 시작했을 때만 해도 파견 업계에 관해 자세히 분석하지 않았다. '어쩌면 이 회사는 성장할지도 몰라. 일단 성장하면 탄력이 붙는 업태일지도 모르지. 어쨌든 주가가 굉장히 저평가된 상태이니 일단 사고 보자'라는 식이었다. 그러나 사장을 몇 차례 만나고, 회사의 IR 담당자에게 이야기를 듣고, 동종 업계 회사의 주식도 사면서 열심히 공부한 결과, 베이지언적 발상에 입각해 '성장주일 가능성'을 끊임없이 상향 수정하게 됐다.

프레산스 코퍼레이션(3254)

우리가 주목한 2008년, 프레산스 코퍼레이션의 PER은 5배였다. 이 회사의 경우, 대체로 연간 20퍼센트씩 이익이 증가한 까닭에 밸류에이션의 사다리를 올라간다기보다 EPS의 상승으로 주가가 상승하는 느낌이었다.

우리가 보유한 기간에 애널리스트가 이 종목을 언급하는 일은 거의 없었다. 오사카의 원룸 아파트 개발사이므로 당연하다면 당연한 일이지만. 우리가 보유한 동안에도 PER이 7배로 상승한 정도였다. 그러나 우리는 이 종목으로 세 펀드를 합쳐 250억 엔 이상의 이익을 냈다. 한 종목으로는 가장 많은 이익이었다.

이 회사는 기초期初의 실적 예상을 보수적으로 발표하는 습관이 있다. 전기에 20퍼센트 이익 증가를 달성했으면서 '이번 기의 실적은 횡보가 예상됩니다'와 같이 발표해 주가가 수시로 폭락했는데, 그러면 우리는 주식을 잔뜩 사들인다. 그리고 보수적으로 실적을 발표한 탓에 제2사분기 결산에서 이미 1년의 이익 예상을 웃도는 이익을 계상해 주가가 또다시 폭등하면 주식을 판다. 이러기를 세 번 정도 반복했다. 이처럼 대량으로 보유한 소형주를 몇 번씩 사고 팔아 큰 이익을 낸 사례는 거의 없다.

게다가 이 종목의 경우 생각지도 못한 덤이 두 개나 붙은 덕분에 이익이 크게 늘었다. '사장의 체포'와 그 후의 'TOB'가 바로 그것이다. 이 회사의 사장은 토지 매입에 굉장히 적극적이었다. 토지 매입을 늘리지 않으면 실적은 오르지 않는다. 이 회사는 저돌맹진형 Y사장과 책사인 D전무 덕분에 실적을 높여왔다. 나는 솔직한 성격의 Y사장을 좋아했다.

그런데 한 학교 법인으로부터 토지를 매입한 건과 관련해 이의를 제기한 경찰이 Y사장을 체포하는 일이 일어났다. 결국 무죄 판결을 받았지만, 그는 보유하고 있던 주식을 팔고 사임해야 했다. 그로서는 참으로 원통했을 것이다. 회사의 성장을 삶의 보람으로 여기며 살아온 그에게는 너무나도 잔혹한 처사였다.

우리는 Y사장의 체포로 폭락한 주식을 또다시 잔뜩 사들였다. 그리고 얼마 후 도쿄의 부동산 회사인 오픈하우스가 TOB를 시도했을 때 보유 주식을 전량 매각했다. 우리에게 프레산스 코퍼레이션의 운용은 그것으로 종료됐다.

펀더멘털 관점에서 이 회사를 설명하면 이렇다. 리먼브라더스 사태로 긴키 지구의 원룸 개발사는 대부분 큰 위기에 빠졌다. 폐업하거나 도산한 부동산 회사도 많았다. 그러나 재무 상태가 건실한 프레산스 코퍼레이션에게는 이것이 기회였다.

Y사장은 이 기회를 놓치지 않고 경쟁자가 격감하는 가운데 토지를 저렴한 가격에 대량으로 사들였다. 이렇게 해서 그 지역에서의 시장점유율이 상승하자 변화가 찾아왔다. 토지 매입의 교섭력, 지역의 종합 건설 회사에 대한 교섭력이 크게 상승한 것이다.

더 중요한 것은 후자다. 지역의 종합 건설 회사의 가장 큰 고민거리는 중간중간에 일거리가 없는 것이다. 기술자들을 고용하고 있기에 일거리의 공백 기간이 길어지면 그만큼 적자가 확대된다. 그들로서는 프레산스 코퍼레이션만 붙잡고 있으면 일거리가 끊길 일은 없는 것이다.

종합 건설 회사는 프레산스 코퍼레이션의 점유율이 확대되면 다른 아파트 개발사의 일을 맡을 필요가 없어진다. 게다가 '프레산스 코퍼레이션과 경쟁하는 회사의 일을 맡았다가 프레산스 코퍼레이션에 밉보이면 곤란하다'라는 생각도 들 것이다. 그런 이유에서 점유율이 상승함에 따라 지역의 종합 건설 회사를 좀 더 유리한 조건으로 이용할 수 있게 됐다.

프레산스 코퍼레이션은 토지를 매입할 때 지역의 종합 건설 회사와 건설 비용을 장악했다. 정식 계약은 아닐지 모르지만 건설 비용을 약속시키는 것이다. 그리고 점유율이 높기에 이 장소에서 입

주자를 확보하려면 임대료를 얼마로 설정해야 하는지도 다른 회사들보다 잘 알고 있었다(프레산스 코퍼레이션은 판매업자에게 판매를 일임하지 않고 직접 했다. 그래서 임대시장의 상황을 파악할 수 있었던 것이다). 여기에서 역산하면 입찰할 때 가격을 얼마까지 써내야 하는지도 알 수 있다. 이렇게 해서 본래 리스크가 높은 사업임에도 리스크를 줄여 안정적으로 이익을 늘려 나갔다.

높은 점유율의 이점은 또 있다. 아파트를 팔 때는 아파트 단지 하나당 하나의 모델하우스를 설치하는데, 이 비용이 상당히 크다. 그러나 프레산스 코퍼레이션 정도로 점유율이 높아지면 한 마을에 건설되고 있는 아파트가 단지가 여러 개 있으므로 모델하우스를 하나로 집약해 비용을 크게 절감할 수 있다. 양성 피드백이 최대한으로 작용한 것인데, '우수한 경영진이 양성 피드백을 만들어냈다'라는 것이 좀 더 정확한 표현일지도 모르겠다.

또한 이 회사는 가족용 아파트 사업도 했는데, 토지를 매입할 때부터 어느 정도의 가격에 팔 수 있을지 철저하게 계산했다. 특히 간사이의 학군 상태를 면밀히 조사했다. 가족층은 수준이 더 높은 학군으로 이동하기 때문이다. 그리고 이 점에 착안해, 전단지를 무작정 광범위한 지역에 뿌리는 것이 아니라 타깃을 좁혀 효과적으로 배포했다. 요컨대 이 회사는 Y 전 사장과 D 전 전무가 만들어 낸 초우량 기업이었던 것이다.

── 제7장 ──

실천의 하이라이트
─ 숏·페어트레이딩

개인 투자자에게는 개별 종목의 숏을 권하지 않는다

"숏으로 이익을 냈을 때와 롱으로 이익을 냈을 때, 언제가 더 기뻤습니까?"

펀드의 펀드(고객으로부터 돈을 모아 복수의 헤지펀드에 투자하는 펀드)로부터 이런 질문을 받은 적이 있다. 나는 "숏으로 이익을 냈을 때가 더 기뻤습니다. 하지만 그 기분이 위험하다는 것은 이해하고 있습니다"라고 대답했다.

아마도 그 질문에 대한 가장 올바른 대답이 아니었을까 싶다. 상대가 어떻게 대답할지 보면서 '이 사람은 어떤 사람인가'를 파악하기 위한 질문이었다고 생각한다. 만약 "롱으로 이익을 냈을 때 더 기뻤습니다"라고 대답했다면 상대는 '이 사람은 정직하지 않군'이라고 생각했을지도 모른다. 그만큼 숏은 매우 매력적이다. 모두가 손해를 보고 있을 때 자신만 혼자 이익을 내면 얼마나 기분이 좋겠는가.

결론부터 말하면, 개인 투자자가 개별주의 숏(신용 거래 계좌로 공매도)을 하는 것은 권하지 않는다. 롱의 가장 큰 리스크는 투자한 기업이 도산했을 때 투자한 돈을 전부 잃는 것이다. 그러나 공매도의 리스크는 무한대다. 이외에도 내가 개인 투자자에게 개별주의 숏을 권하지 않는 이유가 있는데, 이에 대해서는 뒤에서 이야기하도록 하겠다.

애초에 저평가 소형주에 투자한다면 헤지를 할 필요는 전혀 없다. 보유한 주식이 폭등했다면 이익을 확정하고, 주가가 하락했다면 더 산다. 그저 이렇게만 하면 된다.

그런 의미에서도 개인 투자자가 전문 투자자가 되는 것은 권하지 않는다. 다른 직업이 없어 주식 이외에는 수입이 없다고 가정하자. 주가가 바닥이라고 생각해 전 재산을 집어넣었는데 더 떨어진다면 그저 바라만 봐야 하지 않겠는가. 그러나 다른 수입이 있다면 자유도가 비약적으로 상승한다.

헤지펀드인 우리도 숏에 실패해 낭패를 본 적이 여러 번 있다. 그러나 헤지펀드는 마케팅상 "저희는 숏도 하므로 주가가 하락해도 이익을 냅니다"라고 홍보해야 한다. 성공 보수를 20퍼센트나 받기 때문에 그 정도 말은 해야 한다. 그러나 이미 여러 번 이야기했듯, 내 경험상 이것은 새빨간 거짓말이다. 적어도 우리는 주가가 상승해도 하락해도 손해를 본 적이 여러 번 있었다.

숏의 분산 투자는 어리석은 행위

우리가 숏으로 두 차례 큰 손해를 본 경험은 이미 이야기했다.

IT 버블 시절에 하이테크 종목을 숏했을 때 그리고 외국인 투자자들의 매수세가 거센 상황에서 '외국인 투자자들이 선호하는' 고평가 종목을 숏했을 때였다.

우리는 리먼브라더스 사태를 거치면서 비로소 '숏이 무슨 의미가 있지?'라고 깨달았다. 특히 시장이 몰락했을 때 숏을 유지하는 것은 매우 해롭다. 우리는 리먼브라더스 사태가 발생했을 때와 코로나19 팬데믹 때 숏 포지션을 제로로 만들었는데, 정답이었다고 생각한다. 주식시장이 폭락한 뒤에는 얼마나 큰 롱 포지션을 보유할 수 있느냐가 포인트가 된다. 리먼브라더스 사태 때 GS도 그랬지만, 주식시장이 폭락할 때 기꺼이 돈을 빌려줄 프라임 브로커는 존재하지 않는다. 숏 포지션이 있으면 그만큼 마진을 잡아먹으므로 투자할 수 있는 롱 포지션의 최대 규모가 줄어들 수밖에 없다. 또한 숏이 있으면 주가가 반등한 순간 마진에 여유가 없어져 포지션을 줄일 수밖에 없을지도 모른다.

우리는 숏 포지션을 제로로 만든 덕분에 바닥에서 주가가 조금 반등했을 때도 롱 포지션을 팔 필요가 전혀 없었다. 2배, 3배로 오를 주식을 20퍼센트 올랐을 때 팔아서는 주식으로 큰 이익을 낼 수 없다. 이것이 우리가 그 후의 거대한 강세장을 만끽할 수 있었던 이유다.

리먼브라더스 사태 이후에는 숏의 분산 투자를 그만뒀다. 기본적으로 숏 포지션은 제로이거나 한두 종목, 최대 세 종목까지로 정했다. 확신이 있는 종목에 거대한 포지션을 구축하기로 한 것이다. 그 결과는 매우 성공적이었지만, 이 방식을 채용한 1번 타자였던 '패스트리테일링(이하 '유니클로')'만큼은 큰 손실을 냈다.

애초에 우리 같은 가치 투자자가 숏을 분산 투자하는 것은 큰 모순이다. 먼저 롱에 관해 생각해보자. 운용 자산이 10억 엔인 펀드가 10종목을 1억 엔씩 샀다고 가정하자. 그중 한 종목은 주가가 2배가 됐고, 한 종목은 절반이 됐다. 그 시점에는 기업의 펀더멘털에 대한 전망이 변함없다고 가정하자. 그러면 2배가 된 주식을 절반 팔고, 그 돈으로 반 토막이 난(요컨대 더욱 저평가 상태가 된) 주식을 현재 보유한 수량만큼 살 경우 포트폴리오의 균형은 대략적으로 처음과 같아진다(현금이 약간 남기는 하지만). 즉, 분산 투자와 가치 투자의 정합성이 성립하는 것이다.

그런데 1억 엔씩 10종목을 숏했을 경우는 어떨까? 한 종목의 주가가 2배가 되고, 그 밖의 고평가된 주식이 더욱 올랐다면? 가치 투자 관점에서는 더 공매도를 해야겠지만, 이미 이 한 종목이 포트폴리오의 20퍼센트를 차지하고 있다. 분산 투자 관점에서는 환매수를 해야 할 것이다.

반대로 반 토막이 난 주식은 어떨까? 10퍼센트로 복귀시키기 위해서는 추가로 같은 수의 주식을 절반 가격에 공매도해야 한다. 그러나 절반이 된 주식은 처음보다 고평가 상태가 아니게 됐다. 요컨대 숏의 분산 투자는 가치 투자와 분산 투자의 정합성이 성립하지 않는 것이다.

숏의 분산 투자를 그만둔 이유는 그것만이 아니다. 기본적으로 일본의 금리가 낮은 수준에서 안정될 것으로 예상된다면 일본 주식은 전체적으로 저평가 상태. 그래서 전략적으로 '특별히 고평가된 종목만을 기회주의적 opportunistic 으로 팔자(좋은 기회가 있으면 팔자. 기회가 없다면 공매도는 하지 않아도 된다)'라고 생각했다. 거의 이벤트 드리븐적인 느낌이다.

리스크 관점에서 봐도, 10종목을 10억 엔씩 총 100억 엔을 공매도하기보다 한 종목을 50억 엔 공매도하는 편이 리스크가 적다고 생각한다. 2000년 IT 버블 당시 수많은 IT 기업의 주식을 분산해 공매도했지만, 전부 주가가 올라 분산 효과는 거의 전무했다.

그 후 외국인 투자자의 매수로 시장에 버블이 발생했을 때는 이전의 실패를 교훈 삼아 고평가된 대형주 10종목 이상을 공매도하고, 업종도 철저히 분산시켰다. 그러나 분산됐을 터인 종목군에는 하나의 공통점이 있었다. 그것은 전부 외국인이 선호하는 종목이었다는 것이다. 그래서 PER이 높았던 것이다. 그 종목군은 외국인 투자자들의 매수세가 커지면 기본적으로 전부 오르기 때문에 분산 투자 효과는 거의 없었다.

이처럼 숏의 분산 투자는 어리석은 행위였다고 생각한다. 주식시장이 버블 상태여서 조만간 전체적으로 하락할 것 같으니 공매도로 이익을 내고 싶다면 닛케이 225 주가 지수 선물을 파는 편이 나을지도 모른다.

실패로 끝난 유니클로 투자

유니클로에 주목한 것은 2010년 12월에 일본은행의 ETF 매수가 시작되어 닛케이 225 지수 중에서도 구성비가 큰 일부 종목의 주가 상승이 두드러진 뒤였다. 그중에서 '밸류에이션이 특히 높고', '소프트뱅크처럼 내 머리로는 이해할 수 없는 회사가 아닌' 종목으로 유니클로에 주목했다.

당시 일본은행은 닛케이 225 ETF를 50퍼센트, 토픽스 ETF를 50퍼센트씩 사고 있었는데, 나는 일본은행이 그것이 잘못된 투자임을 금방 깨닫고 토픽스의 ETF 중심으로 전환할 것이라고 예상했다. 2010년부터 시작된 일본은행의 ETF 매수는 2013년에 구로다 하루히코 총재가 취임하자 더욱 가속화됐다. 나는 2~3년만 지나면 닛케이 225의 ETF는 매수가 중지되고 토픽스의 ETF가 중심이 되어 유니클로의 주가가 천장을 찍을 거라 기대했으며, 그렇지 않더라도 주가가 이미 충분히 고평가 상태라는 잘못된 판단을 하고 있었다. 펀더멘털의 전망에 관해서도 '이제 더 성장하기는 어려울 것이다'라고 오판해 자신 있게 100억 엔 이상의 거대한 숏 포지션을 구축했다.

결과는 처참했다. 한 종목의 숏으로는 최대 규모인 62억 엔의 손실이 발생했다. 일본은행이 ETF 매수의 무게 중심을 토픽스로 옮긴 것은 ETF 매수가 시작된 지 10년이 지난 2020년부터였다. 나는 그보다 한참 전에 패배를 인정하고 전량을 환매수했다. '다른 사람들은 이렇게 생각하고 이렇게 행동할 거야'라고 멋대로 단정해서는 절대 안 된다. '제 꾀에 제가 넘어간' 대실패였다.

펀더멘털의 전망에 관해 내가 오판을 한 이유는 전적으로 유니클로의 실력을 과소평가했기 때문이다. 나는 [표 12]와 같이 생각

[표 12]

일본	시장이 포화 상태다.
중국	모조품이 난립한 상태다.
동남아시아, 남아시아	더운 날씨 때문에 수익성이 높은 겨울철 상품이 팔리지 않는다.
북아메리카, 유럽	크기도, 체형도 다르기 때문에 성공하지 못할 것이다.

하고 있었다.

대체로 이런 식이었다. 그러나 세세한 부분은 제쳐놓고, 유니클로는 '열심히 노력하는 회사', '열심히 노력할 수 있을 정도의 실력을 지닌 회사'였다. 쉽게 말하면 '우수한 인재가 몰려들고, 그 우수한 인재를 소중히 여겨 그들이 의욕을 갖고 일하게 하는 회사'였다. 그래서 다소의 역경은 노력으로 극복했다. 표면적인 밸류에이션에 지나치게 얽매인 나머지 인적 자본의 가치를 과소평가한 것이다.

닛케이 225 지수의 어둠

'닛케이 225 지수'는 일본인에게 매우 친숙한 지수다. 나조차도 "오늘의 주식시장은 어땠어?"라는 질문을 받으면 '닛케이 225 지수가 얼마 올랐다' 혹은 '내렸다'로 대답한다.

그러나 시가총액 가중 평균형 지수가 아니기 때문에 그 ETF를 대량으로 사면 시장에 커다란 왜곡이 발생한다. 시가총액의 비중에 비해 닛케이 225 지수에서의 비중이 높으면 닛케이 225의 ETF가 대량으로 매입됐을 때 주가가 부자연스럽게 상승해버리는 것이다.

그뿐만이 아니다. 지금까지의 가장 큰 폐해는 닛케이 225 지수에 거액의 딜리버티브(금융 파생 상품)가 다양한 형태로 매달려 있어 닛케이 225 지수가 대형 증권 회사의 자기 계정 부문에 종가 조작을 당해왔다(나의 상상이지만)는 것이 아닐까 싶다. 실제 사례는 아니지만, 극단적인 예를 통해 설명하도록 하겠다. 옛날에 '터치 옵션(Knock-in, Knock-out option으로도 불린다)'을 조합한 '구조화 채권(일반적인 채권과 달리 옵션 등을 조합한 채권)'이 유행했다. 예를 들면 [표 13]과 같은 것들이다.

[표 13]

총액	1,000억 엔	쿠폰 (이율)	2.5%
통화	엔	기간	5년 만기 채권
상환	액면		

※ 단, 5년 이내에 닛케이 225 지수가 종가 기준으로 1만 5,000엔 이하가 되거나 4만 8,000엔 이상이 됐을 경우에는 즉시 상환하며, 상환 금액은 액면의 절반이다.

사람들은 미래의 주가 변동을 본능적으로 과소평가한다. 눈에 보이는 리스크만을 평가하기 때문이다. 생각지도 못했던 리스크는 평가할 수 없으니 당연하다면 당연한 일이다. 그래서 옵션의 숏 포지션을 내재한 높은 이율의 구조화 채권이 일본에서 잘 팔리는 것이다. 터치 옵션은 그 결정판이다.

그런 일이 일어나지는 않을 것이라 생각하기 쉽지만, 확률은 의외로 높다. 누가 코로나19 팬데믹을 예상이나 했겠는가. 그런 일이 일어나서는 안 되지만, 러시아가 핵무기를 사용해 핵전쟁이 일어날 수도 있다. 반대로 일본 주식에 버블이 발생해 사상 최고치를 경신할지도 모른다. 현재의 일본 금리를 전제로 삼으면 일본 주식은 2배가 되어도 이상하지 않기 때문이다.

가령 3년 후에 핵전쟁이 일어나 닛케이 225 지수가 종가 직전에 1만 5,100엔이 된다면 무슨 일이 벌어질까? 그러면 증권 회사의 트레이더들에게는 100억 엔 정도를 투입해 종가를 1만 5,000엔 이하로 끌어내릴 동기가 생겨난다. 성공하면 500억 엔은 벌어들일 수 있기 때문이다. 100/15,000=0.0067이므로, 닛케이 225 지수를 0.67퍼센트만 끌어내리면 되는 것이다. 닛케이 225 지수의 상위 5종목이 지수 전체에서 차지하는 비중은 25퍼센트 정도이므로, 그 5종목을 20억 엔씩 공매도해 2.7퍼센트를 끌어내리면 작전 성공이다.

물론 무리한 공매도이므로 다음날 환매수하면 손실이 발생한다. 다음날의 상승 폭은 2.7퍼센트 이상이 될 것이다. 그러나 설령 3퍼센트의 손실이 발생하더라도 3억 엔이다. 3억 엔으로 500억 엔을 벌어들일 수 있으니, 그 정도 손실은 아무래도 상관없다(사실 증권 회사는 동적 헤징[Dynamic hedging]을 하므로 500억 엔을 벌어들이지는 못하지만, 어려운 이야기이기에 여기에서는 생략하도록 하겠다).

나는 닛케이 225 지수에 금융 파생 상품이 잔뜩 매달려 있으면 이와 같은 부정행위가 일어날 위험성이 있지 않을까 우려하고 있다 (예전에 비하면 지금은 그래도 나아졌다고 생각하지만).

드디어 닛케이 225 지수에 닌텐도와 키엔스가 들어가게 됐지만, '주가 환산 계수' 0.1을 적용하는 것은 도무지 이해가 되지 않는다. 왜 신규로 들어오는 종목에만 주가 환산 계수를 적용하는 것일까?

마침내 깨달은 숏으로 이익을 내는 방법

유니클로 이후로는 숏으로 계속 이익을 내고 있다. 포인트는 숏 종목이 '고평가 상태인가'가 아니라 거래량의 급증으로 나타나는 '과열감'과 숏 포지션의 환매수를 통한 '주가 최고점의 형성'이다. 거래량은 종목에 따라 다르지만, 도쿄증권거래소 1부에서 거래량이 1위 혹은 2위가 되면 기분이 매우 좋아진다. 공매도 기회가 찾아왔다는 느낌이 들기 때문이다.

공매도 상황은 프라임 브로커에게 물어보면 대략적으로 알 수 있다. 이것이 내가 개인 투자자에게 숏을 추천하지 않는 가장 중요한 포인트이기도 하다. 외국에는 일본 주식의 대주시장이 큰 규모로 존재한다. 그 크기는 일본의 신용 거래를 통한 공매도 규모를 훨씬 웃돈다. 뒤에서 설명할 이온(8267)의 경우, 일본의 신용 매도 잔고는 158만 주다(현재 이 원고를 쓰고 있는 시점). 그런데 내가 K1 펀드에서 공매도했을 때 외국에서는 3,000만 주에서 6,000만 주가 공매도되고 있었다.

프라임 브로커는 'Markit'이나 'DataLend' 같은 대주 데이터베이스 벤더로부터 데이터를 산다. 그래서 헤지펀드는 프라임 브로커로부터 계약 문제상 정확한 숫자까지는 아니어도 어느 종목이 대략적으로 어느 정도 공매도되고 있는지, 공매도가 줄고 있는지 혹은 늘고 있는지를 들을 수 있다. 이러한 정보 없이 공매도를 하는 것은 너무나도 무모한 행위다.

일본의 개인 투자자들만이 사고파는 종목이라면 신용 거래 정보만으로도 충분할지 모르지만, 대부분의 종목은 외국의 공매도 잔고가 일본 국내의 신용 공매도 잔고를 크게 웃돈다. 따라서 **일본의 개인 투자자는 개별 종목의 공매도에 관해서는 지극히 불리한 위치에 있다.** 우리는 인기가 높아져 거래량이 급증하고 주가도 상승한 종목을 '공매도 후보'로 주시하는데, 이때 외국의 대주 상황을 파악하기 위해 노력한다.

주가가 상승해 PER이 40배를 넘기면 공매도가 늘어난다. 우리는 이 단계에서는 공매도를 하지 않는다. 공매도가 서서히 증가하고 주가가 계속 오르면 마지막에는 공매도를 했던 헤지펀드가 결국 버티지 못하고 환매수를 하는데, 이때가 주가의 최고점이 될 가능성이 높다. 그 환매수 타이밍에 숏을 하는 것이 성공 확률이 가장 높은 방법이라고 생각한다. 다만 우리가 공매도를 한 뒤에 또다시 공매도의 환매수가 들어와 주가가 오르는 것은 무서우므로, 대체로 숏의 잔고가 최고점에서 절반 이하가 된 시점부터 조금씩 공매도를 시작한다.

유니클로 이후의 숏은 전부 이 타이밍을 노렸다. 따라서 외국의 차주 정보가 없으면 우리는 숏을 할 수 없게 된다.

외국의 차주 금리는 매우 안정적이며, 프라임 브로커가 차주 상황을 우리에게 가르쳐준다. 이 주식이라면 40베이시스 포인트(연 0.4퍼센트)에 1,000만 주를 빌릴 수 있다든가, 이 주식은 지금 20만 주를 1퍼센트로 빌릴 수 있지만 제공자가 언스테이블(장기적인 투자자가 아니다)이어서 리콜(돌려달라고 요구한다)이 들어올지도 모른다든가……. 그래서 매우 편리하다.

그 정반대가 일본증권금융 주식회사다. 요즘에는 일본증권금융의 품대료(신용 거래에서 공매도가 증가해 빌려줄 주식이 부족해지면 부족한 주식을 외부에서 조달하게 되는데, 이때 조달한 주식의 대여료를 '품대료'라고 부르며, 매도 포지션을 취한 쪽이 낸다-옮긴이)라는 것이 개선됐는지 모르겠는데, 예전에는 정말 지독했다. 거래 시점에는 품대료가 발생할지 확인할 수 없었고, 주식을 얼마나 빌릴 수 있는지도 미리 알 수 없었다. 최근 수십 년 사이에 무엇을 했는지 모르겠다. 외국의 대주시장이 점점 정비되어 편리해진 것을 옆에서 지켜보면서 아무것도 하지 않은 것은 매우 큰 문제이지 않을까 싶다.

숏의 성공 사례

지금부터는 비교적 큰 숏 포지션으로 이익을 낸 사례들을 소개하도록 하겠다.

화낙(6954), 브라더(6448)

이 두 회사는 스마트폰용 '로보드릴'이 중국에서 폭발적으로 판매되어 큰 이익을 냄에 따라 주가가 급등한 종목이다. 로보드릴은 휴대폰 뒷면의 알루미늄 판을 깎아내는 기계다. 다만 기계 설비이기에 일시적인 열풍으로 끝날 것이 분명했다. 설령 스마트폰 열풍이 계속되더라도 기계 설비의 매출은 하락할 것이기 때문이다. 이 종목을 공매도하지 않을 이유가 없다고 생각했다.

게다가 나는 미래에 5G가 실용화되면 휴대폰의 뒷면은 금속이 아닌 플라스틱이 될 것이라는 생각에(신호를 반사한다든가 하는 이유로) 사출 성형기의 주식을 샀다. 페어트레이딩까지는 아니지만 양쪽에서 이익을 내려고 한 것이다. 펀드를 시작했을 무렵에 에스케이 화연의 사장을 만나 대화를 나눴을 때 들었던 "화학은 뭐든지 할 수 있소"라는 말이 머릿속에 남아 바이어스가 걸렸는지도 모르겠다. 결국 애플의 아이폰이 플라스틱 대신 유리를 채용하는 바람에 사출 성형기 쪽은 예상이 빗나갔지만, 숏은 거의 정점에서 공매도해 멋지게 이익을 냈다.

아인 홀딩스(9627)

약국 체인인 아인 홀딩스는 애널리스트의 추천으로 주가가 급등해 PER 40배라는 상당한 고평가 상태가 됐다. 다른 약국 체인의 PER은 고작해야 20배 정도였던 것을 생각하면 아인 홀딩스는 특히 고평가된 상태였다.

아인 홀딩스는 기본적으로 문전 약국(병원 앞에 위치한 조제 약국)이다. 또 다른 약국 체인인 웰시아처럼 주택지에 조제 약국(약국 내부에 조제 부문이 있다)을 전개하는 사례가 점점 증가하는 가운데, 나는 문전 약국의 점유율이 하락할 것이라 생각했다. 정부의 정책을 봐도 문전 약국에서 주택지 입지형의 단골 약국으로 환자를 유도하고 싶어 했기 때문이다. 게다가 신약 중에서 항체 의약품의 점유율이 급증한 것도 공매도를 한 이유였다.

조만간 전체 약 중에서 항체 의약품이 차지하는 비율이 증가할 것이라 예상했는데, 항체 의약품은 단백질이어서 주사약인 까닭에 약국에서는 맞을 수 없다. 이것도 장기적으로 봤을 때 문전 약국에는 부정적인 포인트라고 판단했다. 종목도 공매도 정보를 모니터링해 정점일 때 공매도를 했다.

야스카와 전기(6506)

야스카와 전기는 '테마형 투자신탁'의 영향으로 주가가 폭등한 종목이다. 테마는 '로봇'이었다. 4,000억 엔급의 투자신탁이 몇 개 탄생함에 따라 생각 이상으로 주가가 올랐다. 2017년 여름부터 2018년 1월까지 약 6개월 사이에 주가가 2,500엔에서 6,000엔으로 급등했다. 우리는 공매도의 환매수에 맞춰 5,500엔대부터 공매도에 뛰어들었는데, 기세가 생각보다 강해 주가가 계속 올랐다. 차주가 쉬운 종목이었기에 계속 공매도했고, 정점 부근에서도 잔뜩 공매도했다. 이것이 '테마형 투자신탁'의 진수다.

주가는 2018년 1월에 정점을 찍은 뒤 폭락해, 같은 해 겨울에는 3,000엔 아래로 내려갔다. 우리는 4,000엔 정도에서 환매수했지만……. 펀더멘털 측면에서는 흠잡을 점이 전혀 없었으며, 그저 '고평가 상태였던 주식이 테마형 투자신탁의 영향으로 더욱 고평가되다가 마지막에는 공매도 세력의 환매수로 격렬히 상승했다'라는 지극히 단순한 스토리였다.

이온(8267)

이온은 현금 흐름이 매년 마이너스여서 빚이 계속 쌓이고 있는 회사였다. 연결 재무제표의 당기 이익도 우량 자회사가 상장했기 때문에 소수 주주에게 이익이 크게 유출되어 겨우겨우 흑자인 상태였다. PER을 보면 굉장히 고평가 상태로 보였다. 게다가 일본의 인구가 지속적으로 감소하고 있는데도 쇼핑몰을 내기 위해 신규 출점 계획을 잔뜩 세워 놓고 있었다.

언젠가 공매도를 해야겠다고 생각하고 있었지만 공매도 잔량이 너무 많아 한동안은 기회가 없었다 (공매도 잔량이 많으면 공매도를 한 뒤에 환매수로 주가가 더 오를 위험성이 크다). 처음 주목했을 때는 6,000만 주 정도의 공매도 잔고가 있었던 것으로 기억한다. 그러다 몇 년이 지나 공매도의 환매수로 주가가 상승하고 공매도 잔고도 줄어 공매도에 뛰어들기로 했다. 분명히 공매도 잔고가 3,000만 주 정도로 감소했었을 것이다. 우리는 800만 주 가깝게 공매도를 했으므로 상당히 큰 포지션이었다.

그러나 이 주식의 소유자는 기본적으로 패시브한 투자자(인덱스 펀드, ETF) 아니면 주주에게 주는 우대권이 목적인 개인 투자자뿐이다. 그래서 외부적인 영향으로는 주가가 움직이지 않는다. 말하자면 '고객이 곧 투자자인 생활협동조합' 같은 회사다. 그 사실을 알면서도 숏을 한 내가 바보였다.

결국 이익은 내지 못했지만, 아베노믹스 장세 후반에 주식시장이 전반적으로 크게 상승하는 와중에도 조금밖에 오르지 않았기에 나로서는 일단 성공했다고 생각하기로 했다. 마지막 거래가 굉장히 성공적이어서, 코로나19로 폭락했을 때 단번에 전부 환매수한 덕분에 피해를 최소한으로 억제할 수 있었다.

'코로나19로 주가가 하락했으니 공매도 세력은 환매수를 했겠지'라고 생각해 프라임 브로커에게 물어보니 놀랍게도 공매수가 '급증'했다고 했다. 코로나19로 쇼핑몰도 상당한 피해를 입을 거라 생각해 공매도를 한 것이 아니었을까 싶다. '공매도가 된 것치고는 주가가 내려가지 않았네. 그만큼 이 주식을 저렴하게 사고 싶어 하는 주주 우대권 목적의 개인 투자자가 많다는 뜻이겠지'라고 생각했다. 급증한 숏이 공매도 세력에게 매우 큰 리스크가 됐음이 명백했다.

나는 며칠에 걸쳐 이 포지션을 환매수했는데, 환매수한 주가는 1,900엔에서 2,050엔 사이였던 것으로 기억한다. 평균 공매도 가격은 1,900엔대 초반이었으므로 약간의 손해만 보고 수습한 셈이다. 그 후 1년이 지나자 주가는 급등해 3,000엔을 넘어섰고, 2021년에는 3,500엔으로 정점을 찍었다. 그 뒤에는 급락했는데, 이것은 명백히 급증했던 공매도의 환매수였다. 이 일을 통해 나는 공매도 정보 없이는 절대 숏을 할 수 없다는 사실을 절감했다.

일본 M&A 센터 홀딩스(2127)

2020년 후반, 코로나19로 하락했던 주식시장이 반등하는 가운데 특히 빛났던 종목이다. 당기 순이익이 100억 엔인데 시가총액이 1조 2,000억 엔이라는, 말도 안 되는 고평가 상태가 되어 있었다. 당시 기준으로 SBI 홀딩스 시가총액의 1.8배였다. 분명히 급성장하고 있는 회사이기는 했지만, 경쟁사들도 차례차례 상장하고 있었기 때문에 조만간 경쟁이 치열해질 업계라 생각했다.

이 회사는 성공 보수 형태로 굉장히 높은 급여를 지급해 인재를 끌어모으고 있었다. 그러나 그 사원들은 엄청나게 높은 주가를 보고 '우리도 회사를 만들어 똑같은 비즈니스를 해 상장하자'라는 생각을 갖고 있었고, 미래에 라이벌이 됐다. 영업이라는 일은 뒤늦게 들어온 사람에게는 '비옥한 땅'이 할당되지 않기 때문에 더더욱 '일찌감치 그만두고 신나게 날뛰자'라는 생각을 하게 만들기도 한다.

그리고 나는 이 업계가 인센티브를 지나치게 주는 바람에 영업사원들이 필사적으로 일한 결과 미래의 수요를 앞당겨 쓰고 있는 것이 아닐까 생각했다. 중소기업의 계승은 예전부터 있었던 니즈다. 그것이 지금에 와서 비즈니스로서 꽃을 활짝 피운 사실을 어떻게 해석해야 할까? 모든 사장이 70세가 됐을 때 사업을 매각한다면 미래에도 실적은 꾸준히 유지할 수 있을 것이다. 실제로 부동산 회사인 다이토 건탁 같은 경우에는 자신의 토지를 활용하고 싶어 하는 노인이 매년 거의 같은 수만큼 나와 실적이 정상 범위를 유지하고 있다. PER은 안정되게 13배 정도로, 매우 수긍이 가는 주가 수준이다.

일본 M&A 센터가 미래의 수요를 앞당겨 쓰고 있다면 어떤 시점에 이익이 감소할 가능성도 충분히 있다고 생각했다. 앞서 이야기했듯 경영자가 70세에 은퇴하고 사업을 매각한다는 것을 기준으로 생각하면, 이 업계가 발흥하기 전에는 75세까지 열심히 사업을 하던 사장들이 있어 그들이 사업을 매각하고 있는 것은 아닐까? 혹은 영업 사원들이 열심히 영업을 해 아직 65세인 사장에게 회사를 팔게 하고 있는 것은 아닐까? 70세에 파는 것이 정상 상태라면 지금은 미래의 수요를 당겨 쓰고 있어 정상 상태 이상의 매출을 올리고 있는 것은 아닐까? 이것이 나의 가설이었다.

또한 이 정도로 주가가 높으면 회장이나 사장이 주식을 상속할 때 시장에 매각하는 수밖에 없어진다. 이렇게 주가가 높으면 자사주 매입을 할 수 없기 때문이다. '자사주 매입이 불가능해 어쩔 수 없이 시장에 매각한 결과 주가가 하락할 위험성'은 다음에 소개할 레이저텍에서 현실이 된다.

결국 '분식 결산'이 발각되어 주가가 최고점의 4분의 1에 가까운 수준까지 폭락했다. 나는 본능적으로 최고점 근처에서 소량을 공매도했지만, 이 시점에는 이미 공매도로 큰 승부에 나설 기력을 잃어버린 상태였다. 내가 은퇴를 생각하는 원인이 된 안건이다.

레이저텍(6920)

2020년에 2,000엔이었던 레이저텍의 주가는 수주 물량의 증가로 급성장이 기대됨에 따라 반도체 관련주 열풍의 중심 종목으로 급등해 2021년 11월에는 3만 6,000엔이 됐다. 급성장하고 있었기에 PER은 어떤 시점의 EPS를 사용하느냐에 따라 크게 달라져 정확히 알 수 없지만, 일단 150배 정도는 됐을 것이다. 문제는 PBR이 40배나 됐다는 것이다.

이 숏의 아이디어는 펀더멘털에 입각한 것이 아니었다. 순수하게 상속세 문제였다. 2022년 6월의 주주 명부를 보면 4위 주주가 개인 여성으로, 보유 주식의 양은 기발행 주식 수의 4.24퍼센트였다. 아마도 이분은 돌아가신 창업자의 부인이지 않을까 싶다. 아내에게 상속을 할 때는 상속세를 내지 않는다(법정 상속분에 한해서다). 하지만 이분이 돌아가신다면 이야기가 달라진다. 막대한 상속세가 발생하는 것이다. 오너 경영자 부인의 보유 주식이므로 경의를 담아 '자사주 매입'으로 대응하려고 해도, 3만 6,000엔에 자사주 매입을 실시한 다음 그 주식을 소각하면 회사는 대폭적인 채무 초과 상태가 되기 때문에 그럴 수가 없다. 재단을 설립하는 방법도 있지만, 그런 준비를 하고 있지는 않은 듯했다. '역시 사모님이 돌아가시면 시장에 주식을 매각하는 수밖에 없지 않을까?'라고 생각해, 최고점에 가까운 주가에 소량을 공매도했다. 물론 차주 상황을 철저하게 모니터링하면서.

그러나 일본 M&A 센터 때와 마찬가지로 과감하게 하지는 않았다. 수억 엔을 버는 수준에서 환매수했다. 그랬는데 2022년 12월에 그분이 정말로 돌아가셨다. 2022년의 주주 명부상으로는 세 아들에게 상속된 듯한데, 아마도 주식을 어느 정도 시장에 매각하지 않으면 상속세를 낼 수 없을 것이다. 상속받은 주식은 상속을 받은 즉시 팔면 상속세를 조금 감면받을 수 있으므로 아들들은 이미 팔아버렸을 수도 있지만. 보유 주식의 비율이 5퍼센트 미만이어서 공시가 되지 않아 알 수가 없었다.

이처럼 오너 경영자나 그 친족이 대주주일 경우, 상속 문제는 주가에 매우 중요한 포인트가 된다. 우리가 주로 사들이는 순현금 비율이 높은 소형주 종목은 그럴 경우 오너 가문에 경의를 표하기 위해 자사주 매입을 하는 사례가 많을 것이다. 낮은 주가로 MBO(목표 관리)나 TOB를 하지는 않을 거라 생각한다. 최소 PBR 1배 정도의 가격으로 매입하지 않을까 싶다. 반대로 레이저텍 같은 경우에는 기본적으로 시장에 매각하는 수밖에 없기 때문에 주가의 움직임이 정반대가 되는 것이다.

일본 풍력 개발(2766)

본래 이 회사에 관해서는 쓸 생각이 없었는데, 최근에 뇌물 수수 사건으로 화제가 되어 추가했다. 예전부터 고평가된 종목이었지만, 시가총액이 1,000억 엔도 안 되고 대량으로 차주할 수 있는 종목도 아니었다. 그렇다 보니 우리의 숏 포지션도 큰 이익을 낼 수 있을 만큼 크지 않아 주가가 폭락했음에도 이익이 10억 엔도 안 됐던 것으로 기억한다.

2009년 3월기의 결산 발표에서 이익이 2배가 됐고 2010년 3월에도 증수증익이 예상되면서 주가가 급등하기 시작했다. 예상을 기반으로 PER이 40배까지 올랐다. 그래서 조사를 시작했는데, 이익의 출처가 어딘가 이상했다. '발전기 등의 취급 수입'이라는 항목의 이익이 굉장히 컸고, 그것을 제외하면 이익이 거의 나지 않았다.

'발전기 등의 취급 수입'이라는 것은 자회사가 건설 회사로부터 '풍차를 포함한 설비 일체'를 살 때 발전기 제조사가 일본 풍력 개발에 지급하는 수수료다. 그 금액이 적다면 문제가 없겠지만, 수수료라기에는 규모가 너무 컸다. 요컨대 풍력 발전 자회사가 풍차를 살 때 모회사인 일본 풍력 개발이 차액을 떼가고 있었던 것이다.

가령 한 기에 1억 엔인 풍차가 있다고 가정하자. 자회사(실제로는 자회사에 풍차를 납품하는 건설 회사)는 그것을 풍력 발전기 제조사로부터 1억 1,000만 엔에 산다. 그리고 동시에 풍력 발전기 제조사는 일본 풍력 개발에 수수료 1,000만 엔을 지급한다. 본래라면 자회사의 재무상태표에 1억 엔의 풍차를 자산으로 계상해야 하지만, 1억 1,000만 엔을 계상하고 그 차액인 1,000만 엔을 모회사가 이익으로 계상하고 있었던 것이다.

나는 이것이 일종의 '분식 결산'이 아닐까 생각했다. 그래서 일단 빌릴 수 있을 만큼 숏을 한 뒤 이 회사의 회계 처리 방식이 옳은지 묻기 위해 금융청에 고발하기로 했다. 익명이 아니라 실명으로 고발했고, 우리가 숏을 했다는 사실도 밝혔다.

우리는 공매도를 한 뒤에 부정 회계를 폭로함으로써 이익을 내려고 하는 '공매도 전문 헤지펀드'가 아니다. 그쪽에 전문성도 없으며, 그것을 적극적으로 노려 이익을 내겠다는 생각도 하지 않는다(일본은 분식 결산이 적기 때문에 그런 전략은 수지가 맞지 않으며, 내 성격에도 맞지 않는다). 그저 고평가라고 생각해 우연히 발견했을 뿐이다. 25년 동안 우리가 금융청에 부정 회계를 고발한 것은 딱 두 번뿐이다. 다른 건은 좀 더 규모가 큰 분식 결산이라고 생각했지만, 감사 법인이 문제시하지 않아 아무 일 없이 몇 년이 지난 상태다.

그 뒤로는 금융청으로부터 어떤 이야기도 듣지 못했고, 아무 일도 없었던 듯이 시간이 흘러갔다. 그런데 의혹의 결산으로부터 1년이 지난 2010년 3월 31일, 일본 풍력 발전의 주간사인 다이와 증권에서 놀라운 보고서를 내놓았다. 신규 종목 평가에서 일본 풍력 발전의 등급을 '4'로 설정한 것이다. 이는 5단계 평가에서 밑에서 두 번째 등급이다. 일반적으로 애널리스트는 4라는 등급을 주지 않는다. 회사와 험악한 관계가 되어 정보를 얻기 어려워지기 때문이다.

보고서에는 우리의 논점도 간략하게 적혀 있었다. 그리고 같은 해 6월에는 회사가 의견이 맞지 않는다는 이유로 감사 법인을 해임하는 바람에 유가 증권 보고서 제출이 늦어져 '감리 종목'으로 지정됐다. 주가는 당연히 폭락했고, 우리는 즉시 전량을 환매수하고 이 건을 마무리했다.

그러나 우리에게는 끝난 이야기여도 금융청에는 끝난 이야기가 아니었다. 최근에 예전의 자료를 찾아보고 알게 된 사실인데, 2014년(분식 결산으로부터 5년 후)에 유가 증권 보고서의 허위 기재로 약 4억 엔의 과징금이 부과됐었다. 몰랐던 것인지, 잊어버린 것인지 기억에 전혀 없는 일이었다.

그때의 과징금 납부 명령 자료를 읽고 느낀 점인데, 회사 측이 위법성을 전면 부인했기 때문에 금융청도 세세한 부분까지 철저히 조사해야 해 상당히 고생했던 듯하다. 이 회사는 분명 자신들이 좋지 않은 행위를 하고 있음을 알고 있었기에 지적을 받았을 때 반론할 수 있도록 억지 변명을 준비해놓았을 것이다. 금융청은 그 억지 변명을 일일이 반론해야 했고, 게다가 회사 측의 과징금 불복 소송이라는 덤까지 따라왔다. 그로 인해 금융청은 물론이고 판사까지 엄청난 시간과 에너지를 낭비해야 했다. 금융청 사람들과 판사에게는 "정말 고생하셨습니다"라고 말해주고 싶다. 이번 뇌물 수수 사건은 복잡하게 꼬이지 않고 빠르게 진행됐으면 하는 바람이다.

페어트레이딩

페어트레이딩('스프레드 트레이딩'이라고도 부른다)은 A주의 성장률이 상대적으로 B주보다 높을 거라 예상될 경우 A주를 사고 B주를 공매도하는 전략이다. 예를 들어 실적 예측 공시를 봤을 때 혼다는 주가가 상승할 것 같지만 닛산은 하락할 것 같다면 '혼다 롱·닛산 숏'의 포지션을 같은 액수만큼 동시에 만든다.

혼다의 주가가 상승할 것 같아 혼다를 롱하기만 하면 가령 엔화 강세가 급속히 진행됐을 때나 미국의 경기가 급감속했을 때 혹은 주식시장 전체가 폭락했을 때 손실이 발생할 가능성이 커진다. 그런 위험 요소를 배제하고자 위상이 비슷한 회사를 공매도해 헤지하는 것이다.

앞서 이야기했듯 우리는 본래 같은 금액의 롱과 숏을 하는 운용은 생각하지 않는다. 하물며 같은 업계에서 각각 롱과 숏을 할 종목을 두 종목 선택해 페어트레이딩을 한다는 발상은 우리에겐 없었다. 고객에게 페어트레이딩을 프레젠테이션하면 설득력 있게 받아들여질 가능성이 크다. "주식시장이 상승하든 하락하든 이익이 납니다"라는 식으로 프레젠테이션을 할 테니까.

그러나 페어트레이딩의 롱·숏 운용은 이익이 나지 않는다. 혹은 이익이 나더라도 리턴이 적다. 일단 같은 업종 내에서 밸류에이션에 큰 차이가 나는 일은 거의 없으며, 설령 있더라도 어떤 합리적인 이유가 있는 경우가 대부분이다. 게다가 A주를 롱하고 B주를 숏했다가 나중에 반대 매매로 청산하면 합쳐서 네 번 거래를 하게 된다. 이 말은 수수료를 네 번 내고 마켓 임팩트도 네 번 받게 된다는 의미이므로 거래 비용이 커진다.

우리는 25년에 걸친 펀드의 역사에서 페어트레이딩을 한 적이 딱 두 번 있는데, 두 번 모두 상당히 큰 금액으로 해 굉장히 큰 리턴을 얻었다.

페어트레이딩은 기회가 있을 때 기회주의적으로 구사하면 될 뿐, 처음부터 그 전략을 전면에 내세워 '자금 모집'을 해서는 안 된다는 것이 나의 생각이다. 좋은 페어트레이딩 기회가 없을 때 무리하게 페어트레이딩 포지션을 잔뜩 만들면 수수료 부담이 커지기 때문에 운용 성적이 좋아지지 않을 것이다.

아콤 vs. 아이풀

펀드 운용을 시작하고 얼마 되지 않았을 무렵에 최고의 페어트레이딩 기회가 찾아왔다. 소비자 금융 회사인 아이풀이 점두시장에 상장했는데, 고성장을 하고 있음에도 IPO 직후부터 PER이 8배 정도로 매우 낮았기 때문에 우리의 눈길을 끌었다. 기관 투자자들이 '점두 등록 종목'을 사기가 어려웠던 것이 저평가의 이유였다.

한편 같은 소비자 금융 회사인 아콤은 기관 투자자 종목이어서

PER이 17배 정도였던 것으로 기억한다. 성장률은 아이풀이 더 높은데, 평가는 더 낮은 상황이었던 것이다. 아콤은 기관 투자자 종목이었고 외국인 투자자들도 보유하고 있어 차주가 비교적 용이했기에 상당히 큰 숏 포지션을 취할 수 있었다.

소비자 금융 업계가 사회 문제가 되기 전인 1990년대 후반이었으므로 업계 전체도 아직 성장이 기대됐다. 분명히 아이풀 롱 12에 대해 아콤 숏 10과 같이 롱 쪽으로 조금 더 비율이 기울었을 것이다. 당시 아이풀은 점두시장 종목이고, 아콤은 도쿄증권거래소 1부 종목이었으므로 넓은 의미에서 '시장 간 차익 거래'라고 말할 수 있을지 모르겠다.

그 후 사장이 적극적으로 IR을 실시하고 고성장도 계속된 아이풀은 기관 투자자 종목이 되어 폭등했다. 또한 아이풀에 자금이 유입된 만큼 아콤 쪽에서는 자금이 유출되었기 때문에 적절히 환매수해 양쪽 모두 리턴을 얻을 수 있었다.

다만 결론부터 말하면 아이풀의 롱 포지션만 취하는 편이 더 좋았을지도 모른다. 실제로 이 페어트레이딩의 이익 중 90퍼센트 이상은 아이풀의 롱에서 나왔다. 그러나 당시 아직 큰 사회 문제가 되지는 않았다 해도 '회색 지대 금융' 문제 자체는 인지되고 있었다. 이 문제 때문에 일본의 소비자 금융 업계는 그 후 파탄에 가까운 수준까지 몰리게 됐다.

아이풀만을 대량으로 롱하는 전략에는 커다란 리스크가 있었던 셈이다. 아콤의 숏을 '끼워 넣은' 것은 현명한 판단이었다고 생각한다.

도쿄미쓰비시 은행 vs. UFJ 은행

2004년에 도쿄미쓰비시 은행과 UFJ 은행의 통합이 발표됐다. 그러나 합병 비율이 결정되지 않은 채 시간이 흘러갔다.

당시 외국인 투자자들에게도 영향력이 컸던 한 여성 외자계 금융 애널리스트가 있었다. 그녀는 개인적인 원한이라도 있는지, 아니면 UFJ 은행과 어지간히 맞지 않아서였는지 UFJ 은행을 신랄하게 비판했다. 그녀가 "합병 비율에 관해서는 UFJ 은행이 상당히 불리한 위치에 있다"라고 열심히 선전한 덕분에 헤지펀드들은 도쿄미쓰비시 은행 롱·UFJ 은행 숏의 포지션을 대규모로 구축했다. 거액의 자금이 움직인 합병 차익 거래(Merger Arbitrage, 합병 비율을 둘러싼 차익 거래)였다.

다른 증권 회사의 애널리스트들도 대체로 "합병 비율은 UFJ 은행에 불리할 것이다"라고 이야기했다. 이때 프라임 브로커에게 차주 상황을 물어보니, UFJ 은행의 차주는 무서울 정도로 많은 데 비해 도쿄미쓰비시 은행의 차주는 거의 없었다(헤지펀드의 포지션 중 대부분이 도쿄미쓰비시 은행 롱·UFJ 은행 숏이었음을 나타낸다).

나도 물론 합병 후 도쿄미쓰비시 은행 쪽이 주도권을 쥘 거라는 사실은 알고 있었다. 그러나 합병 비율에 관해서는 UFJ 은행에 불합리한 비율, 이를테면 1 대 0.1 같은 수준은 되지 않을 것이라 생각했다. 체면 문제도 있고, UFJ 은행에 너무 불리한 비율로 합병하면 UFJ 은행원들의 의욕이 떨어질 것이기 때문이었다. 합병 자체는 이미 발표됐으므로 "합병 비율에 대한 의견이 일치하지 않아 합병을 취소하겠습니다"라고 말할 수도 없지 않겠는가. 그래서 결국에는 도쿄미쓰비시 은행 쪽이 조금 양보할 것이라 내다보고, 다른 헤지펀드와는 정반대의 포지션을 대량으로 구축했다. 요컨대 UFJ 은행 롱·도쿄미쓰비시 은행 숏으로 말이다. 롱 포지션이 300억 엔, 숏 포지션이 200억 엔 정도였던 것으로 기억한다.

그런데 갑자기 미쓰이스미토모 은행이 참전했다. 미쓰이스미토모 은행은 놀랍게도 합병 비율 1 대 1을 제안했다. 그로 인해 도쿄미쓰비시 은행이 UFJ 은행을 싼값에 사는 것이 불가능해졌다. 헤지펀드들이 패닉에 빠져 반대 매매를 한 결과 UFJ 은행의 주가는 폭등했고, 도쿄미쓰비시 은행의 주가는 하락했다.

우리는 반대 매매를 해 100억 엔 정도의 이익을 냈다. 압도적인 승리였다. 최종적으로 도쿄미쓰비시 은행과 UFJ 은행의 합병 비율은 1 대 0.62가 됐지만, 이미 이익을 확정 지은 우리에게는 아무래도 상관없는 일이었다.

그러나 나는 이 거래를 그다지 떠올리고 싶지 않다. 이때 나는 GS의 논뱅크 부문 애널리스트에게 의지하며 거래를 진행했다. 그는 나의 고향 후배로, 내가 GS에 몸담았을 때부터 매우 친하게 지냈다. 거대한 포지션을 만든 이후 크게 걱정되고 불안해진 나는 매일, 정확히 말하면 하루에도 몇 번씩 그에게 전화를 걸었다. 그때 그의 격려 덕분에 어떻게든 거대한 포지션을 유지할 수 있었다.

이 거래가 끝나고 얼마 후, 그는 GS를 그만두고 포트폴리오 매니저에 대한 요구가 제일 가혹하다고 알려진 미국의 헤지펀드로 직장을 옮겼다. 그 후 그가 스스로 목숨을 끊었다는 소식을 들은 나는 한참 동안 아무 말도 하지 못했다.

— 제8장 —

절대 해서는 안 되는 투자

ESG 투자는 난센스

최근 들어 'ESG 투자'라는 말이 자주 들린다. 지금부터는 그에 대한 내 의견을 이야기하도록 하겠다. ESG는 Environment(환경), Social(사회), Governance(기업 통치)의 머리글자를 딴 것으로, ESG 투자는 이 세 가지를 평가 기준으로 삼는 투자를 가리킨다.

나는 ESG 투자가 완전한 난센스라고 생각한다. 물론 기업 통치의 G는 의미가 있다고 생각하지만, 환경의 E나 사회의 S 같은 문제에 투자 자문 회사가 참견해야 하는 것일까? 특히 E의 경우는 너무 복잡하기에 포트폴리오 매니저가 결론을 낼 수 있는 문제라고는 도저히 생각되지 않는다.

내 눈에는 운용 성적이 나쁜 액티브 운용 매니저가 해고당하지 않으려고 ESG 투자에 매달리고 있는 것처럼 보인다. 그들은 복잡한 환경 문제를 이해할 수 있을 정도의 두뇌를 가지고 있지 않다. 우수한 매니저는 통상적인 투자로 좋은 성적을 올리므로 ESG 투자 같은 것을 할 필요가 없다. 따라서 ESG 투자를 담당하는 매니저는 다른 사람들이라는 결론이 나온다.

여러 차례 이야기했듯 액티브 운용 매니저가 척도인 토픽스의 수익률을 웃도는 성적을 내는 것은 쉬운 일이 아니다. 그 결과 운용 수수료가 낮은 패시브 운용이 인기를 끌게 됐는데, 그렇게 되면 투자 자문 회사의 수익은 감소하고 액티브 매니저는 인원이 남아돌게 된다. ESG 투자라는 것은 반드시 운용 성적을 경쟁할 필요가 없으므로, 그런 투자 자문 회사에 ESG 투자는 그야말로 '구원의 손길'이었을 것이다. 그들은 일제히 ESG 투자에 뛰어들었다.

ESG 중에서 S는 비교적 화제가 되고 있지 않기에 여기에서는 언급하지 않겠다. E에 관해서는 이산화탄소 절감이 압도적으로 화제성이 크다. 진심으로 이산화탄소를 절감하려 하면 현세대가 엄청난 비용을 내야 한다. 민주주의 국가에서 누군가가 누군가에게 강제로 무엇인가를 시키려 한다면 그것은 기본적으로 법률에 의거한 것이어야 하며, 법률에 의거하지 않으면 불공평이 발생한다.

일부 환경 단체의 압력으로 특정 기업이 무리한 환경 대책을 강요당하는 것은 민주적인 과정이 아니며, 혼란을 유발할 뿐이다. 투자 자문 회사가 일본의 상사에 석탄의 권익을 매각하도록 촉구하는 것도 무슨 의미가 있는지 모르겠다. 그 권익을 산 회사가 과연 탄광을 폐쇄할까? 그럴 리는 없다. 오히려 권익을 싸게 산 만큼 더 이익을 낼 수 있으므로 설비 투자를 해 생산량을 늘리려 할지도 모른다.

애초에 환경 문제로 거론된 것들은 수상한 냄새를 풍긴다. 그때의 분위기에 따라 화제가 대대적으로 부각됐다가 얼마 되지 않아 사그라지기도 한다. 가장 좋은 예가 '미세플라스틱으로 인한 해양

오염'일 것이다. '바다거북의 코에 박힌 플라스틱 빨대'로 한때 그렇게 떠들썩했던 미세플라스틱 이야기는 지금은 좀처럼 들리지 않는다. 미세플라스틱의 주요 발생원이 세탁기의 배출수임을 알게 됐기 때문이 아닐까 싶다. 폴리에스테르 섬유 등의 합성 섬유에서 미세한 입자가 무수히 발생하는 것이다. 이제 와서 "외출복이나 속옷에 합성 섬유를 사용하지 말자", "빨래를 하지 말자. 하더라도 배출수를 흘려보내지 말자"라고 말할 수 없기 때문에 미세플라스틱 논란이 사라졌다. '처음부터 큰 문제가 아니었다는 의미가 아닌가' 하는 생각도 든다.

물론 이산화탄소 절감 문제는 일과성 유행으로 끝날 것 같지 않다. 현시점에서 일본의 정책은 혼란스럽기 짝이 없어, 대체 무엇을 하고 싶은 것인지 알 수가 없다. 정치 이권이 얽힌 규제나 보조금, 제도들이 넘쳐나고 있다. 기업으로서는 그런 것들에 대응해야 하기 때문에 쓸데없는 업무가 늘어나 힘든 상황이다. 기업은 과도한 ESG 논란 때문에 '통합 보고서'라든가 '지속 가능 경영 보고서' 등 쓸데없는 비용 지출이 크게 늘어났다. '탄소 배출권'만 봐도 '그린 전력 증서', '비화석 증서', 'J-크레딧', '자발적 탄소 배출권' 등 뭐가 뭔지 알 수가 없다.

2021년에 해양 풍력 발전 입찰에서 미쓰비시 상사 그룹이 엄청나게 낮은 가격을 써서 제출해 전부 수주에 성공했다. 이것은 '내각 총리 대신상' 감이었다고 생각한다. 전기 요금이 오르지 않게 됐으니까. 그러나 정치가들은 그 저가 입찰이 어지간히 마음에 들지 않은 듯했고, 그런 정치가들의 심기를 헤아린 언론들은 미쓰비시 상사를 칭찬하지 않았다.

이권으로 범벅이 된 이산화탄소 대책이지만, 역시 이대로는 배출량을 크게 줄일 수 없기 때문에 앞으로 몇 년 안에 '배출권 거래 제도'가 전국에 도입될 모양이다. 그러나 이 정책도 시작할 때 정부가 각 기업의 이산화탄소 배출 허용 상한선을 결정하므로 온갖 이권이 뒤얽히게 될 것이다(이 허용 상한선을 결정하는 것은 절대 쉬운 일이 아니다. 굉장한 마찰을 빚을 것이다. 어쩌면 스스로 목숨을 끊는 관료가 나올지도 모른다). 배출권 거래 시장도 정비하는 모양이지만, 배출권의 가격이 정부의 의도대로 결정될 가능성은 거의 없어 대혼란을 초래할 것이다. 가장 단순하고 이권을 낳지 않는 정책은 '예외가 없는 일률적인 이산화탄소세'라고 생각하는데(사실은 지금도 약간 도입된 상태다), 정치가들은 싫어할 것이다.

전문가들의 비판을 각오하고 내 생각을 이야기하면 '이산화탄소세를 소비세로 환산했을 때 20퍼센트 정도가 되도록 20년에 걸쳐 단계적으로 도입한다. 그 대신 소비세도 단계적으로 폐지한다'가 어떨까 싶다(그만큼 강렬한 세율이 아니면 이산화탄소 배출은 줄어들지 않을 것이라 생각한다). 20년 동안 이산화탄소의 발생량이 절반이 되면 이사화탄소세는 소비세로 환산했을 때 10퍼센트에 수렴하게 되므로 거의 조세 중립(Tax neutral. 세금 부담에 관해 중립적. 증세도 감세도 아니게 된다)이다.

어쨌든, 앞으로 수년 안에 이산화탄소 절감을 위한 본격적인 틀이 설정될 것이 분명하다. 그러면 이산화탄소 절감에 관한 의미 없는 논쟁은 점점 사라지지 않을까? 당연히 지금 유행하는 ESG 투자도 시들해질 것이다. 의미 불명의 ESG 펀드를 살 바에는 수수료가 싼 토픽스의 ETF를 사는 것이 이득이라고 생각한다.

여담이지만, 이산화탄소에 관한 논란에서 내가 굉장히 신기하게 생각하는 점은 왜 '인구를 줄인다'라는 아이디어가 논의되지 않느냐는 것이다. 인구가 감소하면 이산화탄소 문제에 대처하기가 용이해지는데 말이다. 나는 뉴질랜드에 자주 가는데, 일본의 70퍼센트 정도 되는 면적에 500만 명의 인구가 살고 있다. 일본도 뉴질랜드 수준의 인구 밀도가 된다면 700만 명이 살게 된다. 현재 인구의 18분의 1이다.

인구가 700만 명이 되면 현재 일본의 발전량 중 8퍼센트는 수력이고, 다른 재생 가능한 전력원이 10퍼센트이므로 이산화탄소를 배출하지 않고도 1인당 현재의 3.2배나 되는 전력을 사용할 수 있다. 물론 초고령 사회 등과 같은 일과성의 고통은 있겠지만, 인구가 감소하면 지금처럼 매일 이산화탄소 이야기를 장황하게 늘어놓을 필요가 없어진다. 게다가 1인당 소득이 더욱 증가할 테니 일석이조다.

'저출산 대책'은 대체 무엇을 위한 것일까? 이산화탄소 절감이 인류에게 절박하고 중요한 과제라면 인구는 줄어드는 편이 낫지 않을까? 아니면 이산화탄소 문제는 저출산과 같은 수준의 문제인 것일까?

일본 기업의 기업 통치

이번에는 ESG의 'G'에 관해 생각해보자. 기업 통치는 최근 들어 눈에 띄게 개선됐다. 기업 통치 개선 효과로 주식시장의 시가총액이 10퍼센트는 상승하지 않았나 싶다. 이것은 앞으로도 기업 가치에 지속적으로 좋은 영향을 미칠 것이라 예상된다. 다만 일본 기업의 기업 통치 향상과 ESG 투자는 전혀 관계가 없다. 굳이 말하자면 '의견을 내는 주주(행동주의 투자자)가 일본의 주식시장에 참가한 것이 일정 수준의 역할을 담당한' 거라 생각한다.

그런데 기업 통치가 기능하지 않는다는 이유로 투자를 피해야 할 종목이나 섹터가 있을까? 지금 당장은 기업 통치가 엉망이더라도 투자자의 압력으로 향후 개선될 가능성이 존재한다. 따라서 현재의 기업 통치 상태를 투자 기준으로 삼는 것에 대해서는 의문을 느낀다. 기업 통치가 엉망이던 회사가 갑자기 주주친화적이 되어 주가가 크게 오를지도 모르는 법이다.

기업 통치 측면에서 어떻게 할 수 없는 유일한 섹터는 철도나 전력·가스 등의 공공 기업이다. 이들 기업의 목적은 주주의 이익을 최대화하는 것이 아니다. 그들에게 중요한 존재는 사용자인 국민이다. 따라서 이런 공익 기업의 경우 주주에게 의미가 있는 것은 기본적으로 배당(주주 우대권 포함)뿐이다. 배당 수익률이 낮은 혹은 낮은 배당 수익률이 높아질 전망이 없는 공익 기업은 일본 주식 투자의 유니버스에서 제외해야 할 것이다.

일본에서는 주식을 1퍼센트 보유하면 주주 제안을 할 수 있다.

그 자체는 기업 통치 관점에서 훌륭하다고 생각한다. 그러나 의미 없는 제안, 장난 같은 제안이 너무 많은 것도 사실이다. 나는 제안할 때 요금을 부과해야 한다고 생각한다. 이를테면 제안 한 건당 100만 엔이라든가. 그렇게 해도 의미 없는 제안이 줄어들지 않는다면 200만 엔으로 올려도 좋지 않을까 싶다. 제안할 때 회사에 돈을 내야 한다면 다른 진지한 주주들에게 피해를 입히는 일이 현저히 줄어들 것이다.

최근에 기업 통치와 관련해 매우 우려되는 사태가 발생했다. 코스모 에너지 홀딩스(이하 '코스모 석유')가 주주 총회의 의결을 거쳐 포이즌필(적대적 인수 시도가 있을 때 기존 주주에게 낮은 가격으로 신주를 살 권리를 부여하는 적대적 인수 방지책의 일종-옮긴이)을 도입했는데, 이때 약 20퍼센트의 주식을 보유한 시티 인덱스 일레븐스의 의결권을 인정하지 않았다. MOM(Majority of Minority. 소수 주주의 과반수로 찬반을 결정하는 방식으로, 적대적 인수자 그리고 그들과 이해관계를 공유하는 주주를 배제함으로써 경영권을 지키려 하는 경영권 방어 수단이다-옮긴이)이라고 부르는, 일부 대주주를 배제한 주주 총회였던 것이다.

경영진의 마음에 들지 않는 주주의 의결권을 멋대로 제한하는 것은 기업 통치 측면에서 최악이다. 법원이 이런 방식을 용납한다면 기껏 개선된 일본 주식시장의 기업 통치에 매우 심각한 타격을 입힐 것이다. 과거 도쿄기계제작소를 둘러싼 재판에서는 법원이 MOM을 용납했지만, 다음 재판에서는 부디 이 어처구니없는 판례가 뒤집어지길 절실히 기원한다.

이는 자신의 안전에만 열중한 코스모 석유 경영진만의 문제가 아니라, 일본 주식시장 전체의 문제다. 도쿄증권거래소도 마찬가지다. PBR이 낮은 허약한 기업에 '자극을 주는' 것도 좋지만, 이번 코스모 석유의 의결은 기업 통치상의 위기다. 법원 판결이 어떻게 나오든 MOM으로 주주 총회를 여는 회사는 프라임 시장에서 제외하거나 상장을 폐지하는 등 강력한 자세를 보여야 하지 않을까?

AIJ 투자 자문 사기 사건

과거 AIJ 투자 자문의 사기 사건이 발생해 일본의 연금 기금이 큰 손실을 입었다. 우리도 이 사건의 간접적인 피해자였다. 이 사건처럼 방대한 규모의 사기 사건은 그렇게 자주 일어나지 않지만, 사기 사건 자체는 엄청난 빈도로 일어나고 있다. 여러분의 주위에도 분명 사기 피해자가 있을 것이다. '나는 걱정 없어'라고 생각할지 모르지만, 사실은 누구나 위험에 노출되어 있다. 그래서 이 화제만큼은 반드시 언급해야겠다고 생각했다.

2012년에 AIJ의 사장인 아사카와 가즈히코를 포함한 네 명이 사기 혐의로 체포된 이 사건에는 우리의 연금 고객도 크게 연관되어 있었다. 애초에 연금 기금이 사기의 표적이 된 이유는 그들이 '안정적인 리턴을 낳는 운용'을 너무 강하게 요구했기 때문이다. 당시 우리는 연금 기금을 다수 고객으로 두고 있었는데(그 후 리먼브라더스 사태 때 대부분이 해약했지만), 우리의 운용은 매달의 상승과 하락이 너무 커 평가가 좋지 못했다. 아사카와는 그 점을 파고들어 "타워투자자문의 펀드는 변동성이 너무 크지 않습니까? 저희는 장기적으로 봤을 때 그들과 같은 수준의 리턴을 안정적으로 낼 수 있습니다"라는 세일즈 토크로 우리의 고객을 하나하나 빼앗았다.

리먼브라더스 사태가 발생한 이듬해인 2009년에는 우리의 펀드도 마진에 여유가 생겨 이런저런 생각을 할 수 있게 됐다. 그리고 그와 동시에 AIJ에 관한 나쁜 소문이 흘러나오기 시작했다. 여러 신탁 은행이 AIJ가 어딘가 수상쩍다고 말하기 시작한 것이다. '이건 기회야'라고 생각한 나는 AIJ의 운용 성적을 조사해보기로 했다. 사장 등이 체포되기 2년 전이었을 것이다. 그들이 말하는 '외가격(Out of th money. 콜옵션의 행사 가격이 기초 자산의 시장 가격보다 높을 때 혹은 풋옵션의 행사 가격이 기초 자산의 시장 가격보다 낮을 때를 표현하는 용어-옮긴이)의 콜과 풋옵션을 동시에 매도해 안정적으로 프리미엄을 벌어들인다'라는 전략은 리먼브라더스 사태 때도 손실을 내지 않은 시점에 갑자기 의심스러워졌다.

당시 AIJ에는 노무라 증권 시절에 상당히 친했던 친구 K가 있었다. 그는 노무라 증권에서 주식의 파생 상품 거래의 헤지를 담당했었다(AIJ 투자 자문에는 노무라 증권 출신이 많았다. 노무라 증권에서 전환 사채 부장이었던 M씨도 있었다. 그러나 사기에는 관여하지 않았다고 생각한다). AIJ는 당시 표면상 1,800억 엔 정도의 운용 자산이 있었던 것으로 생각된다(실제로는 돈이 없었지만). 그래서 이 경우 연간 15퍼센트의 리턴을 올리려면 옵션을 얼마나 매각해야 하는지 계산해봤다.

행사 가격이 현재 가격에 가깝다면 약간의 주가 변동에도 금방 손실이 나므로 주식시장이 조금 움직이는 정도로는 손실이 나지 않는 깊은 외가격Deep out of the money의 풋과 콜을 매각할 필요가 있는데, 어지간해서는 손실이 나지 않는 대신 얻을 수 있는 이익도 적기 때문에 대량으로 매각해야 한다. 그런데 깊은 외가격, 즉 행사 가격이 현재 가격으로부터 멀어질수록 미결제 약정은 감소한다. 행사 가격으로부터 멀리 떨어진 곳에 있는 옵션의 미결제 약정 수를 조사해본 나는 그들의 운용 성적을 달성하는 것이 불가능하게 느껴졌다. 미결제 약정의 수가 너무 적었던 것이다.

내 결론은 '그들은 옵션을 매각하지 않았다'였다. 물론 거래소를 거치지 않고 장외OTC 거래로 대형 증권 회사와 1 대 1로 옵션의 포지션을 구축할 수는 있다(장외 거래의 경우, 관계자 이외에는 거래 내용을 알 수 없다). 그러나 외자계와 일본계 주요 증권 회사의 금융 파생 상품 트레이너에게 물어봐도 "그런 엄청나게 큰 규모의 고객 이야기는 들어본 적이 없다"라고 했다.

나는 증거를 들고 K씨를 만났다. 그는 사기에 관해서는 알지 못하는 듯했다. 그만큼 경험이 있는 사람이라면 조금만 조사해보면 금방 알았을 것이다. 알았다 한들 자신에게 좋을 일은 없기에 알리고 하지 않았을 수도 있다. 그는 내 질문에 대답하지 못했다. 그는 리먼브라더스 사태 때도 손실을 내지 않았던 것에 대해서는 "운 좋게 그때만 미결제 약정이 없었다"라고 설명했다. 나는 이미 정황 증거가 충분하기에 영업 방해로 고소당해도 상관없다는 생각으로 우리의 고객들에게 "AIJ는 해약하셔야 합니다. 해약하지 않겠다면 적어도 자금의 존재는 확인하십시오"라고 열심히 이야기했다. 하지만 행동에 나선 연금 기금은 없었다.

그렇다면 어떻게 해야 투자 자문 회사의 사기를 꿰뚫어볼 수 있을까? 연금 등의 기관 투자자들은 먼저 거래하는 증권 회사나 신탁 은행 등에 떠도는 소문이 없는지 확인해봐야 한다. 자금이 어디에 있는지 확인할 필요도 있다. 또한 너무나도 훌륭하고 굴곡이 없는 운용 성적은 일단 수상하게 여겨야 한다.

그런 다음에는 '연금 컨설턴트'에게 조사를 부탁하는 것이 좋은데, AIJ의 경우에는 연금 컨설턴트가 한통속이었던 까닭에 피해가 더 커진 것이었으니 참으로 어려운 문제다. AIJ는 일임 계정(고객에게 유가 증권 매매를 일임받아 운용하는 것) 면허를 취득했기에 금융청의 조사를 받고 있었을 것이다. 게다가 오랫동안 나쁜 소문도 없었다. 그래서 어떻게 그 긴 기간에 걸쳐 사기 행위를 해나갈 수 있었는지 나도 잘 모르겠다.

우리도 당연히 금융청의 조사를 받았다. 대여섯 명의 조사관이 왔던 것으로 기억하는데, 정말 열심히 일해서 놀랐다. 세세한 부분까지 굉장히 꼼꼼하게 조사하는 모습은 존경심이 들 정도였다.

한 조사관은 내 사물함에서 대량의 위스키를 발견하고 이렇게 물었다.

"술이 왜 여기 있는 겁니까?"

"그야 마시려고 넣어뒀죠."

그렇게 반쯤 농담으로 대답했지만, 조사관이 내 서랍을 열어 대량의 지폐 다발을 찾아냈을 때는 "조사관님을 매수하려고 넣어뒀습니다"라는 농담을 할 수 없었다. 그들은 굉장히 고지식하기 때문이었다. 참고로 그 지폐 다발은 큰 재해가 일어났을 때, 즉 카드나

ATM을 사용할 수 없게 됐을 때를 대비해 준비해둔 것이었다.

우리의 세 펀드 중 하나의 명칭은 '쇼코로'인데, 조사관이 "쇼코로는 무슨 뜻입니까?"라고 물어보기에 나는 이렇게 대답했다.

"19세기 러시아에 위대한 투자자가 있었는데, 그 투자자의 이름입니다. 물론 농담입니다. 진짜 의미는 말씀드리고 싶지 않습니다."

조사가 거의 끝날 무렵, 조사관 한 명이 의기양양한 표정으로 내게 다가오더니 이렇게 말했다.

"쇼코로의 의미를 알아냈습니다. 근처 식당에서 파는 돼지고기 생강 구이(쇼가야키)·크로켓 정식이죠? 다들 그걸 쇼코로라고 부르더군요."

정답! 그것까지 알아낼 줄이야! 그런데 이렇게 우수한 조사관들이 왜 AIJ의 사기는 그토록 오랜 기간 동안 놓치고 있었던 것일까? 일임 계정 면허를 부여한 투자 자문 회사가 운영에 관한 정보를 좀 더 상세히 제출하게 한 다음 AI를 이용해 수상한 부분을 추려내면 어떨까 싶다. AIJ의 월간 운용 성적도 대부분 소수점 두 번째 자리가 0 아니면 5였다고 하지 않는가?

개인은 기본적으로 투자 자문 회사의 펀드에 직접 투자하지 않는 것이 좋다고 생각한다. 인터넷 증권 회사나 은행이 취급하는 펀드를 투자 대상으로 삼는 것이 바람직하다.

미공개 주식을 절대 사면 안 되는 이유

일임 계정 면허를 소유한 AIJ 같은 회사가 사기를 치는 일은 많지 않을 것이다. 금융청의 조사를 받기 때문이다. 또한 본인이 직접 주식 투자를 하는 개인 투자자는 이런 투자 자문에 돈을 맡기지 않을 테니 피해를 입을 확률이 낮을 것이다.

내가 생각했을 때 사기 중에서도 압도적으로 수가 많은 것은 '미공개 주식 사기'가 아닐까 싶다. 사건화된 사례가 거의 없기 때문에 방대한 수의 사기가 자행되고 있지 않을까? 자칭 '투자 전문가'인 사람조차 미공개 주식 사기에 걸려들 뻔한 경우가 종종 있다. 미공개 주식 사기는 일상적으로 일어나는 일이므로 남의 일이라고 생각해서는 안 된다. 특히 주식 투자로 성공한 개인 투자자는 주의해야 한다. 성공 사실이 세상에 알려지면 사기꾼이 접근할 가능성이 크다(가장 위험한 것은 '믿을 수 있는 친구'가 소개하는 안건이다).

회사는 상장할 때 주간사인 증권 회사의 심사를 받아야 하며, 그 심사를 통과해야 상장할 수 있다. 그래서 사기적인 상장 회사는 있기는 하지만 수가 매우 적다. 반면 미공개 주식은 기본적으로 사업 내용을 전혀 알 수가 없다. 미공개 기업에 투자하려면 벤처 펀드처럼 실사를 하는 부서가 필요하다. 실사를 하지 않으면 미공개 주식은 어둠 속에서 모습을 드러내지 않는다. 개인 투자자는 미공개 주식을 절대 사지 말아야 한다. 미공개 주식에 투자했다가 돈이 사라져도 투자자는 손을 쓸 방법이 없다.

대체로 제대로 된 미공개 주식은 수요가 강하기 때문에 "출자하게 해주십시오"라고 사정하는 벤처 펀드가 넘쳐난다. **여러분에게까지 이야기가 들어오는 미공개 주식은 기본적으로 실체가 없는 사기이며, 만에 하나 사기가 아니라 해도 쓰레기이기 때문에 투자한 돈을 회수하지 못할 가능성이 크다.**

누군가가 "상장이 확실한 회사여서 평범한 사람은 절대 살 수 없는 주식입니다. 하지만 '우연히' 할당받을 예정이었던 사람이 사고를 당해 주식이 1,000만 엔어치 남게 됐습니다. '우연히' 제가 그 회사의 사장과 전부터 친분이 있었는데, 사장이 제게 그 1,000만 엔어치의 주식을 사지 않겠느냐고 제안하더군요. 하지만 제게는 그럴 만한 돈이 없어 500만 엔어치만 받기로 했습니다. 혹시 관심이 있다면 나머지 500만 엔어치를 받을 수 있는지 사장에게 이야기 해보겠습니다"라는 식으로 이야기한다면 100퍼센트 사기다.

나는 사기꾼이 아니기 때문에 말솜씨가 형편없지만, 진짜 사기꾼은 사고 싶은 마음이 들도록 아주 교묘하게 이야기할 것이다. 너무 솔깃한 이야기는 전부 사기라고 생각하고 거절하자. '우연히=사기'다.

미공개 주식의 투자와 관련해 더욱 골치 아픈 점은, 가치가 제로이더라도 상속세를 산정할 때 국세청이 '가치 제로'라고 순순히 인정해주지 않는다는 것이다. 아직 회사가 존재하고 있다면 '가치 제로'임을 증명하는 것이 힘들지도 모른다. 투자로 1억 엔을 손해봤는데 상속세로 5,500만 엔을 더 내야 한다면 이 얼마나 억울한 일인가?

또한 사기꾼 쪽은 아마도 사기죄로 처벌받지 않을 것이다. 애초에 일본에서 사기죄가 성립하려면 검찰 측에서 사기꾼이 피고인을 속일 의도가 있었음을 입증해야 하는데, 이는 굉장히 허들이 높다.

또한 사기꾼이 만든 전단지나 영업을 한 증거가 없으면 금융 상품 거래법에도 저촉되지 않는다. 사기꾼과 피해자를 중개한 사람은 돈을 받은 것도 아니기에 출자법상으로도 문제가 되지 않는다. "나는 이런 회사가 있다고 알려주었을 뿐입니다. 저 사람이 멋대로 투자를 한 거예요"라고 주장하면 사기꾼은 죄를 추궁받지 않는다.

물론 사기 규모가 엄청나게 크거나 처음부터 가공 회사였다면 형사 사건이 될 수 있고, 민사 재판에서 승소할 수 있을지도 모른다. 그러나 어느 쪽이든 돈은 돌아오지 않는다. 사기꾼에게 미공개 주식 사기는 '저위험·고수익 장사'인 것이다. 경우에 따라서는 사기꾼 본인도 자신이 사기를 쳤다고 생각하지 않을 수도 있다.

여기에서 주의해야 할 점은 사기꾼의 경력이 훌륭할 때가 많다는 것이다. 증권 회사의 투자 은행 부문(혹은 인베스트먼트 뱅크 부분. 회사에 따라 명칭이 다르다)은 엘리트 코스여서 머리가 좋은 사원이 모여 있다. 이 부문에는 회사를 그만둔 뒤에 벤처 비즈니스의 CFO가 되어 상장을 목표로 삼는 사람도 많다. 보수로 일정 수준의 주식을 받는다면 상장에 성공했을 때 큰돈을 벌 수 있다. 그들에게 이는 하나의 성공 패턴이다.

그러나 그 엘리트들 중에도 천성이 글러먹어 잘못된 길을 선택하는 사람들이 있다. 그들은 상장할 것 같은 유망한 벤처 기업이 아니라 상장을 포기한 무능한 회사에 CFO로 들어간다. 그들의 역할이 바로 '미공개 주식 사기'다. 훌륭한 경력과 직함을 무기로 투자자들에게 돈을 끌어모으는 것이다.

나는 처음부터 상장할 가능성이 없다는 사실을 알면서 돈을 끌어모았다면 법적으로 처벌을 받든 받지 않든 사기라고 생각한다. 투자자들에게서 모은 돈을 사업에 사용하지 않고 벤처의 사장과 CFO가 나눠 먹기 때문이다. 그러므로 유명 증권 회사 출신이라고 해서 쉽게 믿어서는 절대 안 된다. 빈사 상태인 벤처 기업은 발에 차일 만큼 많으며, 그런 곳의 CFO가 되어 악행을 저지르는 증권 회사 출신도 근절되지 않고 있으니 늘 주의하기 바란다.

주의가 필요한 금융 상품 수수료

사기는 아니지만, 다양한 금융 상품의 수수료도 주의해야 한다. K1 펀드는 수수료 1퍼센트(다른 비용을 포함하면 1.2퍼센트)에 성공 보수 20퍼센트인 이른바 '원 앤드 트웬티 스트럭처'로, 이는 표준적인 수수료다. 내가 이런 말을 하는 것도 조금 그렇지만, 나는 우리 K1 펀드도 수수료가 너무 비싸다고 생각했다. 운용 성적이 상당하지 않고서는 정당화할 수 있는 수준의 수수료가 아니다.

하물며 장기적인 자산 운용을 하는 일본 주식의 액티브 운용 투자신탁의 운용 수수료가 1퍼센트인 것은 어떻게 생각해야 할까? 1퍼센트는 그래도 양반이고, 더 비싼 곳도 있다. 애초에 금리가 제로에 가까운 일본에서 주식의 평균 기대 리턴은 3퍼센트 정도일 것이다. 그런데 수수료로 1퍼센트를 가져간다면 리턴의 3분의 1이 아닌가? 너무 많다.

1년 동안의 리턴이 토픽스보다 2퍼센트 포인트 더 높은 정도는

1퍼센트의 수수료를 정당화할 수 있는 운용 성적이 아니라고 생각한다. 아무리 못해도 연간 5퍼센트 포인트는 더 높아야 한다. 20년이라면 적어도 몇 배로 불려야 그 비용을 정당화할 수 있다는 것이 나의 생각이다.

투자신탁이나 헤지펀드에는 생존자 바이어스가 강하게 작용한다. 펀드의 성적이 나쁘면 돈이 모이지 않게 되거나 해약으로 자금이 유출되어 펀드가 폐쇄되기도 한다. 그렇게 되면 현재 살아남은 펀드의 목록에서 제거된다. 그래서 현재 살아남은 펀드만을 대상으로 평균적인 리턴을 계산하면 실제보다 운용 성적이 좋아 보이는 바이어스다.

앞서 이야기했듯 일본 주식의 액티브 운용 성적은 전체적으로 봤을 때 수수료가 저렴한 패시브 운용보다 떨어진다고 생각하는 편이 좋을 것이다. 액티브 운용을 하는 투자신탁의 판매 수수료가 3퍼센트라는 것은 말도 안 된다. 판매 수수료 같은 것이 있으니 투자신탁에서까지 고속 회전 상법이 유행하는 거다.

다만 내가 "허들레이트가 제로이기 때문에 권하지 않는다"라고 말했던 일본제 헤지펀드도, 우리의 K1 펀드도, 일본 주식의 투자신탁도, 수수료에 관해서는 그것이 많든 적든 아주 알아보기 쉽게 표시한다. 그래서 증권 회사는 일단 "고객은 수수료가 얼마인지 알고 투자한 것이다"라고 주장할 수 있다.

'수수료 표시'라는 의미에서 가장 비열한 것은 '구조화 채권'이다. 또한 '랩어카운트(펀드랩)'도 양심적이라고는 도저히 말할 수 없다. 구조화 채권의 경우, 개인 투자자는 얼마나 수수료가 빠져나가고 있는지 알지 못한다. 나는 법률을 통해 구조화 채권의 판매를 일률적으로 규제하기는 어렵다고 생각한다. 어떤 상품은 안 되고 어떤 상품은 괜찮다고 선을 긋기가 매우 어렵기 때문이다.

그러나 증권 회사가 상장 옵션을 제외하고 옵션을 포함한 상품(주로 채권)을 판매할 때 고객과 주고받은 커뮤니케이션을 동영상으로 찍어 보관하는 것을 의무화해야 한다고 생각한다. 그 동영상에서 '고령자가 옵션에 관한 질문에 제대로 대답했을 것'을 조건으로 판매를 인정한다면 가장 편하지 않을까? 고객이 손해를 봤다면 나중에 동영상을 보고 '고객이 옵션에 관한 질문에 제대로 대답하지 못했는데도 판매했을 경우 증권 회사가 고객에게 손해의 3배를 배상한다'라고 법률로 정하는 것은 어떨까? 그러면 증권 회사는 구조화 채권을 팔지 않을 것이다.

구조화 채권의 업자가 돈을 벌어들이는 수단은 거래 이익이다. 그러므로 블랙-숄즈 옵션 모델(1973년에 피셔 블랙, 마이런 숄즈, 로버트 머튼이 개발한 옵션 가격 산출 모델-옮긴이)이라든가 일반적으로 인지된 방법으로 업자의 이익을 예측한 다음, 그것에 수수료를 더한 숫자를 설명 책자의 첫 페이지에 크게 표기하도록 의무화해야 한다. 블랙-숄즈로 계산할 수 없는 복잡한 옵션을 내장한 상품은 판매를 금지해야 한다. 아니, 객관성 있는 방법으로 계산할 수 없다면 설명 책자에 숫자를 넣을 수 없을 테니 자연스럽게 사라지지 않을까?

랩어카운트(펀드랩)도 전체적인 수수료를 알 수 없거나 굉장히 이해하기 어렵게 설명한다. 나도 이런저런 자료를 읽어봤는데, 쉽게 이해가 되지 않았다. 펀드랩은 이런 것이다. 먼저 개인은 랩어카운트(랩계좌)가 있어 그곳에 돈을 집어넣는다. 그러면 이 펀드랩이 그 돈으로 여러 가지 투자신탁을 사서 분산 투자를 한다. 그 투자신탁에서도 수수료가 발생하는데, 펀드랩에서 먼저 수수료를 가져가고 각각의 투자신탁에서 또 수수료를 가져간다. 수수료가 이중으로 나가는 것이다.

내가 읽은 펀드랩의 자료에는 이런 것도 있었다(일부러 이해하기 어렵게 써놓아 완전히 이해할 수는 없었다). 먼저 펀드랩이 있고, 그 밑에 에셋 클래스별로 펀드의 펀드가 매달려 있으며, 그 펀드의 펀드가 다시 몇 개의 투자신탁을 산다. 어떤 계층에서 얼마의 수수료를 가져가고 있는지 표시한 것을 찾지 못했기에 정확히는 알 수 없지만, 아마도 수수료가 삼중으로 빠져나가는 듯했다. 확실히 알기 쉽게 표시된 것은 첫 번째 계층인 펀드랩의 수수료뿐이었다. 그 밑에 매달려 있는 펀드에서 어느 정도의 수수료가 빠져나가고 있는지는 알 수 없었다.

증권 회사에게 펀드랩은 수수료의 일부만을 표시함으로써 이후의 수수료는 마음대로 가져갈 수 있는, 매우 입맛에 맞는 상품인지도 모르겠다(실제로 얼마나 가져가는지는 알 수 없지만, 알기 어렵게 표시한 이상 의심을 받아도 어쩔 수 없다). 게다가 설명 책자를 읽어봐도 대체 누가 운용을 하고 있는지, 투자 위원회의 멤버가 누구인지, 그들이 어떤 투자 철학을 갖고 있는지 전혀 알 수가 없었다. 책임자는 전면에 나와 좀 더 많은 정보를 공개해야 한다.

증권 회사는 이 정도로 수수료를 내면 당연히 고객의 이익이 줄어든다는 사실을 알고 있을 것이다. 그래서 책임자의 이름을 밝히지 않는 것일 수도 있다. 랩계좌의 설명 책자에 '자세한 수수료는 투자설명서에 기재되어 있습니다'라는 한 문장만 적혀 있는 경우도 있는데, 투자설명서를 대체 누가 읽는단 말인가? 웃기는 일이다. 나 같은 프로도 공모 증자를 할 때 투자설명서를 읽어본 적이 없다. 투자설명서를 읽어 '수수료를 찾아낼' 정도의 사람은 애초에 랩계좌 같은 곳에 투자하지 않을 것이다. 투자설명서를 읽기보다 인터넷 증권에 계좌를 개설하는 편이 편하니까.

증권 회사는 알면서도 이러고 있는 것이 아닐까 싶다. 이 중층적인 수수료는 설명 책자의 첫 페이지에 정리해 큼지막하게 표시해야 한다.

지금까지 한 펀드랩 이야기는 전부 '대면 증권 회사'의 펀드랩 이야기다. 최근에는 인터넷 증권도 펀드랩을 시작해 수수료가 상당히 저렴해졌다. 매우 바람직한 전개라고 생각한다. 인터넷 증권의 참가로 경쟁이 치열해져 점점 수수료가 낮아진다면 장기 투자에 적합한 상품이 될지도 모른다.

— 제9장 —

앞으로의
일본 주식시장

10년 이내에 일어날 가능성이 있는 파멸적 리스크

본래 이 책에 미래 예상에 관해 쓸 생각은 없었다. 집필을 마무리하고 출판되기까지 꽤 시간이 걸리므로 독자가 책을 읽을 시점에는 예상이 빗나가 창피한 내용이 되어버릴 수도 있을 거라 생각했기 때문이다.

그러나 과거 이야기만 해서는 균형이 맞지 않으니 내 어설픈 예상도 담도록 하겠다. 지금까지 주식시장은 대략 10년에 한 번 정도 비율로 폭락했다. 언제 얼마나 폭락할지는 알 수 없지만, 10년 단위로 바라보면 무엇인가 엄청난 일이 일어날 가능성을 염두에 둬야 한다.

1. 핵전쟁
2. 도카이·간토 대지진
3. 코로나19 이상의 팬데믹
4. 지구 온난화의 가속 혹은 급격한 한랭화

이 네 가지 파멸적 리스크가 현실이 될 확률은 여러분이 생각하는 것보다 높을지도 모른다. 당연히 나도 '전략핵'은 사용되지 않을 거라 믿고 싶지만, '전술핵 병기'의 사용은 사람들이 생각하는 것보다 상당히 가능성이 큰 듯하다. 이런 이야기를 하면 굉장히 비관적으로 들릴 수도 있다. 하지만 반대로 말하면 나는 재래 병기를 사용한 전쟁이 세계 어디에서 일어나든 일본의 주식시장에는 영향을 거의 미치지 않을 것이라 생각한다.

팬데믹도 '앞으로 절대 일어나지 않을 것이다'라고 장담할 수 있는 근거는 전혀 없으므로 각오가 필요하다.

그 밖에도 엄청난 일이 일어나 주가가 폭락할 가능성이 크다. 앞서 이야기했듯 사람들은 미래의 리스크에 관해 잘 알지 못한다. 다만 그렇다고 해서 기껏 신 NISA라는 꿈같은 제도가 만들어졌는데 주식 투자를 하지 않는 것은 아까운 일이라고 생각한다. 언제 폭락할지 알 수 없기에 '폭락했을 때만 싸게 사는' 것은 어려우며, '폭락했을 때도 주식에 투자하는' 것으로 만족해야 한다.

주식시장을 유심히 살펴보면서 폭락했을 때 나머지 자금을 다 털어 주식을 사는 것이 이상적이지만, 귀찮아서 개별 종목에 투자하지 않는 개인 투자자에게는 '적립형' ETF 투자(예를 들면 토픽스의 ETF)가 가장 합리적이다. '적립형'이라면 주가가 폭락했을 때도 착실히 투자하게 될 것이기 때문이다.

일본 주식을 둘러싼 환경에 대한 여덟 가지 예상

일본 주식을 둘러싼 환경에 관해서는 다음과 같이 예상하고 있다. 10년 후까지의 예상이라고 생각하기 바란다.

1. 일본 경제의 실질 GDP 성장률은 잘해야 0퍼센트다.
2. 일본의 인구는 계속 감소해 초고령 사회가 된다. 외국인 노동자의 수도 크게 증가하지 않아, 노동 인구는 반영구적으로 감소가 계속된다.
3. 일본의 물가 상승률은 조만간 제로에서 2퍼센트 사이가 될 것이다. 나선형 인플레이션은 일본에서 일어나지 않는다.
4. 일본의 금리는 조금밖에 오르지 않는다(단기 금리는 상승하더라도 최대 1퍼센트까지, 장기 금리는 최대 2퍼센트까지).
5. 환율은 120엔/달러로 엔화 강세가 진행된다.
6. 상장 기업의 기업 수익 성장률은 전체적으로 물가 상승률 정도다(연간 제로에서 2퍼센트 정도).
7. 증배, 자사주 매입은 앞으로도 계속된다.
8. 신 NISA로 개인 투자자가 급증한다. 정부는 주식시장에 부정적인 정책을 실시하기 어려워진다.

박력이라고는 하나도 없는 따분한 예상이지 않은가? 실질 GDP 성장률은 제로일 것이라고 예상했는데, 이는 고령화가 급속히 진행되고 있기 때문이다. 돌봄 비용, 의료비 등은 앞으로도 증가할 것이므로 체감적으로는 마이너스 성장이 될 거라 생각한다. 의료보험, 돌봄보험, 사회 보장 등의 비용이 일본인의 목을 조를 것이다. '일본의 금리가 계속 낮을 거라 예상하면서 120엔/달러라니, 바보 아니야?'라고 생각할지도 모르겠다. 물론 미국의 금리가 다소 하락할 것을 전제로 한 예상이다.

일본의 나쁜 점을 꼽자면 한도 끝도 없지만, 선진국이라면 어디든 많든 적든 비슷한 문제를 끌어안고 있다. 전체적으로 보면 일본은 다른 선진국에 비해 불법 이민 문제가 극단적으로 적어 안정적이고 살기 좋은 사회라고 생각한다.

내수는 계속 축소될 것이다

분명히 젊은 사람의 수가 급속히 줄어들 일본에서는 기본적으로 내수에 중점을 둔 비즈니스가 성장할 수 없다. 그렇다고 해서 내수 종목이 완전히 망하지도 않을 것이다. 축소 균형이 진행되는 시장에서 미상장 기업의 철수로 상장 기업의 점유율이 상승하거나 생존자의 혜택으로 이익률이 높아지는 사례는 있을 거라 생각한다. 과거에 저수익이 계속됐던 철강업이나 해운업 등도 경영 통합을 통한 과점화가 진행된 결과, 수요가 증가한 것도 아닌데 놀라울 정도의 수익을 올린 사례가 있다. 시골 마을에 약국이 두 곳 있었는데 인구 감소로 그중 한 곳이 철수했다면 어떻게 될까? 남은 약국은 독점적인 이윤을 누릴 수 있을지도 모른다.

일본의 건설 현장에서는 건설 노동자의 고령화가 큰 문제가 되고 있다. 건설 수요도 감소할지 모르지만, 그 이상으로 공급 능력이 급속히 감소함에 따라 건설업의 이익률이 크게 상승할 가능성도 있는 것이다.

축소되는 시장에서는 경영 통합을 진행하는 속도가 시장이 축소되는 속도보다 빠른 회사가 있을 경우 그 회사에 투자하면 이익을 낼 가능성이 어느 정도 존재한다. 물론 수요가 계속 감소하는 업계에서는 힘 있는 성장주가 거의 등장하지 않는다. 다만 경영 통합을 해 점유율을 높인 회사가 증배를 계속하거나 자사주 매입을 실시하면 주가가 상승할 기회는 있다. 수요가 축소되는 업계에서는 주가의 평가가 전체적으로 낮을 것이다. 그러므로 그중에서 영리하게 행동하는 기업을 찾아낸다면 성공을 거둘 수 있다.

계속해서 '내수가 감소할 것이다'라고 말했지만, 사실 나는 내수가 확대될 기회도 조금은 남아 있다고 생각한다. 그것은 '소비자 잉여'라고 해서, 일본 전체를 통틀어 30~40조 엔 정도 규모인(나의 감이지만) 마지막 미개척 시장 The last frontier 이다. 다만 어느 정도의 비즈니스가 될지는 미지수다.

경매에서 물건의 가격을 결정하는 방법에는 여러 가지가 있다. 예를 들어 영국식 경매에서는 하나의 상품의 가격이 경쟁적으로 높아진다. 또 네덜란드식 경매에서는 판매할 양을 정해두고 마지막 한 개를 팔 수 있는 가격으로 전체의 가격을 결정한다. '소비자 잉여'는 기본적으로 네덜란드 경매에서 발생한다.

공업화 사회가 도래함에 따라 공업 제품을 대량으로 생산하는 것이 당연한 세상이 됐다. 공업 제품은 유닛당 비용을 낮추기 위해 공장에서 일정 수준의 랏lot으로 생산하기 때문에 만든 제품을 전부 팔려고 하면 가격 결정 방식이 아무래도 네덜란드식 경매와 비슷해진다.

다음 그림으로 '소비자 잉여'를 설명하도록 하겠다.

[표 14]

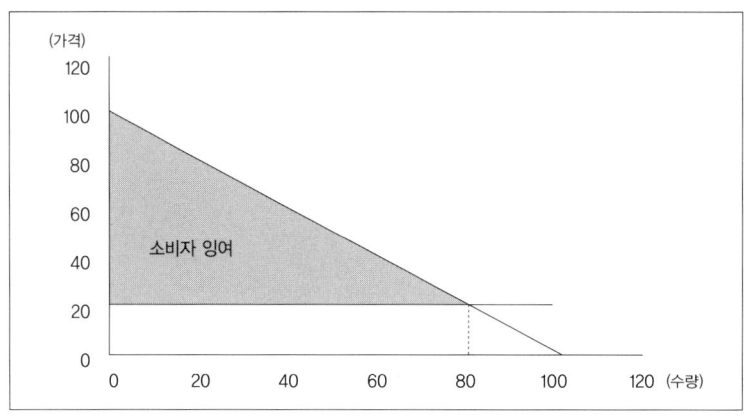

이 제품을 80개 전부 팔려고 생각하면 가격은 20엔이 된다. 매출액은 20엔×80개=1,600엔이다. 다만 대각선의 수요 곡선(여기에서는 직선이 됐지만)에 따르면 100엔에 팔아도 사고 싶어 하는 사람이 한 명 존재하는데, 가격이 20엔으로 결정된 덕분에 그 사람은 80엔의 이익을 본 셈이다. 이 80엔을 '소비자 잉여'라고 부른다. 전체적인 소비자 잉여는 이 삼각형의 면적으로, 80엔×80개/2=3,200엔이다. 요컨대 일물일가가 아니라면 이 상품의 잠재적 시장은 1,600엔이 아니라 1,600엔+3,200엔=4,800엔이었다는 것이다.

이 거대한 소비자 잉여를 도입한 곳은 이미 존재한다. 요컨대 일물일가가 되지 않도록 서비스를 살짝 바꾸면 되는 것이다. 유명 연예인이나 야구팀의 팬클럽 수익, 디즈니랜드의 '프리미엄 액세스' 티켓(디즈니랜드 시설을 미리 예약할 수 있는 유료 서비스-옮긴이), 예약 타이밍에 따라 가격 설정을 바꾸는 항공기 티켓도 그렇다.

공업화 사회에서 정보화 사회로 이행하는 가운데, 이 소비자 잉여를 도입할 기회가 늘어났다. 도네이션 비즈니스가 전형적인 예다. 유튜브 등의 인터넷 방송 플랫폼은 이미 도네이션 시스템을 도입했는데, 아직은 시행착오를 겪고 있다. 성공 패턴을 찾아 형태를 바꾸며 점점 확산되지 않을까 생각한다.

나는 소비주의 분석에는 그다지 자신이 없기 때문에 구체적인 예를 제시하지 못하지만, 소비자 잉여를 효과적으로 도입할 수 있는 위치에 있는 회사는 투자 대상으로서 재미있을 것 같다.

위기 수준인 일본인의 영어 실력

다만 매출을 크게 늘리고자 한다면 해외 시장으로 눈을 돌려야 한다. 키엔스나 유니클로는 본래 내수 종목이었으며, 지금은 외국에서 큰 수익을 벌어들이고 있는 식품 회사도 과거에는 전부 내수 종목이었다. 내수가 점점 축소되고 있는 일본에서 박력 있는 성장을 달성하려면 이익률을 적절히 확보하면서 외국에서 매출을 점점 높여야 한다.

지금부터 할 이야기는 나의 푸념인데, 외국에서 비즈니스를 해야 하는 상황임에도 일본인은 영어를 못해도 너무 못한다. 나는 영어를 제대로 구사할 수 있느냐 없느냐에 따라 연수입이 10배 정도는 달라진다고 생각한다. 이런 말을 하면 대부분 '에이, 설마……'라고 생각할 것이다.

물론 회사원의 경우에는 급여가 2배도 차이가 나지 않을 것이다. 그러나 내 것으로 만들 수 있는 기회의 차이는 매우 크다. 인생의 선택지의 범위가 전혀 달라지는 것이다. 가령 나의 경우 영어를 하지 못했다면 헤지펀드와 만나지도 못했을 것이며, 플랜 B로 개인 투자자가 되어 주식 투자를 했더라도 고작해야 수억 엔 정도를 버는 데 그쳤을 것이다. 만약 소프트뱅크의 손정의 회장이 영어를 하지 못했다면 그렇게까지 성공할 수 있었을까? 연예인도 외국 시장에 진출한다면 수입이 몇 배로 늘어날 것이다.

"영어만 잘할 뿐 내실이 없다면 의미가 없잖아?"라는 반론도 들리는 듯하다. 물론 맞는 말이다. 아무리 영어를 잘해도 내가 산 주식이 오르지 않는다면 아무런 의미가 없기 때문이다.

일본의 회사에서도 어떻게든 회사 내에서 영어를 사용하게 하려는 시도가 있었지만, 결국 실패로 끝났다. 어렸을 때부터 영어를 하지 않으면 결코 쉽지 않다(물론 일본인 전체가 영어 공부를 할 필요는 없다고 생각하지만). 초등학생 때부터 철저히 영어를 가르치고, 중고등학교에서는 몇몇 과목의 수업을 '영어로' 진행해야 한다. 가령 세계사를 꼭 국어로 공부해야 할 이유는 없을 것이다. '고등학교 이후에는 영어 공부를 하지 않는다. 영어로 공부할 뿐' 정도의 감각이 되어야 한다고 생각한다. 언제까지나 계속 영어 공부를 하는 것은 시간 낭비다.

키워드는 경영 통합

내가 이렇게 불평한들 세상은 전혀 바뀌지 않을 테니, '일본인은 영어를 못한다'라는 전제하에 일본 기업이 외국에서 활약할 수 있는 방법을 구체적으로 생각해볼 필요가 있다. 나는 지금까지 기계 섹터에서 다수의 중소형주에 투자해왔다. 기계 섹터에서는 이미 주력 시장이 외국으로 이동했다. 가령 우리가 투자해온 마키노밀링 머신이라는, 매출액 2,000억 엔 정도의 공작 기계 회사는 해외 매출의 비율이 83퍼센트에 이른다. 이 회사의 경우, 북아메리카에 상주하는 일본인이 없다. 기본적으로 북아메리카에서는 출장 형태로 비즈니스를 한다.

현재 기계 비즈니스는 '솔루션 비즈니스'가 되어 가고 있다. 이는 고객에게 가까이 다가가 고민을 해결해주는 비즈니스다. 그런데 현지에 인원이 상주하고 있지 않은데 어떻게 고객의 고민을 알 수 있을까? 또한 기계 비즈니스는 잘만 하면 수리를 포함한 유지 보수의 이익률이 매우 높다. 그러나 이 회사의 규모로는 전 세계에 효율적인 '유지 보수' 체제를 확립하기가 불가능하다. 요컨대 일본의 중소 규모의 기계 회사는 규모가 작은 상태로 해외에 진출하기 때문에 효율이 매우 나쁘다.

물론 영어를 잘하는 인재가 부족한 것도 큰 문제다. 인도 시장이 유망하다 해도 인도의 거점에 일본인이 한 명밖에 없거나 하면 아무런 의미가 없다. 현지 사원들이 돈을 들고 도망치거나 뇌물을 주지 않으면 인가를 얻지 못하는 등의 일이 계속해서 발생하면 맨정신으로 버티지 못할 것이다. 이를테면 매출액이 2,000억 엔 정도인 회사 다섯 곳이 통합해 1조 엔 기업이 되어 인도에 거점을 두 곳 정도 설치한 뒤 비즈니스가 정상 궤도에 오르고 현지 사원을 충분히 교육시킬 때까지 각 거점에 일본인을 최소 세 명 정도 상주시켜야 다들 정신적으로 버틸 수 있을 거라 생각한다.

회사 수가 너무 많은 공작 기계 업계의 경우에는 세 그룹 정도로 통합되어야 한다. 사출 성형기 업계도 현재 십여 개의 회사가 있는 것으로 알고 있는데, 역시 세 회사 정도면 충분할 것이다. 해외 프로젝트로 걸핏하면 큰 손실을 내고 있는 플랜트 엔지니어링 회사도 전부 통합해 하나만 있어도 괜찮지 않나 싶다. 중요한 지역에는 리스크 관리를 위해 조사팀을 상주시켜야 한다.

문제는 다들 돈을 꽤 쌓아두고 있다 보니 위기감이 거의 없다는 것이다. 다수의 난립으로 효율이 나쁜 업계는 행동주의 투자자가 개입해 통합을 주도해줬으면 좋겠다. 혹은 '니덱(과거의 일본전산)'이나 '화낙' 같은 회사가 리더십을 발휘해 공작 기계 업계를 통합으로 이끌어도 좋을 것 같다. 다수의 회사가 난립하고 있는 기계 섹터는 비효율적인 산업이기는 하지만 경영 통합이 진행될 가능성이 있기에 주식 투자 기회가 크다고 생각한다. 물론 기계 섹터뿐 아니라 다른 섹터의 경우에도 '경영 통합'이 합리적인 판단인 곳이 많을 것이다.

 내수는 축소가 계속될 가능성이 크므로 경영 통합으로 과점도를 높이지 않으면 이익을 유지할 수 없을 것이고, 외수를 개척하려고 하면 해외 거점을 정비하기 위해 어느 정도의 규모가 필요하다. 나는 20년 후에는 상장 기업의 수가 지금의 절반으로 줄어도 되지 않을까 생각한다.

일본 주식 품귀 시대가 찾아온다

 나는 종종 월간 운용 보고서에 '일본 주식은 조만간 품귀(수요 과다) 상태가 될 것이다'라고 적었다. 나는 일본의 금리가 앞으로도 크게는 오르지 않을 거라 예상한다. 이 예상을 전제로 삼으면 역시 엔화 운용에는 일본 주식이 압도적으로 유리하다. 미래의 주가를 결정하는 요소는 여러 가지가 있지만, 마지막으로 나의 낙관적인 시나리오를 제시하고 책을 끝마치려 한다.

1. 내수 종목, 외수 종목 모두 각각 다른 이유에서 경영 통합이 진행되어 과점도가 점점 높아진다.
2. 그 결과 이익률이 향상된다. 자사주 매입과 증배가 계속된다.
3. 일본 주식은 일본의 기관 투자자, 개인 투자자, 일반 가정의 중핵적인 자산이 된다.
4. '일본 주식 품귀' 시대가 찾아온다.

나오는 글

내 취미는 '낮은 산 하이킹'이다. 누마즈 알프스를 하이킹했을 때의 일이다. 알프스라고는 하지만 표고 300미터가량의 산이 다섯 개 정도 이어져 있는, 난이도가 낮은 코스다.

그런데 재작년 9월에 걸었을 때는 두 번째 산의 지반이 점토질이어서 다리로 버텨 설 수가 없었다. 그래서 사슬을 붙잡고 기어올랐는데, 평소에 잘 사용하지 않는 근육을 사용한 탓인지 열사병과 비슷한 증상이 나타나 즉시 하산하기로 했다.

누마즈역까지는 6킬로미터 정도였기에 쉬엄쉬엄 걸으면 어렵지 않게 갈 거라 생각했는데, 다행스럽게도 하산한 곳에 누마즈역으로 가는 버스 정거장이 있었다. 그곳에서 땀으로 범벅이 된 옷을 갈아입고 쉬고 있는데, 도로 반대편에서 한 할머니가 뭐라고 외치시는 소리가 들렸다. 분명 내게 하고 싶은 말씀이 있는 듯해 가까이 다가가 물었더니 할머니는 이렇게 말씀하셨다.

"12시가 넘으면 그쪽으로는 버스가 오지 않아요. 낮에는 이쪽으로 온답니다."

그리고 잠시 기다리니 정말로 할머니가 말씀하신 쪽으로 버스가 왔다. 나는 버스에서 내릴 때 할머니에게 감사 인사를 했다. 할머니는 슬며시 웃으며 "사실은 버스가 이쪽으로 안 오면 어떡하나 조마조마했어요"라고 말씀하셨다.

할머니는 녹초가 된 나를 돕기 위해 용기를 내 버스가 오는 곳을 알려주셨던 것이다. 할머니는 내게 도움이 되어 기분이 굉장히 좋으신 듯했다. 아마도 그날은 매우 행복한 기분으로 남은 하루를 보내셨을 것이다. (나중에 든 생각인데, 그 버스는 누마즈역을 지나 원을 그리며 순환하는 노선이었을 것이다. 아침에는 출근하는 사람들이 신흥 주택지에서 누마즈역으로 이동하고, 저녁에는 퇴근한 사람들이 누마즈역에서 신흥 주택지로 이동한다. 그 사람들의 출퇴근 시간을 최소화하기 위해 아침과 점심에 반대 방향으로 운행했던 것이 아닐까 싶다.)

인간에게는 쾌적하게 살아가기 위한 수입이 필요하다. 그러나 그 이상의 행복감을 얻기 위해서는 '무엇이든지 좋으니 타인에게 도움이 되고 있다'라는 실감이 필요하지 않을까? 그 점에서 나는 행복했다. 수많은 고객과 함께 25년을 걸어왔으니까. 그러나 하던 일을 그만두고 자신의 돈만을 운용하는 전업 투자자들은 어떨까? 고독할지도 모르겠다. 아무리 돈을 벌어도 혼자서는 일정 이상의 행복감을 얻을 수 없다. 타인과 교류하면서 무엇인가 그들에게 도움이 될 필요가 있다고 생각한다. 나도 은퇴하면 같은 상황에 처할 수도 있으니 미리 준비를 해야겠다.

내 책상에는 K1 펀드의 툼스톤이 놓여 있다. 이는 펀드가 출범할 때의 기념품이다. 가로 10센티미터, 세로 15센티미터의 투명한 유리판에 펀드명과 운용자, 감사 법인의 이름 등이 적힌 종이 한 장이 끼워져 있는데, 그 모습이 마치 묘비와 비슷해 그렇게 부른다.

25년 동안 나는 이것을 보면서 일해왔다. 노무라 증권에 입사해 '고객은 손해를 보고 증권사는 이익을 내는 것'에 의문을 느낀 지도 40년이 흘렀다. 그리고 마침내 '고객이 이익을 내고 나도 이익을 낸다'를 실현할 수 있었다.

은퇴를 하게 된 지금, 나는 툼스톤을 보며 이렇게 생각했다.

'이것은 나의 긍지다.'

일본 납세 1위,
평범한 회사원 1조 원을 벌다!

나의 투자술

초판 1쇄 발행 2025년 9월 10일
2쇄 발행 2025년 9월 26일

지은이 기요하라 다쓰로
옮긴이 김정환

펴낸곳 ㈜이레미디어
전화 031-908-8516(편집부), 031-919-8511(주문 및 관리)
팩스 0303-0515-8907
주소 경기도 파주시 문예로 21, 2층
홈페이지 www.iremedia.co.kr **이메일** ireme@iremedia.co.kr
등록 제396-2004-35호

편집 김동화, 장아름, 이도이 **디자인** 최치영
마케팅 장아름, 이도이 **재무총괄** 이종미 **경영지원** 김지선

저작권자 © 기요하라 다쓰로, 2025
이 책의 저작권은 저작권자에게 있습니다. 서면에 의한 허락 없이 내용의 전부 혹은
일부를 인용하거나 발췌하는 것을 금합니다.

ISBN 979-11-93394-74-8 (03320)

* 가격은 뒤표지에 있습니다.
* 잘못된 책은 구입하신 서점에서 교환해드립니다.

> 당신의 소중한 원고를 기다립니다.
> ireme@iremedia.co.kr